Anpassung des deutschen Bilanzrechts an internationale Standards

WESTFÄLISCHE
WILHELMS-UNIVERSITÄT
MÜNSTER

Die Abbildung zeigt das Münsterische Schloss,
das Hauptgebäude der Westfälischen Wilhelms-Universität

Anpassung des deutschen Bilanzrechts an internationale Standards

– Bilanzrechtsreformgesetz und Bilanzkontrollgesetz –

von
Wolfgang Ballwieser, Christoph Ernst,
Gerhard Gross, Peter Hommelhoff, Hans-Jürgen Kirsch

herausgegeben von Prof. Dr. Dr. h.c. Jörg Baetge
und Prof. Dr. Hans-Jürgen Kirsch

Vorträge und Diskussionen
zum 20. Münsterischen Tagesgespräch des
Münsteraner Gesprächskreis
Rechnungslegung und Prüfung e. V.
am 27. Mai 2004

Düsseldorf 2005

Bibliografische Information der Deutschen Bibliothek

Die Deutsche Bibliothek verzeichnet diese Publikation in der Deutschen Nationalbibliografie; detaillierte bibliografische Daten sind im Internet über http://dnb.ddb.de abrufbar.

ISBN 3-8021-1168-0

© 2005 by IDW Verlag GmbH, Düsseldorf
Alle Rechte der Verbreitung, auch durch Film, Funk, Fernsehen und Internet, fotomechanische Wiedergabe, Tonträger jeder Art, auszugsweisen Nachdruck oder Einspeicherung und Rückgewinnung in Datenverarbeitungsanlagen aller Art, einschließlich der Übersetzung in andere Sprachen, sind vorbehalten.

Druck und Bindung: B.o.s.s. Druck und Medien, Kleve

Vorwort der Herausgeber

Viele Unternehmen und Wirtschaftsprüfer müssen sich derzeit mit der Umsetzung des geänderten deutschen Bilanzrechts, das u. a. durch das Bilanzrechtsreformgesetz (BilReG) und das Bilanzkontrollgesetz (BilKoG) reformiert wurde, auseinandersetzen. Die inzwischen verabschiedeten Gesetzentwürfe ergeben sich vor allem aus europäischen, aber auch aus U.S.-amerikanischen Vorgaben. In diesem Tagungsband zum 20. Münsterischen Tagesgespräch mit dem Thema „Anpassung des deutschen Bilanzrechts an internationale Vorgaben – Bilanzrechtsreformgesetz und Bilanzkontrollgesetz" sollen die wesentlichen Änderungen dargestellt und aus verschiedenen Perspektiven betrachtet werden.

Im Sommer 2002 hat die Bundesregierung ein 10-Punkte-Programm zur Verbesserung der Unternehmensintegrität und des Anlegerschutzes veröffentlicht, das im Februar 2003 in einer gemeinsamen Pressekonferenz des Bundesministeriums der Justiz und des Bundesministeriums der Finanzen durch einen Maßnahmenkatalog konkretisiert wurde. In dem Maßnahmenkatalog heißt es u. a., dass die Bilanzregeln weiterentwickelt und internationalen Rechnungslegungsgrundsätzen angepasst werden sollen (Punkt 4 des Maßnahmenkatalogs) sowie die Rolle des Abschlussprüfers gestärkt (Punkt 5 des Maßnahmenkatalogs) und die Rechtmäßigkeit konkreter Unternehmensabschlüsse durch eine unabhängige Stelle („Enforcement") überwacht werden soll (Punkt 6 des Maßnahmenkatalogs).

Am 21. April 2003 hat die deutsche Bundesregierung zwei Gesetzentwürfe beschlossen, die „hochwertige, transparente und kapitalmarktorientierte Rechnungslegungsstandards" etablieren sowie „verbesserte Mechanismen zur Sicherung der Einhaltung dieser Standards" schaffen sollen. Die eingebrachten Entwürfe des Bilanzrechtsreformgesetzes (BilReG) und des Bilanzkontrollgesetzes (BilKoG) orientieren sich am „Sarbanes Oxley Act", an den Empfehlungen der EU-Kommission und den Vorschlägen des Arbeitskreises „Abschlussprüfung und Corporate Governance". Die Gesetzentwürfe wurden am 29. Oktober 2004 mit einigen Änderungen vom Bundestag verabschiedet.

Der Entwurf des Bilanzrechtsreformgesetzes (BilReG) hat seine thematischen Schwerpunkte in den Bereichen Bilanzrecht und Abschlussprüfung. Im bilanzrechtlichen Teil geht es vornehmlich um die Anpassung des deutschen Bilanzrechts an die so genannte Modernisierungsrichtlinie, die so genannte Fair Value-Richtlinie sowie die so genannte IAS-Verordnung. Darüber hinaus sind umfangreiche Änderungen im Bereich der Lageberichterstattung vorgesehen.

Im Bereich der Abschlussprüfung sieht der Gesetzentwurf eine Stärkung der Unabhängigkeit des Abschlussprüfers vor. Die Unabhängigkeit des Abschlussprüfers wird als wesentlicher Gradmesser für die Objektivität und Integrität des Abschlussprüfers eingeordnet. Ein mögliches Eigeninteresse des Prüfers an dem zu prüfenden Unternehmen, z. B. bei einer zu großen Abhängigkeit des Prüfers von den Prüfungs- und Beratungshonoraren des Mandanten, stellt ein Risiko für die Unabhängigkeit des Abschlussprüfers dar. Ebenso wird die Unabhängigkeit beeinträchtigt, wenn der Abschlussprüfer im Rahmen der Prüfung die Ergebnisse eigener früherer Beratungstätigkeiten für den Mandanten beurteilt. Die im Gesetzentwurf vorgesehenen Maßnahmen sind zu begrüßen und werden die Unabhängigkeit des Abschlussprüfers stärken. Fraglich ist indes, ob die Maßnahmen ausreichen oder ob weiterreichende Maßnahmen, wie die externe Prüferrotation oder eine Honorarordnung, notwendig sind.

Einen weiteren Baustein zur Sicherung der Einhaltung von Rechnungslegungsstandards sieht der Entwurf für ein Bilanzkontrollgesetz (BilKoG) vor. Das bisher geltende deutsche System zur Durchsetzung von Rechnungslegungsstandards sieht außer der Prüfung der Jahres- und Konzernabschlüsse durch den Abschlussprüfer und den Aufsichtsrat keine Prüfung der Richtigkeit der Unternehmensberichterstattungen kapitalmarktorientierter Unternehmen durch eine von staatlicher Seite beauftragte Institution vor. Der Entwurf der deutschen Bundesregierung für ein Bilanzkontrollgesetz (BilKoG) sieht zusätzlich zu den bestehenden Prüfungsinstanzen die Einrichtung eines zweistufigen Enforcement-Systems zur Durchsetzung von Rechnungslegungsstandards vor. Auf der ersten Stufe soll eine privatrechtlich organisierte Einheit der Selbstregulierung, die so genannte Prüfstelle, stehen. Auf der zweiten Stufe soll die BaFin eingreifen.

Der vorliegende Tagungsband fasst die Vorträge und Diskussionen des 20. Münsterischen Tagesgesprächs zusammen. Zum Gelingen der Tagung und des hier vorgelegten Tagungsbandes haben viele Personen beigetragen: An erster Stelle danken wir allen Referenten und Diskutanten für ihre hochinteressanten und spannenden Beiträge. Für die reibungslose Zusammenarbeit bei der Erstellung dieses Tagungsbandes gilt ihnen unser besonderer Dank.

Der IDW-Verlag, Düsseldorf, hat den Tagungsband dankenswerterweise in die Schriften zum Revisionswesen aufgenommen.

Vorwort

Herzlich bedanken möchten wir uns auch bei Frau Dipl.-Kffr. Kristin Poerschke und Herrn Dipl.-Kfm. Achim Lienau, LL.M., die als Geschäftsführer des Münsteraner Gesprächskreises Rechnungslegung und Prüfung e. V. die Tagung erfolgreich organisiert und den Tagungsband redaktionell betreut haben.

Großen Dank schulden wir auch Herrn cand. rer. pol. Peter Bauer, der an der Organisation der Veranstaltung beteiligt war, sowie Herrn cand. rer. pol. Peter Brüggemann, Herrn Dipl.-Kfm. Daniel Fischer, Herrn cand. rer. pol. Tobias Radloff, Herrn Dipl.-Kfm. Jörn Stellbrink und Herrn Dipl.-Kfm. Thomas Ströher, die uns bei den Schreibarbeiten und der Formatierung der Druckvorlagen engagiert geholfen haben. Für die tatkräftige organisatorische Hilfe beim Tagesgespräch möchten wir uns bei Frau cand. rer. pol. Henriette Unmuessig, Frau stud. rer. pol. Corinna Wienkamp, Herrn cand. rer. pol. Martin Instinsky, Herrn stud. rer. pol. Frank Wagner, sowie bei allen anderen Beteiligten bedanken.

Münster und Hannover, im Dezember 2004   Jörg Baetge
                                                Hans-Jürgen Kirsch

Inhaltsverzeichnis

Inhaltsverzeichnis IX

Verzeichnis der Übersichten XI

Abkürzungsverzeichnis XIII

Wolfgang Ballwieser

Die Entwicklungen beim Lagebericht 1

Hans-Jürgen Kirsch

Die Umsetzung der Fair Value-Richtlinie 11

Diskussion. 35

Peter Hommelhoff

Deutsches Enforcement im richtigen Fahrwasser? 57

Gerhard Gross

Die neuen Regelungen aus der Sicht des Berufsstandes 87

Diskussion 119

Christoph Ernst

Die neuen Regelungen zur Abschlussprüfung im nationalen und europäischen Umfeld 135

Diskussion. 149

Verzeichnis der Übersichten

Übersicht 1: Empirische Befunde zu ausgewählten Eigenschaften von Wirtschaftsprüfern.................................. 93
Übersicht 2: Wirkungsdreieck zur Gewährleistung einer aussagefähigen Rechnungslegung.................................. 95

Abkürzungsverzeichnis

A
a. A.	anderer Auffassung
Abs.	Absatz
Abschn.	Abschnitt
ADHGB	Allgemeines Deutsches Handelsgesetzbuch
AG	Aktiengesellschaft
AktG	Aktiengesetz
AO	Abgabenordnung
arg.	Argument
Art.	Artikel

B
BaFin	Bundesanstalt für Finanzdienstleistungsaufsicht
BB	Betriebs-Berater (Zeitschrift)
Begr.	Begründung
BFuP	Betriebswirtschaftliche Forschung und Praxis (Zeitschrift)
BGB	Bürgerliches Gesetzbuch
BGH	Bundesgerichtshof
BilReG	Bilanzrechtsreformgesetz
BilKoG	Bilanzkontrollgesetz
BMJ	Bundesministerium der Justiz
Bsp.	Beispiel
bspw.	beispielsweise
BT-Drucks.	Bundestag Drucksache
bzgl.	bezüglich
bzw.	beziehungsweise

C
ca.	circa
CESR	Committee of European Securities Regulation
Co.	Compagnie
CPA	Certified Public Accountant

D
DB	Der Betrieb (Zeitschrift)
DCF	Discounted Cashflow
d. h.	das heißt
DPR	Deutsche Prüfstelle für Rechnungslegung e. V.
DRS	Deutscher Rechnungslegungsstandard
DRSC	Deutsches Rechnungslegungs Standards Committee e. V.
Drucks.	Drucksache
DSR	Deutscher Standardisierungsrat
DStR	Deutsches Steuerrecht (Zeitschrift)

E
EG	Europäische Gemeinschaft(en)
eingef.	eingefügt
EStG	Einkommensteuergesetz
EU	Europäische Union
e. V.	eingetragener Verein
EWG	Europäische Wirtschaftsgemeinschaft

F
f.	folgende (Seite)
ff.	folgende (Seiten, Jahre)
FN	Fachnachrichten des Instituts der Wirtschaftsprüfer in Deutschland e. V. (Zeitschrift)
Fn.	Fußnote
FRRP	Financial Reporting Review Panel

G
GAAP	Generally Accepted Accounting Principles
gem.	gemäß
ggf.	gegebenenfalls
GmbH	Gesellschaft mit beschränkter Haftung

Abkürzungsverzeichnis

GoB	Grundsätze ordnungsmäßiger Buchführung	**J**	
GoK	Grundsätze ordnungsmäßiger Konzernrechnungslegung	JAE	Journal of Accounting and Economics
		K	
H		KG	Kommanditgesellschaft
HFA	Hauptfachausschuss	KonTraG	Gesetz zur Kontrolle und Transparenz im Unternehmensbereich
HGB	Handelsgesetzbuch		
HGB-E	Handelsgesetzbuch-Entwurf	KoR	Kapitalmarktorientierte Rechnungslegung (Zeitschrift)
Hrsg.	Herausgeber		
hrsg. v.	herausgegeben von		
I		**L**	
IAASB	International Auditing Standards Board	Lifo	Last in – first out
IAS	International Accounting Standard(s)	**M**	
		m. E.	meines Erachtens
IASB	International Accounting Standards Board	m. w. N.	mit weiteren Nachweisen
		MD&A	Management's Discussion and Analysis of Results of Operations and Financial Condition
IAPS	International Auditing Practice Statements		
IASC	International Accounting Standards Committee		
i. d. F.	in der Fassung	**N**	
i. d. R.	in der Regel	No.	Number
IDW	Institut der Wirtschaftsprüfer in Deutschland e. V.	Nr.	Nummer
IDW-FN	Nationale Facharbeit	**O**	
IFRIC	International Financial Reporting Interpretations Committee	OFR	Operating and Financial Review and Prospects
		O. V.	Ohne Verfasser
IFRS	International Financial Reporting Standard(s)	**P**	
IGC	Implementation Guidance Committee	PCAOB	Public Company Accounting Oversight Board
insb.	insbesondere	PS	Prüfungsstandard
IOSCO	International Organization of Securities Commissions	**R**	
ISA	International Standards on Auditing	RegE	Regierungsentwurf
		Rn.	Randnummer(n)
i. S. d.	im Sinne der/des	RS	Rechnungslegungsstandard
i. S. v.	im Sinne von		
i. V. m.	in Verbindung mit	**S**	
		S.	Seite(n)

Abkürzungsverzeichnis

SEC	Securities and Exchange Commission	ZfB	Zeitschrift für Betriebswirtschaft
sec.	section	ZHR	Zeitschrift für das gesamte Handelsrecht und Wirtschaftsrecht
SIC	Standing Interpretations Committee		
SOA	Sarbanes Oxley Act		
sog.	so genannte		
StuB	Steuern und Bilanzen (Zeitschrift)		
StuW	Steuer und Wirtschaft (Zeitschrift)		

T
TransPuG	Transparenz- und Publizitätsgesetz

U
u. a.	unter anderem
u. E.	unseres Erachtens
USA	United States of America
U.S.	United States
u. U.	unter Umständen

V
v.	von, vom
Verf.	Verfasser
vgl.	vergleiche

W
WP	Wirtschaftsprüfer
WPg	Die Wirtschaftsprüfung (Zeitschrift)
WPG	Wirtschaftsprüfungsgesellschaft
WpHG	Gesetz über den Wertpapierhandel (Wertpapierhandelsgesetz)
WpHG-E	Wertpapierhandelsgesetz-Entwurf
WPK	Wirtschaftsprüferkammer
WPO	Gesetz über eine Berufsordnung der Wirtschaftsprüfer (Wirtschaftsprüferordnung)

Z
z. B.	zum Beispiel

Wolfgang Ballwieser

Die Entwicklungen beim Lagebericht

Gliederung:

1	Einleitung	3
2	Funktion des Lageberichts	3
3	Stand und Änderungsvorschläge	3
4	Würdigung	5
	41 Regulierungsnotwendigkeit	5
	42 Ziel-Mittel-Analyse	6
	43 Regelungskonsistenz	6
	44 Regelungsklarheit	7
	45 Erwartungslücke	8
5	Zusammenfassung	8
	Literaturverzeichnis	9

Professor Dr. Dr. h.c. Wolfgang Ballwieser
Seminar für Rechnungswesen und Prüfung
Ludwig-Maximilians-Universität München

Vortrag, gehalten am 27. Mai 2004 im Rahmen des
20. Münsterischen Tagesgesprächs
„Anpassung des deutschen Bilanzrechts an internationale Vorgaben –
Bilanzrechtsreformgesetz und Bilanzkontrollgesetz"

1 Einleitung

Das Bilanzrechtsreformgesetz (BilReG) bringt eine Änderung der Berichtspflichten im Lagebericht. Der folgende Beitrag skizziert den bisherigen Regelungsstand und die sich abzeichnenden Neuerungen. Er würdigt diese anschließend im Hinblick auf die Regulierungsnotwendigkeit, die Ziel-Mittel-Beziehung, die Regelungskonsistenz und die Regelungsklarheit. Bei den letzten beiden Kriterien zeichnen sich Mängel ab. Insbesondere droht eine neue Erwartungslücke.

2 Funktion des Lageberichts

Der Lagebericht ist ein reines Informationsmedium. Er ergänzt den Abschluss der Kapitalgesellschaft von mindestens mittlerer Größe (§ 267 Abs. 2 HGB), der ihr gleichgestellten Personenhandelsgesellschaft (§ 264a HGB) und des Konzerns. Auch wenn für ihn die Informations-GoB gelten,[1] ist er frei von den Fesseln wichtiger Gewinnermittlungs-GoB wie Vorsichts-, Realisations- und Imparitätsprinzip. Auch soll er nicht nur einen Einblick in die aus §§ 264 Abs. 2, 297 Abs. 2 HGB bekannten Elemente der Vermögens-, Finanz- und Ertragslage vermitteln, vielmehr ist er auf eine umfassendere Gesamtlage des Unternehmens oder Konzerns (z. B. inklusive Forschung und Entwicklung, Personal, Aufträge, Absatzaussichten) ausgerichtet.[2]

3 Stand und Änderungsvorschläge

Nach dem derzeit noch gültigen Recht ist im Lagebericht auf den Geschäftsverlauf, die Lage der Gesellschaft am Bilanzstichtag, Vorgänge von besonderer Bedeutung nach Schluss des Geschäftsjahrs, den Bereich Forschung und Entwicklung sowie Zweigniederlassungen einzugehen (§ 289 HGB). Daran wird sich nach dem Regierungsentwurf des Bilanzrechtsreformgesetzes (BilReG) vom 21. April 2004 nichts ändern. Weiterhin ist über Risiken der künftigen Ent-

---

[1] Vgl. zu diesen insb. LEFFSON, U., Die Grundsätze ordnungsmäßiger Buchführung, insb. S. 179-238; BAETGE, J./FISCHER, T. R./PASKERT, D., Der Lagebericht, S. 6-27; MOXTER, A., Fundamentalgrundsätze ordnungsmäßiger Rechenschaft, S. 87-100; BALLWIESER, W., Informations-GoB, S. 115-121.

[2] Vgl. BAETGE, J./FISCHER, T. R./PASKERT, D., Der Lagebericht, S. 9 f.

wicklung (§ 289 Abs. 1 HGB) und die voraussichtliche Entwicklung der Gesellschaft oder des Konzerns zu berichten (§ 289 Abs. 2 Nr. 2 HGB). Hier wird künftig ein Bericht verlangt über[3]

(1) die Analyse von Geschäftsverlauf und Lage mit Einbezug finanzieller Leistungsindikatoren, mit der man die Ergebnisentwicklung, Ergebniskomponenten, Liquidität und Kapitalstruktur verbindet,

(2) Ziele und Strategien,

(3) die voraussichtliche Entwicklung mit Chancen und Risiken,

(4) nicht finanzielle Leistungsindikatoren (nur für große Kapitalgesellschaften) und

(5) das Risikomanagement (für Finanzinstrumente).

Hintergrund der Änderungen sind

(1) die Fair Value-Richtlinie, die einen Bericht über das Risikomanagement verlangt; er ist bei den IFRS Bestandteil des Anhangs,

(2) die Beseitigung einer Doppelregelung: Bericht über das Risiko und über die künftige Entwicklung,[4]

(3) der Wunsch nach mehr Informationen über Ziele, Strategien und Leistungsindikatoren,

(4) die Konkretisierung der bisherigen Ansprüche an den Lagebericht zur Verbesserung von dessen Inhalt und zur Erhöhung der Vergleichbarkeit.

So verständlich diese Entwicklung erscheint, so verflochten und unabgestimmt sind die bisherigen Grundlagen und Ergänzungen zum Lagebericht. Neben dem Regierungsentwurf des BilReG existieren (in zeitlich absteigender Reihenfolge)

(1) der E-DRS 20 des DRSC vom 13. November 2003 (überarbeitet am 20. Juli 2004),

(2) die Modernisierungsrichtlinie 2003/51/EG vom 18. Juni 2003,

(3) die Fair Value-Richtlinie 2001/65/EG vom 27. September 2001,

---

[3] Vgl. BilReG, § 289 HGB-E. Vgl. hierzu auch GREINER, M., Weitergehende Anforderungen an den Konzernlagebericht, S. 51-60; KAJÜTER, P., Der Lagebericht, S. 197-203; KAJÜTER, P., Berichterstattung über Chancen und Risiken, S. 427-433; KIRSCH, H.-J./ SCHEELE, A., Die Auswirkungen der Modernisierungsrichtlinie, S. 1-12; LANGE, K. W., Berichterstattung, S. 981-987.

[4] Vgl. MOXTER, A., Die Vorschriften, S. 722 f. sowie S. 724 zur Prüfung des Risikoberichts.

(4) der DRS 5 des DRSC vom 29. Mai 2001,
(5) der IDW RS HFA 1 vom 28. Juni 1998 (mit Änderungen).

Daneben ist zu bedenken, dass die IFRS und die US-GAAP, die für kapitalmarktorientierte Konzerne zentral sind, keinen Lagebericht kennen, während die SEC-Regulations einen MD&A (Management's Discussion and Analysis of Results of Operations and Financial Condition) und OFR (Operating and Financial Review and Prospects) mit teilweise übereinstimmendem, teilweise abweichendem Inhalt verlangen.

Während die unter (2) und (3) genannten Regelungen den Hintergrund der Änderungen der Pflichten zum Lagebericht enthalten und die Regelungen unter (1), (3) und (4) den Inhalt des bisher geltenden § 289 HGB zu konkretisieren trachten, schaffen die Regelungen in den USA eine Doppelgleisigkeit der Berichterstattung, die durch neu zu entwickelnde IFRS noch verstärkt werden kann.

4 Würdigung

41 Regulierungsnotwendigkeit

Wir nehmen im Allgemeinen die Verpflichtung zur Erstellung eines Lageberichts als gegeben hin. Ökonomisch gesehen stellt sich aber die Frage, ob die Rechtspflicht nicht durch Anreize zu freiwilliger Information über dem Lagebericht vergleichbare Inhalte ersetzt werden sollte. In jüngerer Zeit haben sich zahlreiche Autoren mit Anreizen zur freiwilligen Offenbarung privater Information im Rahmen von agency- oder spieltheoretischen Modellen beschäftigt.[5] Sie bestätigen, dass eine Marktlösung mit ähnlichem Nutzen wie die gesetzlich erzwungene Lösung kaum zu erwarten ist.

---

5   Vgl. insb. DYE, R., An Evaluation of „Essays on Disclosure", S. 181-235; VERRECCHIA, R. E., Essays on Disclosure, S. 97-180; WAGENHOFER, A., Voluntary Disclosure, S. 341-363.

Ein spieltheoretisches Gleichgewicht mit vollständiger freiwilliger Offenbarung (revelation principle) hängt an zu engen Annahmen. Ein spezielles Problem besteht bei privater Information über erwartete Chancen und Risiken. Soll sie offenbart werden, muss der Bericht glaubwürdig und sanktionierbar sein. Die spieltheoretische Analyse fördert wenig Hoffnung auf den Erfolg freiwilliger Lösungen der Vertragspartner;[6] auch werden potentielle Vertragspartner außer acht gelassen. Das begründet noch nicht den konkreten Inhalt des derzeitigen oder künftig geforderten Lageberichts. Es lässt aber die Wertung des Gesetzgebers, dass eine Pflicht zur Erstellung des Lageberichts bestehen sollte, verständlich werden.

42 Ziel-Mittel-Analyse

Der Gesetzgeber will die Informationsversorgung der Adressaten verbessern. Daran gemessen gehen die Neuanforderungen an das Management in die richtige Richtung. Jedoch ist eine Bereinigung des Regelungsnebeneinanders geboten: Neben dem HGB sind die E-DRS 20, IDW RS HFA 1 und DRS 5 auf Linie zu bringen. Beispielsweise verlangt der E-DRS 20 Segmentinformationen für den Wirtschafts- und Prognosebericht, während dies bei DRS 5 nicht der Fall ist. Auch verweisen jeweils der E-DRS 20 und der IDW RS HFA 1 auf DRS 5, was die Lektüre der Pflichten und die Prüfung ihrer Erfüllung nicht erleichtert.

43 Regelungskonsistenz

Die Regelungskonsistenz wird durch die Beseitigung einer Doppelregelung erhöht: Es gibt demnächst keine Verpflichtung zum Risikobericht einerseits und zum Bericht über die künftige Entwicklung andererseits mehr. Sie ist aber zu überprüfen hinsichtlich des in Abschnitt 42 beschriebenen Regelungsnebeneinanders. Davon unabhängig muss sie im Verbund mit Sanktionen und ihrer Herbeiführung gesehen werden. Nach meinem Eindruck war der Lagebericht in der Vergangenheit ein Stiefmütterchen handelsrechtlicher Rechnungslegung.[7] Ich kann nicht erkennen, warum sich das in Zukunft ändern sollte.

---

6 Vgl. DOBER, M., Risikoberichterstattung, S. 47-128.

44 Regelungsklarheit

In § 289 Abs. 1 Satz 4 HGB-E lesen wir:

„Ferner sind im Lagebericht die wesentlichen Ziele und Strategien der gesetzlichen Vertreter für die Kapitalgesellschaft zu beschreiben sowie die voraussichtliche Entwicklung mit ihren wesentlichen Chancen und Risiken zu beurteilen und zu erläutern; zugrunde liegende Annahmen sind anzugeben."

Hier fragt sich der Leser: Was bedeutet „wesentliche Ziele und Strategien" und warum soll die voraussichtliche Entwicklung erst erläutert und anschließend beschrieben werden? In der Begründung des BilReG finden wir auf S. 62:

„Die Ziele und Strategien ... sind ... darzustellen, wie dies dem international üblichen Verständnis einer Analyse der Geschäftsentwicklung und Lage aus der Sicht des Managements entspricht. Nicht gefordert sind Detailangaben; es reicht eine Darstellung der übergeordneten Unternehmensstrategie, die für die Adressaten ... entscheidungsrelevant ist."

Das erscheint mir misslungen: Statt dem Anwender der Regelung handfeste Orientierung zu geben, wird auf ein international übliches Verständnis einer Analyse der Geschäftsentwicklung und Lage aus der Sicht des Managements verwiesen. Wo findet man dieses international übliche Verständnis? Wie konkretisiert es sich, wenn man bspw. weiß, dass U.S.-amerikanisches und britisches Verständnis, ja sogar U.S.-amerikanisches und kanadisches Verständnis im Hinblick auf Fragen der Rechnungslegung oft sehr unterschiedlich sind?

Gleichermaßen ist der Verweis auf die übergeordnete Unternehmensstrategie und die Entscheidungsrelevanz für die Adressaten eine Leerformel. Bei privatwirtschaftlich organisierten Unternehmen dürfte die übergeordnete Unternehmensstrategie im Geldverdienen für die Eigentümer, möglicherweise durch etliche Nebenbedingungen konkretisiert, bestehen. Was ist die untergeordnete Strategie, über die nicht zu berichten ist?

---

[7] Vgl. nur KAJUTER, P./WINKLER, C., Praxis der Lageberichterstattung deutscher Konzerne, S. 256. LUFTHANSA AG merkt im Geschäftsbericht 2001 bei der Erläuterung der Risiken z. B. an, dass starke Veränderungen der Treibstoffpreise das operative Ergebnis beeinflussen können, vgl. LUFTHANSA AG, Geschäftsbericht 2001, S. 20. Vgl. ferner BAETGE, J./BRÖTZMANN, I., Die Geschäftsberichterstattung, S. 9-39; BALLWIESER, W., Die Lageberichte der DAX-Gesellschaften, S. 153-187.

45 Erwartungslücke

Ich sehe die Gefahr einer weiteren Erwartungslücke, wenn die im BilReG enthaltenen Neuformulierungen zum Lagebericht mit den bisherigen Begründungen in das HGB aufgenommen werden und – was zu erwarten ist – die bisherige Berichtspraxis weitgehend unverändert fortgeführt wird. Mit Vokabeln wie Bericht über Ziele und Strategien des Unternehmens, voraussichtliche Entwicklung mit Risiken und Chancen, finanzielle und nicht finanzielle Leistungsindikatoren werden Einblicke in das Unternehmen oder den Konzern suggeriert, die man verlangen und geben kann, die aber zugleich einer starken Konkretisierung des Gebotenen bedürfen. Das Gesetz leistet dies nicht. Sich auf die Stellungnahmen von DRSC und IDW zu verlassen, ist – wie die Erfahrung zeigt – nur begrenzt hilfreich. Da zudem keine starken Sanktionen drohen, hängt die Realisation der Erwartungslücke vorrangig vom Verhalten von Aufsichtsorganen, Abschlussprüfern und der zu bildenden Enforcement-Institution ab. Da mit Ausnahme der letztgenannten Institution dies schon die Faktoren waren, auf die man in der Vergangenheit – mit wenig Erfolg – hat setzen dürfen, bin ich skeptisch, dass der Lagebericht zu dem wird, was er sein könnte.

5 Zusammenfassung

Vor dem Hintergrund mehrerer Ziele und Entwicklungen in der Europäischen Union wird die bisherige Berichtspflicht in § 289 HGB zum Lagebericht verändert. Der Beitrag hat diese Änderungen im Hinblick auf die Regulierungsnotwendigkeit, die Ziel-Mittel-Beziehung, die Regelungskonsistenz und die Regelungsklarheit untersucht. Danach ist aufgrund ökonomischer Modelle nicht zu erwarten, dass sich ohne gesetzliche Regelung eine ähnliche Berichtspraxis einstellen wird. Auch gehen die Anforderungen an das Management in die richtige Richtung. Jedoch lässt die Prüfung von Regelungskonsistenz und -klarheit Mängel erkennen: Das Nebeneinander divergierender Auslegungen der Berichtspflichten fördert nicht deren Erfüllung. Die fehlende Regelungsklarheit kann dazu beitragen, eine weitere Erwartungslücke entstehen zu lassen. Adressaten der Rechnungslegung werden bei unbefangener Wahrnehmung der im Gesetz genannten Vokabeln deutlich mehr erwarten, als was zu bieten beabsichtigt zu sein scheint.

Literaturverzeichnis

BAETGE, JÖRG/BRÖTZMANN, INGO, Die Geschäftsberichterstattung – Anforderungen und empirische Befunde, in: Albach, Horst/Kraus, Willy (Hrsg.), Werte, Wettbewerb und Wandel – Gedenkschrift für Carl Zimmerer, Wiesbaden 2003, S. 9-39 (Die Geschäftsberichterstattung).

BAETGE, JÖRG/FISCHER, THOMAS R./PASKERT, DIERK, Der Lagebericht – Aufstellung, Prüfung und Offenlegung, Stuttgart 1989 (Der Lagebericht).

BALLWIESER, WOLFGANG, Informations-GoB – auch im Lichte von IAS und US-GAAP, in: KoR 2002, S. 115-121 (Informations-GoB).

BALLWIESER, WOLFGANG, Die Lageberichte der DAX-Gesellschaften im Lichte der Grundsätze ordnungsmäßiger Lageberichterstattung, in: Fischer, Thomas R./Hömberg, Reinhold (Hrsg.), Jahresabschluß und Jahresabschlußprüfung. Festschrift Baetge, Düsseldorf 1997, S. 153-187 (Die Lageberichte der DAX-Gesellschaften).

BUNDESMINISTERIUM DER JUSTIZ, Gesetzentwurf zur Einführung internationaler Rechnungslegungsstandards und zur Sicherung der Qualität der Abschlussprüfung (Bilanzrechtsreformgesetz – BilReG), Entwurf vom 21. April 2004 abrufbar unter http://www.bmj.bund.de/enid/jd.html (Stand 10.8.2004) (BilReG).

DOBLER, MICHAEL, Risikoberichterstattung – Eine ökonomische Analyse, Frankfurt am Main u. a. 2004 (Risikoberichterstattung).

DYE, RONALD A., An Evaluation of „Essays on Disclosure" and the Disclosure Literature in Accounting, in: JAE 2001, S. 181-235 (An Evaluation of „Essays on Disclosure").

GREINERT, MARKUS, Weitergehende Anforderungen an den Konzernlagebericht durch E-DRS 20 sowie das Bilanzrechtsreformgesetz, in: KoR 2004, S. 51-60 (Weitergehende Anforderungen an den Konzernlagebericht).

KAJÜTER, PETER, Berichterstattung über Chancen und Risiken im Lagebericht, in: BB 2004, S. 427-433 (Berichterstattung über Chancen und Risiken).

KAJÜTER, PETER, Der Lagebericht als Instrument einer kapitalmarktorientierten Rechnungslegung, in: DB 2004, S. 197-203 (Der Lagebericht).

KAJÜTER, PETER/WINKLER, CARSTEN, Praxis der Lageberichterstattung deutscher Konzerne, in: WPg 2004, S. 249-261 (Praxis der Lageberichterstattung deutscher Konzerne).

KIRSCH, HANS-JÜRGEN/SCHEELE, ALEXANDER, Die Auswirkungen der Modernisierungsrichtlinie auf die (Konzern-)Lageberichterstattung, in: WPg 2004, S. 1-12 (Die Auswirkungen der Modernisierungsrichtlinie).

Literaturverzeichnis

LANGE, KNUT WERNER, Berichterstattung in Lagebericht und Konzernlagebericht nach dem geplanten Bilanzrechtsreformgesetz, in: ZIP 2004, S. 981-987 (Berichterstattung).

LEFFSON, ULRICH, Die Grundsätze ordnungsmäßiger Buchführung, 7. Aufl., Düsseldorf 1987 (Die Grundsätze ordnungsmäßiger Buchführung).

LUFTHANSA AG, Geschäftsbericht 2001, S. 20

MOXTER, ADOLF, Die Vorschriften zur Rechnungslegung und Abschlußprüfung im Referentenentwurf eines Gesetzes zur Kontrolle und Transparenz im Unternehmensbereich, in: BB 1997, S. 722-730 (Die Vorschriften).

MOXTER, ADOLF, Fundamentalgrundsätze ordnungsmäßiger Rechenschaft, in: Baetge, Jörg/Moxter, Adolf/Schneider, Dieter (Hrsg.), Bilanzfragen, Festschrift für Ulrich Leffson, Düsseldorf 1976, S. 87-100 (Fundamentalgrundsätze ordnungsmäßiger Rechenschaft).

VERRECCHIA, ROBERT E., Essays on Disclosure, in: JAE 2001, S. 97-180 (Essays on Disclosure).

WAGENHOFER, ALFRED, Voluntary Disclosure with a Strategic Opponent, in: JAE 1990, S. 341-363 (Voluntary Disclosure).

Hans-Jürgen Kirsch

Die Umsetzung der Fair Value-Richtlinie[*]

Gliederung:

1 Hintergrund der Fair Value-Richtlinie 13
2 Inhalt der Fair Value-Richtlinie 14
   21 Der Geltungsbereich der Fair Value-Richtlinie 14
   22 Einzubeziehende Finanzinstrumente 16
   23 Bestimmung des beizulegenden Zeitwertes 17
   24 Erfassung von Wertänderungen 19
   25 Angaben in Anhang und Lagebericht 20
3 Die geplante Umsetzung der Fair Value-Richtlinie 21
   31 Status quo 21
   32 Der Vorschlag des DRSC 22
   33 Umsetzung der Anhang- und Lageberichtsangaben gemäß den Entwürfen zum Bilanzrechtsreformgesetz 24
4 Materielle Auswirkungen auf die Rechnungslegung in Deutschland 25
5 Der neue Mechanismus bei der Fortentwicklung von Rechnungslegungsnormen 28
6 Zusammenfassung 29
Literaturverzeichnis 31

---

[*] Für die hervorragende Unterstützung bei der Vorbereitung des Beitrages sei an dieser Stelle Herrn Dr. Matthias Dohrn ganz herzlich gedankt.

Prof. Dr. Hans-Jürgen Kirsch
Universität Hannover

Vortrag, gehalten am 27. Mai 2004 im Rahmen des
20. Münsterischen Tagesgesprächs
„Anpassung des deutschen Bilanzrechts an internationale Vorgaben –
Bilanzrechtsreformgesetz und Bilanzkontrollgesetz"

1 Hintergrund der Fair Value-Richtlinie

Im Jahr 1995 räumte die EU-Kommission im Rahmen einer Mitteilung zur „Harmonisierung auf dem Gebiet der Rechnungslegung: Eine neue Strategie im Hinblick auf die internationale Harmonisierung"[1] ein, dass die 4. und 7. EU-Richtlinie die auf internationaler Ebene geforderten anspruchsvolleren Grundsätze zu einer Kommunikation von vergleichbaren Rechnungslegungsinformationen nicht mehr erfüllen. So bestand für EU-Gesellschaften bei der Börsennotierung auf internationalen Kapitalmärkten ggf. die Pflicht, neben einem richtlinienkonformen Abschluss auch einen nach international anerkannten Rechnungslegungsnormen aufgestellten Abschluss zu veröffentlichen. Um diesem Wettbewerbsnachteil entgegenzuwirken, favorisiert die Kommission die Anpassung der europäischen Rechnungslegungsrichtlinien an die IFRS.[2] Bei einer Vereinbarkeit der IFRS mit den EU-Richtlinien, müssen EU-Gesellschaften nur noch einen einzigen Abschluss erstellen, der sowohl den Anforderungen der Kapitalmärkte als auch denen der Rechnungslegungsrichtlinien genügt.[3] Hierdurch bekommen europäische Gesellschaften die Möglichkeit, auf Kapitalmärkten zu gleichen Bedingungen zu agieren wie nichteuropäische Wettbewerber. Ein weiterer Grund für die Angleichung der Rechnungslegungsvorschriften an die IFRS besteht in der Notwendigkeit, den Binnenmarkt für Finanzdienstleistungen zu vollenden, um so die Liquidität europäischer Finanzmärkte weiter zu verbessern.[4]

Ein wichtiger Bereich für die Frage der Konformität der IFRS mit den EU-Rechnungslegungsrichtlinien ist die Bilanzierung von Finanzinstrumenten. So werden Finanzinstrumente von EU-Gesellschaften zunehmend zur Steuerung finanzieller Risiken verwendet.[5] Die Bewertung dieser Finanzinstrumente erfolgt gem. den Regelungen des IASB zum Fair Value bzw. beizulegendem Zeitwert.

---

1 KOMMISSION DER EUROPÄISCHEN GEMEINSCHAFTEN, Harmonisierung auf dem Gebiet der Rechnungslegung.

2 Vgl. KOMMISSION DER EUROPÄISCHEN GEMEINSCHAFTEN, Harmonisierung auf dem Gebiet der Rechnungslegung, S. 7-9; KOMMISSION DER EUROPÄISCHEN GEMEINSCHAFTEN, Rechnungslegungsstrategie der EU.

3 Vgl. KOMMISSION DER EUROPÄISCHEN GEMEINSCHAFTEN, Vorschlag zur Änderung der Richtlinien 78/660/EWG und 83/349/EWG, S. 4.

4 Vgl. KOMMISSION DER EUROPÄISCHEN GEMEINSCHAFTEN, Rechnungslegungsstrategie der EU, S. 3.

5 Vgl. KOMMISSION DER EUROPÄISCHEN GEMEINSCHAFTEN, Vorschlag für eine Richtlinie zur Änderung der Richtlinien 78/660/EWG und 83/349/EWG, S. 3.

Um diese Möglichkeit der Bewertung zum Fair Value auch in den EU-Rechnungslegungsrichtlinien und der Bankbilanzrichtlinie zu schaffen, haben das Europäische Parlament und der Rat am 27. September 2001 die Richtlinie zur Änderung der Richtlinien 78/660/EWG, 83/349/EWG und 86/635/EWG des Rates,[6] die so genannte „Fair Value-Richtlinie",[7] erlassen. Mit Hilfe der Fair Value-Richtlinie soll vor allem die Kohärenz zwischen IAS 39 (revised 2000) Financial Instruments: Recognition and Measurement und den Rechnungslegungsrichtlinien sowie der Bankbilanzrichtlinie bei der Bewertung von Finanzaktiva und -passiva hergestellt werden, um EU-Gesellschaften die Möglichkeit einzuräumen, „ihre Abschlüsse in Übereinstimmung mit derzeitigen Entwicklungen auf internationaler Ebene"[8] aufstellen zu können.

Im Rahmen der Fair Value-Richtlinie wurden vor allem die 4. und 7. EG-Richtlinie weit reichend ergänzt und geändert, insofern kann die Richtlinie auch als Änderungsrichtlinie bezeichnet werden. Die Änderungen betreffen dabei die Jahresabschluss-, die Konzernabschluss- und die Bankbilanzrichtlinie. Die Versicherungsbilanzrichtlinie ist vom Regelbereich explizit ausgenommen.

Dass die auf den ersten Blick eher technische Angleichung der EU-Richtlinien im Bereich der Finanzinstrumente unter Umständen sehr weit reichende Konsequenzen für die gesamte Rechnungslegungslandschaft in Deutschland haben kann, sollen die folgenden Ausführungen zeigen.

2 Inhalt der Fair Value-Richtlinie

21 Der Geltungsbereich der Fair Value-Richtlinie

Aufgrund der Tatsache, dass die Fair Value-Richtlinie in Übereinstimmung mit IAS 39 für bestimmte Finanzinstrumente eine Bewertung zum beizulegenden Zeitwert, ggf. mit einer unmittelbaren erfolgswirksamen Berücksichtigung der Wertänderungen, vorsieht, ist vor allem die Frage, für welche Unternehmen und Abschlussarten diese Bewertung zugelassen oder vorgeschrieben wird, von zentraler Bedeutung.

---

6 Vgl. Richtlinie 2001/65/EWG des Europäischen Parlaments und des Rates.

7 Vgl. BÖCKING, H.-J./SITTMANN-HAURY, C., Forderungsbewertung - Anschaffungskosten versus Fair Value, S. 195; HOMMEL, M./BERNDT, T., Transformation der Fair Value-Richtlinie in deutsches Recht, S. 90.

8 Richtlinie 2001/65/EWG des Europäischen Parlaments und des Rates vom 27.9.2001. ABlEG L 283, S. 28.

Gemäß dem durch die Fair Value-Richtlinie neu eingefügten Artikel 42a Abs. 1 der 4. EG-Richtlinie können die Mitgliedstaaten allen Gesellschaften oder einzelnen Gruppen von Gesellschaften gestatten oder vorschreiben, Finanzinstrumente einschließlich derivativer Finanzinstrumente mit dem beizulegenden Zeitwert (Fair Value) zu bewerten. Diese Erlaubnis respektive Verpflichtung kann auf konsolidierte Abschlüsse im Sinne der Richtlinie 83/349/EWG beschränkt werden. Die Fair Value-Richtlinie eröffnet den Mitgliedsstaaten bei der konkreten Umsetzung in nationales Recht hinsichtlich des Geltungsbereichs also weit reichende Wahlrechte. So bleibt es den Mitgliedstaaten überlassen, ob

- alle Gesellschaften oder nur bestimmte Gruppen von Gesellschaften Finanzinstrumente zum Fair Value bewerten dürfen,

- den ausgewählten Gesellschaften eine Bewertung von Finanzinstrumenten zum Fair Value vorgeschrieben oder gestattet werden soll und

- eine derartige Erlaubnis oder Verpflichtung auf konsolidierte Abschlüsse beschränkt werden soll.

Die Mitgliedstaatenwahlrechte beziehen sich ausschließlich auf die den EU-Bilanzrichtlinien unterliegenden Kapitalgesellschaften.[9] Inwiefern die Fair Value-Richtlinie im Rahmen der Umsetzung in nationales Recht auch Ausstrahlungswirkungen auf andere Unternehmen (z. B. Personengesellschaften/Einzelkaufleute) in den einzelnen Mitgliedstaaten entfaltet, hängt von der konkreten Umsetzung ab.[10] Die Mindestumsetzung der Fair Value-Richtlinie umfasst allerdings nur die Einrichtung eines Wahlrechts, welches einer bestimmten Gruppe von Unternehmen im konsolidierten Abschluss die Bewertung von Finanzinstrumenten zum Fair Value gestattet. Hierbei handelt es sich entsprechend den Konvergenzbemühungen mit den IFRS um die konsolidierten Abschlüsse von kapitalmarktorientierten Gesellschaften. Die EU überlässt die Ausweitung einer Fair Value-Bewertung von Finanzinstrumenten über diese Gruppe von Gesellschaften hinaus explizit den Mitgliedstaaten.

---

9   Nach deutschem Recht handelt es sich hierbei um Aktiengesellschaften, Kommanditgesellschaften auf Aktien, GmbH und GmbH & Co. KG.
10 Vgl. ERNST, C., Zeitwertbilanzierung für Finanzinstrumente nach 4. EU-Richtlinie und HGB, S. 247.

22 Einzubeziehende Finanzinstrumente

Die Fair Value-Richtlinie folgt in ihrer Grundausrichtung IAS 39 (revised 2000) Financial Instruments: Recognition and Measurement.[11] Im Gegensatz zu diesem Standard wird der zentrale Begriff der Finanzinstrumente jedoch nicht definiert. Diese Vorgehensweise wird im Richtlinienentwurf von der Kommission damit begründet, dass die Rechnungslegungsrichtlinien als Rahmenvorschriften keine allgemeinen Definitionen enthalten und sich eine detaillierte Definition von Finanzinstrumenten auf Begriffe stützen würde, die in den Rechnungslegungsrichtlinien ebenfalls nicht definiert sind. Weiterhin wird der Verzicht auf eine Definition mit der Weiterentwicklung auf den Kapital- und Finanzmärkten sowie der fortwährenden Schaffung neuer Finanzinstrumente begründet, die eine Definition rasch veralten lassen würde.[12] Insofern erfolgt in Artikel 42a Abs. 3-5 der 4. EG-Richtlinie nur eine Negativabgrenzung der Finanzinstrumente, die nicht zum Fair Value bewertet werden dürfen. Lediglich derivative Finanzinstrumente werden in Artikel 42a Abs. 2 der 4. EG-Richtlinie näher spezifiziert.

Ähnlich der Vorgehensweise bei IAS 39 (revised 2000) hängt auch die Fair Value-Bewertung der 4. EG-Richtlinie von der Kategorisierung der Finanzinstrumente ab. Hierbei können folgende vier Kategorien von Finanzinstrumenten unterschieden werden:

- zu Handelszwecken gehaltene Finanzinstrumente (financial asset or liability held for trading),
- zur Veräußerung verfügbare Finanzinstrumente (available-for-sale financial assets),
- bis zur Fälligkeit gehaltene, nicht derivative Finanzinstrumente (held-to-maturity investments) und

---

11 Die Grundausrichtung an IAS 39 (revised 2000) erfolgte aufgrund der Konvergenzbemühungen der EU bzgl. der Rechnungslegungsrichtlinien und der IFRS. Aufgrund der Überarbeitung von IAS 39 im Jahr 2003 ist diese Konvergenz zurzeit nicht mehr gegeben. Ziel der Überarbeitung war die Beseitigung bestehender Inkonsistenzen und die Reduktion der Komplexität des Standards u. a. durch die Einarbeitung von Stellungnahmen des Implementation Guidance Committee (IGC) sowie Standing Interpretations Committee (SIC). Weiterhin wurden Überschneidungen von IAS 32 und IAS 39 beseitigt. Allerdings stimmt IAS 39 (revised 2003) inhaltlich nicht mehr mit IAS 39 (revised 2000) überein. Zu den wesentlichen Änderungen vgl. DOHRN, M., Entscheidungsrelevanz des Fair Value-Accounting am Beispiel von IAS 39 und IAS 40, S. 162 f.

12 Vgl. KOMMISSION DER EUROPÄISCHEN GEMEINSCHAFTEN, Vorschlag für eine Richtlinie zur Änderung der Richtlinien 78/660/EWG und 83/349/EWG, S. 8.

- von der Gesellschaft vergebene Darlehen und von ihr begründete Forderungen, die nicht für Handelszwecke gehalten werden (loans and receivables originated by the enterprise).

Gemäß Artikel 42a Abs. 4 der 4. EG-Richtlinie sind von einer Fair Value-Folgebewertung die Finanzaktiva der Kategorien bis zur Fälligkeit gehaltene und nicht derivative Finanzinstrumente sowie von der Gesellschaft vergebene Darlehen und von ihr begründete Forderungen, die nicht für Handelszwecke gehalten werden, ausgenommen. Bei den Finanzpassiva dürfen gem. Artikel 42a Abs. 3 der 4. EG-Richtlinie ausschließlich solche Finanzpassiva zum Fair Value bewertet werden, die als Teil eines Handelsbestandes gehalten werden oder derivative Finanzinstrumente sind. Diese Vorgehensweise entspricht grundsätzlich der in IAS 39 (revised 2000).

Weiterhin sind gem. 42a Abs. 4 c) der 4. EG-Richtlinie Anteile an Tochtergesellschaften, assoziierten Unternehmen und Joint Ventures, von der Gesellschaft ausgegebene Eigenkapitalinstrumente und Verträge über eventuelle Gegenleistungen bei einem Unternehmenszusammenschluss von einer Fair Value-Bewertung explizit ausgenommen. Zum Fair Value dürfen ebenfalls keine Finanzinstrumente bewertet werden, die derart spezifische Merkmale aufweisen, dass sie nach herrschender Meinung bilanziell in einer anderen Form als andere Finanzinstrumente erfasst werden sollten.[13]

23 Bestimmung des beizulegenden Zeitwertes

Die Vorgehensweise bei der Ermittlung eines Fair Value wird in dem durch die Fair Value-Richtlinie neu eingefügten Artikel 42b Abs. 1 und Abs. 2 der 4. EG-Richtlinie geregelt und gleicht in ihrer Grundausrichtung ebenfalls der des alten IAS 39 (revised 2000). Der Wertermittlungsprozess lässt sich vereinfacht in die aus IAS 39 bekannte dreistufige Konzeption einteilen,[14] wobei die zu verwendende Stufe innerhalb dieses Konzepts von der Möglichkeit zur Datenbeschaffung abhängt.[15]

---

[13] Vgl. Richtlinie 2001/65/EWG des Europäischen Parlaments und des Rates vom 27.9.2001. S. 29.

[14] Vgl. BAETGE, J./ZÜLCH, H., Fair Value-Accounting, S. 547; KÜMMEL, J., Grundsätze für die Fair Value-Ermittlung mit Barwertkalkülen, S. 59; ZÜLCH, H., Die Bilanzierung von Investment Properties nach IAS 40, S. 187.

[15] Vgl. BELLAVITE-HÖVERMANN, Y./BARCKOW, A., in: Baetge, u. a., Rechnungslegung nach IAS, 2. Aufl., IAS 39, Rn. 28.

Auf der ersten Stufe entspricht der Fair Value bzw. beizulegende Zeitwert dem Marktwert, welcher auf einem verlässlichen Markt bestimmt werden kann. Die grundsätzliche Ausrichtung an einem Markt entspricht IAS 39 (revised 2000), wobei in diesem Standard umfangreichere Anforderungen an den Markt und die hypothetischen Vertragspartner gestellt werden. So muss bei der Ermittlung gem. IAS 39 (revised 2000) bspw. ein aktiver Markt vorliegen. Ein aktiver Markt zeichnet sich dadurch aus, dass auf ihm homogene Güter gehandelt werden, eine repräsentative Preisbildung erfolgt (liquide Märkte) und die gebildeten Marktpreisnotierungen öffentlich verfügbar sind.[16]

Sollte für das zu bewertende Finanzinstrument ein Marktwert bzw. Marktpreis auf einem verlässlichen Markt nicht ermittelbar sein, kann der Fair Value auf der zweiten Stufe entweder mit Hilfe der Marktwerte gleichartiger Finanzinstrumente oder aus den Marktwerten der Bestandteile des zu bewertenden Finanzinstruments bestimmt werden. Insofern werden zur Fair Value-Bestimmung eines Finanzinstruments auf der zweiten Stufe die Marktpreise von gleichartigen Finanzinstrumenten (Vergleichswerte) bzw. von den einzelnen Bestandteilen des Finanzinstruments herangezogen. Wann ein Finanzinstrument als gleichartig einzustufen ist, wird in Artikel 42b Abs. 1 a) der 4. EG-Richtlinie indes nicht näher spezifiziert.

Kann der Fair Value eines Finanzinstruments mittels der Marktpreise von Vergleichswerten aufgrund eines fehlenden verlässlichen Marktes nicht approximiert werden, erfolgt auf der dritten Stufe eine Ermittlung anhand allgemein anerkannter Bewertungsmodelle und -methoden. Die verwendeten Bewertungsmethoden müssen gem. Artikel 42b Abs. 1 b) der 4. EG-Richtlinie eine angemessene Annäherung an den Marktwert gewährleisten. In IAS 39 (revised 2000) und IAS 39 (revised 2003) werden diese Bewertungsmodelle durch eine explizite Nennung von DCF-Verfahren und Optionspreismodellen konkretisiert.[17] Weiterhin wird bei der Verwendung von Bewertungsmodellen sowohl im alten als auch im überarbeiteten IAS 39 vorgeschrieben, dass auf Rechenparameter zurückzugreifen ist, die aus einem aktiven Markt abgeleitet werden. Selbst wenn Rechenparameter aus einem aktiven Markt verwandt werden, handelt es sich bei dem ermittelten Wert nur um einen simulierten Fair Value.

---

16 Vgl. IAS 38.7 (revised 2002) und IAS 36.5 (revised 2002).
17 Vgl. beispielhaft IAS 39.AG74 (revised 2003).

Insgesamt kann die Wertermittlung der Stufenkonzeption grundsätzlich in zwei Orientierungsregeln eingeteilt werden. Zum einen die Ermittlung mittels eines verlässlichen Marktes (mark-to-market) auf der ersten und zweiten Stufe, zum anderen mit Hilfe von Methoden und Modellen (mark-to-model) auf der dritten Stufe.[18] Sollte der Fair Value von Finanzinstrumenten auf keiner Stufe verlässlich ermittelbar sein, hat gem. Artikel 42b Abs. 2 der 4. EG-Richtlinie eine Bewertung zu (fortgeführten) Anschaffungs- oder Herstellungskosten zu erfolgen.[19]

24 Erfassung von Wertänderungen

Geregelt wird die Erfassung von Fair Value-Wertänderungen entsprechend der Fair Value-Richtlinie in Artikel 42c der 4. EG-Richtlinie. Gemäß Artikel 42c Abs. 1 der 4. EG-Richtlinie sind grundsätzlich alle Wertänderungen, die aus der Folgebewertung zum Fair Value resultieren, in der Gewinn- und Verlustrechnung zu berücksichtigen. Eine erfolgsneutrale Berücksichtigung von Wertänderungen in einer Zeitwert-Rücklage im Eigenkapital hat für bestimmte Sonderfälle zu erfolgen. Hierbei handelt es sich gem. Artikel 42c Abs. 1 a) und b) der 4. EG-Richtlinie um Finanzinstrumente, die Sicherungszusammenhänge darstellen, als solche auch bilanziert werden und bei denen Wertänderungen gar nicht oder nur teilweise sofort erfolgswirksam ausgewiesen werden müssen.

Bei der Kategorie zur Veräußerung verfügbare Finanzinstrumente besteht bei der Folgebewertung zum Fair Value gem. Artikel 42c Abs. 2 der 4. EG-Richtlinie ein Mitgliedstaatenwahlrecht. Bei Finanzinstrumenten dieser Kategorie, die keine derivativen Finanzinstrumente darstellen, können die Mitgliedstaaten zulassen oder vorschreiben, Fair Value-Wertänderungen erfolgsneutral in einer Zeitwert-Rücklage direkt im Eigenkapital zu erfassen. Alle Erträge und Aufwendungen, die aus einer Wertänderung des Fair Value während der Haltedauer der Finanzinstrumente resultieren, sind in der Zeitwert-Rücklage im Eigenkapital zu buchen. Verluste und Gewinne über die Haltedauer werden in dieser Rücklage miteinander verrechnet. Die Zeitwert-Rücklage ist erst bei der Veräußerung der Finanzinstrumente erfolgswirksam aufzulösen (Art. 42c Abs. 3 der 4. EG-Richtlinie).

---

18 Vgl. ZÜLCH, H., Die Bilanzierung von Investment Properties nach IAS 40, S. 184 f.
19 Vgl. dazu die Übersicht bei DOHRN, M., Entscheidungsrelevanz des Fair Value-Accounting am Beispiel von IAS 39 und IAS 40, S. 131.

Somit besteht nur für Fair Value-Wertänderungen von Finanzinstrumenten des Handelsbestandes und derivativen Finanzinstrumenten die uneingeschränkte Pflicht, diese sofort erfolgswirksam in der Gewinn- und Verlustrechnung zu erfassen.

25 Angaben in Anhang und Lagebericht

Sobald Gesellschaften Finanzinstrumente zum Fair Value bewerten, sind gem. Artikel 42d der 4. EG-Richtlinie umfangreiche Anhangangaben erforderlich. Zu diesen Angabepflichten gehören folgende Erläuterungen:

- Bei einer Bestimmung des Fair Value auf der dritten Stufe der Bewertungskonzeption die zentralen Annahmen, die den Bewertungsmodellen und -methoden zugrunde liegen,
- für jede Kategorie von Finanzinstrumenten der Fair Value selbst sowie alle Wertänderungen der Folgebewertung zum Fair Value getrennt nach direkt in der Gewinn- und Verlustrechnung und erfolgsneutral in der Zeitwert-Rücklage erfassten Wertänderungen,
- eine Übersicht über die Veränderungen innerhalb der Zeitwert-Rücklage von Anfang bis Ende des Geschäftsjahres und
- für jede Kategorie derivativer Finanzinstrumente Umfang und Art der Instrumente sowie die wesentlichen Bedingungen, die Höhe, Zeitpunkt und Sicherheit künftiger Zahlungsströme beeinflussen können.

Unabhängig davon, ob Gesellschaften Finanzinstrumente zum Fair Value bewerten, müssen diese gem. der an Artikel 43 Abs. 1 der 4. EG-Richtlinie angefügten Nummer 14 bestimmte Anhangangabepflichten erfüllen. Im Einzelnen sind für jede Kategorie derivativer Finanzinstrumente der jeweilige Fair Value anzugeben, soweit sich dieser mit Hilfe von Bewertungsmodellen bzw. -methoden ermitteln lässt und Angaben über Umfang und Art der Instrumente zu machen. Somit werden auch von Gesellschaften, die ihre Finanzinstrumente nicht zum Fair Value bewerten, Anhangangaben für derivative Finanzinstrumente verlangt. Von diesen zusätzlichen Anhangangabepflichten können indes kleine Gesellschaften gem. Artikel 11 der 4. EG-Richtlinie befreit werden.[20]

---

20 Vgl. Richtlinie 2001/65/EWG des Europäischen Parlaments und des Rates vom 27.9.2001, Artikel 44 Abs. 1, S. 30.

Weiterhin sind für alle Finanzinstrumente, die unter Artikel 42a der 4. EG-Richtlinie fallen und mit einem Betrag bilanziert werden, der über ihrem Fair Value liegt, ohne dass eine Wertberichtigung vorgenommen wurde, folgende Anhangangaben verpflichtend:

- Angabe des Buchwertes und des Fair Value für finanzielle Vermögenswerte bzw. angemessene Gruppierungen,

- Angabe der Gründe für die Nichtherabsetzung des Buchwertes, einschließlich der Anhaltspunkte, die die Gesellschaft dazu bewegt haben, davon auszugehen, dass der Buchwert wieder erreicht wird.

Ebenso wie für den Anhang kommen im Rahmen der Fair Value-Richtlinie auch für den Lagebericht ergänzende Angaben in Bezug auf die Verwendung von Finanzinstrumenten hinzu. So müssen Gesellschaften, sofern es für die Beurteilung der Finanz-, Vermögens- und Ertragslage von Bedeutung ist, gem. dem angefügten Buchstaben f) des Artikel 46 Abs. 2 der 4. EG-Richtlinie über

- die Risikomanagementziele und -methoden, einschließlich solcher Methoden, die zur Absicherung aller wichtigen geplanten Transaktionen verwandt werden sowie

- Preisänderungs-, Ausfall-, Liquiditäts- und Cashflowrisiken, denen die Gesellschaft ausgesetzt ist, informieren.

3 Die geplante Umsetzung der Fair Value-Richtlinie

31 Status quo

Die Mitgliedstaaten mussten die Fair Value-Richtlinie bis zum 01.01.2004 in nationales Recht umsetzen. Der deutsche Gesetzgeber ist dieser Umsetzungspflicht nicht fristgerecht nachgekommen. Einen vollständigen und umfassenden Vorschlag zur Umsetzung der Fair Value-Richtlinie hat indes schon im Sommer 2002 der Deutsche Standardisierungsrat (DSR) erarbeitet. Vorschläge zur Umsetzung der Berichtspflichten der Richtlinie enthalten aktuelle Entwürfe zum Bilanzrechtsreformgesetz (BilReG).

32 Der Vorschlag des DRSC

Der Deutsche Standardisierungsrat (DSR) hat gem. § 342 Abs. 1 Nr. 2 HGB unter anderem die Aufgabe, das Bundesministerium der Justiz (BMJ) bei Gesetzesvorhaben zu Rechnungslegungsvorschriften zu beraten. In dieser Funktion hat der DSR in enger Abstimmung mit dem BMJ im Sommer 2002 einen Vorschlag zur Umsetzung der Fair Value-Richtlinie in das deutsche HGB erarbeitet.

Hinsichtlich des Geltungsbereiches schlägt der DSR eine umfassende verpflichtende Fair Value-Bewertung für bestimmte Finanzinstrumente sowohl im Einzel- als auch im Konzernabschluss und somit für alle Gesellschaften vor, um zu einer einheitlichen handelsrechtlichen Lösung zu gelangen.[21] Dazu soll ein neuer § 253a Wertansätze von Finanzinstrumenten ergänzend in das HGB eingefügt werden. Eine solche in die Regelungen für alle Kaufleute integrierte Umsetzung der Fair Value-Richtlinie in deutsches Recht würde eine Ausweitung der Fair Value-Bewertung von Finanzinstrumenten auch auf Personengesellschaften und Einzelkaufleute bedeuten.

Hinsichtlich des Umfangs einer Fair Value-Bewertung schlägt der DSR in dem neu in das HGB einzufügenden § 253a eine verpflichtende Bewertung zum Fair Value für alle Finanzinstrumente einschließlich derivativer Finanzinstrumente vor. Die Ausnahmen von einer solchen Bewertung zum Fair Value stimmen mit denen der Fair Value-Richtlinie (und damit auch mit IAS 39 (revised 2000)) überein. So sind von einer Fair Value-Folgebewertung bspw. bis zur Fälligkeit gehaltene nicht derivative Finanzinstrumente, originäre Forderungen und Darlehen sowie weitere spezifische Posten (z. B. Anteile an Tochterunternehmen oder assoziierten Unternehmen) ausgenommen. Der Richtlinie entsprechend, sind Finanzpassiva bei der Folgebewertung nur zum Fair Value zu bewerten, wenn diese Teil eines Handelsbestandes oder derivative Finanzinstrumente sind.

Aufgrund des befürchteten schnellen Änderungsbedarfs soll gem. dem Vorschlag des DSR ebenfalls keine Definition für Finanzinstrumente in das HGB aufgenommen werden. Da im HGB eine Bilanzierung von Anspruchs- oder Verpflichtungsüberschüssen von noch nicht erfüllten derivativen Finanzinstrumenten aufgrund des Aktivierungsgrundsatzes i. d. R. unterbleibt,[22] soll allerdings

---

21 Vgl. DRSC (Hrsg.), Stellungnahme zum Vorschlag der Umsetzung der EU-Fair Value-Richtlinie in deutsches Recht, S. 3 f.

22 Zurzeit werden nur drohende Verluste aus derivativen Finanzinstrumenten in einer Drohverlustrückstellung berücksichtigt. Vgl. IDW (Hrsg.), Stellungnahme zum Vorschlag des DSR zur Umsetzung der Fair Value-Richtlinie der EU in deutsches Recht, S. 3.

gem. dem Vorschlag des DSR ein zweiter Satz in § 246 Abs. 1 HGB eingefügt werden. In diesem Satz wird klargestellt, dass Ansprüche und Verpflichtungen aus derivativen Finanzinstrumenten als Vermögensgegenstände und Schulden gelten. Insofern hat gem. dem Vorschlag des DSR auch ein Ansatz derivativer Finanzinstrumente zu erfolgen. Eine entsprechende Erläuterung, was unter derivativen Finanzinstrumenten zu verstehen ist, soll ebenfalls in § 253a HGB kodifiziert werden.

Gemäß dem Vorschlag des DSR soll die Ermittlung des Fair Value von Finanzinstrumenten ebenfalls in einem dreistufigen, der Fair Value-Richtlinie entsprechenden Prozess erfolgen. Die Vorschriften hierzu sollen in Form des § 255a HGB neu in das HGB eingefügt werden. Von besonderer Relevanz für die deutsche Rechnungslegung ist dabei die Erfolgswirksamkeit einer Änderung des Fair Value bei der Folgebewertung. Während bisher im deutschen Recht ein imparitätisches Fair Value-Konzept[23] vorherrschte, in der dem Imparitätsprinzip folgend negative Abweichungen des Fair Value berücksichtigt, positive indes bis zur Realisierung unbeachtet blieben, soll sich dies wohl zumindest bei bestimmten Finanzinstrumenten künftig ändern. Der DSR schlägt hierzu vor, dass der Richtlinie folgend grundsätzlich alle Wertänderungen von Finanzinstrumenten bei der Folgebewertung erfolgswirksam zu berücksichtigen sind. Das Mitgliedstaatenwahlrecht einer erfolgsneutralen oder erfolgswirksamen Berücksichtigung der Wertänderungen von zur Veräußerung verfügbaren Finanzinstrumenten soll gem. den Vorschlägen des DSR nicht als Unternehmenswahlrecht weitergegeben werden. Vielmehr sollen alle Unternehmen Folgebewertungsänderungen dieser Kategorie von Finanzinstrumenten verpflichtend erfolgsneutral in einem gesonderten Posten direkt im Eigenkapital erfassen. Eine Auflösung dieses Postens soll entsprechend der Richtlinie erfolgen. Diese Regelungen sollen gem. dem Vorschlag des DSR in einem neu in das HGB einzufügenden § 255b HGB Zeitwertänderungen konstituiert werden. Eine solche Umsetzung entspricht nicht den Regelungen des IAS 39 (revised 2000), sondern vielmehr schon denen des überarbeiteten IAS 39 (revised 2003).

Bei seinem Vorschlag zur Umsetzung der Richtlinie hat der DSR die Anhang- und Lageberichtsangaben der Richtlinie entsprechend sowohl im Einzel- als auch im Konzernabschluss umgesetzt. So wurden im Einzelabschluss die §§ 284 und 289 HGB und im Konzernabschluss die §§ 313 sowie 315 HGB geändert bzw. erweitert. Das Mitgliedstaatenwahlrecht, kleine Gesellschaften von den umfassenden Anhangangaben zu befreien, soll gem. dem Vorschlag zur Umset-

---

23 Vgl. BAETGE, J./ZÜLCH, H., Fair Value-Accounting, S. 546.

zung des DSR in die großenabhängigen Erleichterungen des § 288 HGB integriert werden. Demnach wären kleine Kapitalgesellschaften von diesen umfassenden Anhangangaben befreit.

33 Umsetzung der Anhang- und Lageberichtsangaben gemäß den Entwürfen zum Bilanzrechtsreformgesetz

Jüngere Ansätze zur Umsetzung zumindest von Teilen der Fair Value-Richtlinie finden sich in den Entwürfen zum Bilanzrechtsreformgesetz (BilReG). Die diesbezüglichen Vorschläge im Referentenentwurf aus dem Dezember 2003 wurden dabei fast identisch in den Regierungsentwurf (RegE-BilReG) aus dem April 2004 übernommen. Umgesetzt werden sollen hier die Veröffentlichungspflichten zu derivativen Finanzinstrumenten in Anhang und Lagebericht. In den Gesetzesentwürfen zum BilReG werden indes weder der Geltungsbereich noch der Umfang einer Fair Value-Bewertung behandelt. Ebenfalls nicht berücksichtigt wird die Frage der erfolgswirksamen bzw. -neutralen Behandlung von Erfolgen aus der Fair Value-Folgebewertung.

Während der DSR eine Umsetzung der Anhangangabepflichten der Fair Value-Richtlinie in § 284 Erläuterungen der Bilanz und der Gewinn- und Verlustrechnung in seinem Entwurf bevorzugt, werden die Anhangangaben im RegE-BilReG an § 285 HGB Sonstige Pflichtangaben in Form der Nummern 18 und 19 angefügt. Neben dieser im Wortlaut exakt der Richtlinie entsprechenden Umsetzung sollen gem. dem RegE-BilReG weitere Sätze an § 285 HGB angefügt werden. In diesen Sätzen wird unter anderem der Fair Value als Marktwert, wenn beobachtbar, definiert. Weiterhin wird die Vorgehensweise zur Ermittlung des Fair Value, die Stufenkonzeption, erläutert. Hierauf bezugnehmend, wird vorgeschrieben, dass bei einer Ermittlung mit Hilfe von Bewertungsverfahren und -modellen die zentralen Annahmen anzugeben sind, die der Bestimmung des Fair Value zugrunde liegen. Die Angabepflichten beziehen sich allerdings insgesamt nur auf derivative Finanzinstrumente.

Im RegE-BilReG wird das Mitgliedstaatenwahlrecht zur Entlastung kleiner Kapitalgesellschaften bei den Anhangangaben dahingehend ausgeübt, dass keine differenzierten Angaben hinsichtlich der Art und des Umfangs für jede Kategorie von derivativen Finanzinstrumenten notwendig sind. Bei einer verlässlichen Ermittlung müssen ebenfalls die verwandte Bewertungsmethode, der Buchwert und der Bilanzposten, in welchem der Buchwert erfasst wird, nicht angeben werden. Somit müssen kleine Kapitalgesellschaften nur Anhangangaben gem. § 285 Nr. 19 HGB vornehmen, wenn Finanzinstrumente über ihrem Fair Value ausgewiesen werden und eine außerplanmäßige Abschreibung unterblieben ist.

Die in der Fair Value-Richtlinie geforderten Angaben im Lagebericht werden im RegE-BilReG durch eine Änderung des § 289 Abs. 2 Nr. 2 HGB richtlinienkonform berücksichtigt.

Obwohl die Umsetzungsfrist der Fair Value-Richtlinie gem. Artikel 4 der Fair Value Richtlinie bereits am 1. Januar 2004 verstrichen ist, wurden die weiteren Regelungen, vor allem zum Geltungsbereich einer erfolgswirksamen Fair Value-Bewertung von Finanzinstrumenten, bisher nicht umgesetzt. Diese noch umzusetzenden Regelungen sollen im Rahmen eines voraussichtlich im Herbst 2004 im Entwurf erscheinenden Bilanzrechtsmodernisierungsgesetzes berücksichtigt werden.[24]

4 Materielle Auswirkungen auf die Rechnungslegung in Deutschland

Probleme bei der Ausübung der Mitgliedstaatenwahlrechte in der Fair Value-Richtlinie treten in Deutschland vor allem hinsichtlich des Geltungsbereichs der Fair Value-Bilanzierung von Finanzinstrumenten auf. Dies hängt nicht nur mit der engen Verzahnung des Bilanzrechts mit den gesellschaftsrechtlichen und den steuerrechtlichen Regelungen zusammen. Diese Regelungen sind vor allem in Bezug auf den Einzelabschluss von Bedeutung.[25] Wenn der Gesetzgeber dem Vorschlag des DSR folgt und alle Kapital- und Personengesellschaften sowie Einzelkaufleute zu einer Fair Value-Bilanzierung von Finanzinstrumenten verpflichtet, ergeben sich weit reichende Folgen. Diese Folgen werden anhand der Zwecke des Einzelabschlusses systematisiert.[26]

---

24 Vgl. POTTGIESSER, G., Die Zukunft der deutschen Rechnungslegung, S. 169. Der Referentenentwurf zu diesem Gesetz erscheint voraussichtlich im Sommer 2004; vgl. Referentenentwurf des BilReG, Begründung, S. 2 und S. 12.

25 Vgl. ERNST, C., Bilanzrecht: quo vadis?, S. 1443-1445; ERNST, C., Auswirkungen des 10-Punkte-Programms „Unternehmensintegrität und Anlegerschutz" auf das Bilanzrecht, S. 1489.

26 Zur historischen Entwicklung der Bilanzzwecke vgl. SCHÖN, W., Entwicklung und Perspektiven des Handelsbilanzrechts, S. 133-159.

Im deutschen Bilanzrecht hat der Einzel- bzw. Jahresabschluss die Zwecke Dokumentation, Rechenschaft und Kapitalerhaltung zu erfüllen.[27] Die Umsetzung der Fair Value-Richtlinie in deutsches Recht bereitet hinsichtlich der Zwecke Dokumentation und Rechenschaft grundsätzlich keine Probleme, da diese beiden Zwecke auch von einem nach den IFRS aufgestellten Einzelabschluss erfüllt werden.[28] Bei einer Fair Value-Bilanzierung von Finanzinstrumenten sind die Folgen somit vor allem für den Zweck der Kapitalerhaltung zu untersuchen.

Gemäß dem Anschaffungskostenprinzip und der korrespondierenden gesetzlichen Regelung in § 253 Abs. 1 Satz 1 HGB dürfen Vermögensgegenstände höchstens zu den Anschaffungskosten vermindert um planmäßige und außerplanmäßige Abschreibungen angesetzt werden. Bei der Bewertung der Finanzinstrumente des Handelsbestandes und der zur Veräußerung verfügbaren Finanzinstrumente zum Fair Value können Finanzinstrumente dieser Kategorien bei positiven Wertänderungen mit Werten über den (fortgeführten) Anschaffungskosten angesetzt werden. Durch den Vorschlag zur Umsetzung der Fair Value-Richtlinie des DSR würden somit auch unrealisierte positive Erfolgsbeiträge von Finanzinstrumenten des Handelsbestandes erfolgswirksam und von zur Veräußerung verfügbaren Finanzinstrumenten erfolgsneutral im Eigenkapital erfasst werden. Bei einem Ausweis positiver Wertänderungen über die (fortgeführten) Anschaffungskosten hinaus wird somit das Anschaffungskostenprinzip als Komponente des Realisationsprinzips verletzt.

Durch eine erfolgswirksame Erfassung von positiven Erfolgsbeiträgen von Finanzinstrumenten des Handelsbestandes wird auch die zweite Komponente des Realisationsprinzips, nämlich die Regeln für den Zeitpunkt der Realisation von positiven Erfolgsbeiträgen,[29] verletzt. Durch die Umsetzung der Fair Value-Richtlinie sind nach dem Umsetzungsvorschlag des DSR alle Unternehmen dazu verpflichtet, unrealisierte positive Erfolgsbeiträge von Finanzinstrumenten des Handelsbestandes und von derivativen Finanzinstrumenten in der Gewinn- und Verlustrechnung zu berücksichtigen. Durch diese, nicht dem Realisationsprinzip entsprechende Vorgehensweise kann der Fall eintreten, dass unrealisierte Werterhöhungen ausgeschüttet werden. Selbst wenn diese Werterhöhungen realisierbar erscheinen, ist ein Gewinnausweis in der Handelsbilanz aufgrund des Ziels der handelsrechtlichen Ausschüttungsregelungen verboten.

---

27 Vgl. BAETGE, J./KIRSCH, H.-J./THIELE, S., Bilanzen, S. 84-94.
28 Vgl. KIRSCH, H.-J., Vom Bilanzrichtlinien-Gesetz zum Transparenz- und Publizitätsgesetz, S. 752.
29 Vgl. BAETGE, J./KIRSCH, H.-J./THIELE, S., Bilanzen, S. 121.

Eine Vermögensmehrung, die an die Anteilseigner ausgeschüttet werden darf, liegt im Sinne der handelsrechtlichen Regelungen nur dann vor, „wenn infolge einer Ertragsrealisation eine Einzahlung erfolgt oder zeitnah zu erwarten ist, mithin insoweit eine hinreichende Liquidität als gesichert gilt."[30] Daher widerspricht ein erfolgswirksamer Ausweis der Werterhöhungen von Finanzinstrumenten grundsätzlich dem Zweck der Kapitalerhaltung im Einzelabschluss, da die Möglichkeit besteht, die Substanz des Unternehmens auszuschütten. Daher wäre die Ausschüttungsbemessungsfunktion im Sinne der Bestimmung einer „Vermögensmehrung in disponibler Form"[31] nicht mehr erfüllt.[32] Gerade im Hinblick auf Kapitalgesellschaften muss die Umsetzung der Fair Value-Richtlinie somit auch Änderungen der gesellschaftsrechtlichen Haftungsregeln nach sich ziehen.

Ein weiteres Problem bei der Umsetzung der Fair Value-Richtlinie ergibt sich hinsichtlich der engen Verzahnung des deutschen Bilanz- und Steuerrechts.[33] So gelten über den Maßgeblichkeitsgrundsatz gem. § 5 Abs. 1 Satz 1 EStG die handelsrechtlichen GoB auch für die Steuerbilanz, sofern diesen keine konkreten steuerrechtlichen Regelungen entgegenstehen.[34] Insofern werden bei der steuerrechtlichen Erfolgsermittlung – vorbehaltlich bestimmter Ausnahmen – die handelsrechtlichen Regelungen verwandt. Bei einer uneingeschränkten Umsetzung der Fair Value-Richtlinie könnten über den Maßgeblichkeitsgrundsatz auch die unrealisierten positiven Erfolgsbeiträge von Finanzinstrumenten des Handelsbestandes und von derivativen Finanzinstrumenten bei der Bemessung der steuerlichen Gewinnermittlung berücksichtigt werden. Eine Besteuerung auch unrealisierter Gewinne kann nur unter sehr restriktiven Prämissen erfolgen.[35] Hierbei bleibt indes zu bedenken, dass in der Steuerbilanz, ebenso wie bei Drohverlustrückstellungen, die Bilanzierung von Finanzinstrumenten zum Fair Value unter-

---

30 EULER, R., Paradigmenwechsel im handelsrechtlichen Einzelabschluss, S. 877.
31 Vgl. BEISSE, H., Gewinnrealisierung, S. 20.
32 Ebenso auch EULER, R., Paradigmenwechsel im handelsrechtlichen Einzelabschluss, S. 880.
33 Vgl. IDW (Hrsg.), Stellungnahme zum Vorschlag des DSR zur Umsetzung der Fair Value-Richtlinie der EU in deutsches Recht, S. 2.
34 Bisher schreibt § 6 Abs. 1 Nr. 1 S. 1 und Nr. 2 S. 1 EStG bei der Bewertung eine Orientierung an den Anschaffungs- und nicht an den Zeitwerten explizit vor. Diese Vorschrift müsste ggf. geändert werden.
35 Vgl. KAHLE, H., Zur Zukunft der Rechnungslegung in Deutschland, S. 271.

sagt werden könnte. Bei einer weiteren Annäherung des Bilanzrechts an die IFRS für alle Kaufleute, so wie vom DSR vorgesehen, führt dieser Konvergenzprozess zu einer weiteren Entkopplung von Handels- und Steuerrecht.[36]

5 Der neue Mechanismus bei der Fortentwicklung von Rechnungslegungsnormen

Der deutsche Gesetzgeber sieht sich zunehmend damit konfrontiert, angloamerikanisch geprägte Bilanzregeln in das deutsche Rechtssystem zu integrieren bzw. aufgrund von Mitgliedstaatenwahlrechten integrieren zu können.[37]

Das Beispiel der Fair Value-Richtlinie zeigt dabei aber auch die Abhängigkeit von der internationalen Entwicklung. So hat der IASB im Dezember 2003 die überarbeitete Version des IAS 39 (revised 2003) veröffentlicht, dem im April 2004 ein weiterer Exposure Draft mit Änderungen folgte.[38] Dieser überarbeitete Standard weist zahlreiche Unterschiede zu IAS 39 (revised 2000) auf. Beispielsweise wurde die Möglichkeit zur Bilanzierung zum Fair Value deutlich erweitert. Nunmehr können grundsätzlich alle Finanzinstrumente erfolgswirksam zum Fair Value bewertet werden. Aufgrund der Zielsetzung der EU, die Rechnungslegungsrichtlinien an die IFRS anzupassen, besteht nunmehr auf der Ebene der 4. und 7. EG-Richtlinie wiederum Anpassungsbedarf bei Finanzinstrumenten. Bei einer erneuten Änderung dieser Richtlinien müssten somit auch die HGB-Regelungen wiederum geändert werden.

---

36 Vgl. BALLWIESER, W., Rechnungslegung im Umbruch, S. 295; ARBEITSKREIS BILANZRECHT DER HOCHSCHULLEHRER RECHTSWISSENSCHAFT (Hrsg.), Zur Fortentwicklung des deutschen Bilanzrechts, S. 2375 sowie S. 2380. Eine andere Möglichkeit besteht in der Einführung eines Einheitsabschluss; siehe hierzu ARBEITSKREIS „EXTERNE UNTERNEHMENSRECHNUNG" DER SCHMALENBACH-GESELLSCHAFT FÜR BETRIEBSWIRTSCHAFT E. V. (Hrsg.), International Financial Reporting Standards im Einzel- und Konzernabschluss, S. 1587 f.

37 Vgl. beispielhaft das Mitgliedstaatenwahlrecht gem. Artikel 5 der EU-Verordnung zur Anwendung internationaler Rechnungslegungsstandards. Gemäß diesem Mitgliedstaatenwahlrecht können Mitgliedstaaten die Verpflichtung zur Anwendung der IFRS auch auf Einzelabschlüsse von kapitalmarktorientierten Unternehmen und auf die Einzel- und Konzernabschlüsse von nicht an einem geregelten Markt gelisteten Unternehmen ausdehnen; vgl. hierzu auch KIRSCH, H.-J., Zur Frage der Umsetzung der Mitgliedstaatenwahlrechte, S. 275-278.

38 Vgl. INTERNATIONAL ACCOUNTING STANDARDS BOARD (Hrsg.), Exposure Draft of Proposed Amendments to IAS 39.

Dieser Mechanismus stellt vordergründig lediglich formal die Übereinstimmung der EU-Rechnungslegungsrichtlinien mit den IFRS sicher. Er zeigt aber auch, dass sich aus dem Konvergenzbestreben der EU ein zumindest faktischer Umsetzungszwang von neuen Regelungen oder Änderungen der Regelungen innerhalb der IFRS ergibt. Hier stehen bspw. das Verbot des Lifo-Verfahrens in IAS 2 und die Abschaffung der Goodwill-Abschreibung im Raum.

Über den Einfluss der IFRS auf die EU-Rechnungslegungsrichtlinien hinaus zeigt das Beispiel der Fair Value-Richtlinie, dass sich auch aus der „Kreativität" der nationalen Gesetzgeber weit reichende Auswirkungen auf das jeweilige nationale Recht ergeben können, die weit über die eigentlichen Änderungen der EU-Richtlinien hinaus gehen. An dieser Stelle sei ausdrücklich darauf hingewiesen, dass die IFRS für kapitalmarktorientierte Konzerne konzipiert sind und die EU-Richtlinien für Kapitalgesellschaften bzw. Konzernabschlüsse gelten. Die Übertragung dieser Regelungen auf kleinere Unternehmen sollte äußerst sorgfältig abgewogen werden!

6 Zusammenfassung

Die Fair Value-Richtlinie zur Bewertung von Finanzinstrumenten zum beizulegenden Zeitwert ist zwingend in deutsches Recht umzusetzen. Dabei hat der deutsche Gesetzgeber allerdings aufgrund der weit reichenden Mitgliedstaatenwahlrechte der Richtlinie die Möglichkeit, hier lediglich den Konvergenzbestrebungen (respektive -zwängen) der EU-Richtlinien mit den IFRS Rechnung zu tragen. Vor weitergehenden Umsetzungen vor allem im Bezug auf den Geltungsbereich einer erfolgswirksamen Bewertung zum beizulegenden Zeitwert über die Anschaffungskosten hinaus sei hier ausdrücklich gewarnt.

Die IFRS haben als Regelungen für kapitalmarktorientierte Unternehmen eine gegenüber dem deutschen Einzelabschluss andere Zielsetzung und weisen nicht die historisch gewachsenen rechtlichen Verknüpfungen auf, wie dies in Deutschland und seinem kontinentaleuropäisch geprägten Rechtssystem der Fall ist.[39] Insofern drohen durch eine Übernahme dieser Bilanzregeln für alle Kaufleute weit reichende gesellschaftsrechtliche Änderungen und eine Entkopplung von Handels- und Steuerrecht. Der Vorschlag des DSR zur Umsetzung der Fair Value-Richtlinie ist daher zu weitgehend. Vielmehr sollte die Richtlinie ausschließlich für Konzernabschlüsse umgesetzt werden, da dem Einzelabschluss im deut-

---

39 Vgl. PELLENS, B., Internationale Rechnungslegung, S. 21-33.

schen Bilanzrecht auch eine Ausschüttungsbemessungsfunktion und die Sicherung der Anwendbarkeit solcher Vorschriften zukommen, die der Kapitalerhaltung dienen. Weiterhin dient der Einzelabschluss (bisher) als Grundlage für die steuerliche Gewinnermittlung. Die Rolle des Einzelabschlusses dahingehend zu ändern, ist vom deutschen Gesetzgeber jedoch wohl nicht gewollt[40] und auch nicht wünschenswert.[41]

Vor diesem Hintergrund erscheint der Entwurf zur Umsetzung der Fair Value-Richtlinie des DSR nicht zweckgerecht. Eine Begrenzung der Möglichkeit zur Fair Value-Bewertung von Finanzinstrumenten auf Konzernabschlüsse und bestenfalls ein Wahlrecht für Einzelabschlüsse von Kapitalgesellschaften würde nicht nur den Internationalisierungstendenzen, sondern auch den nationalen gesetzlichen Spezifika in Deutschland Rechnung tragen.

---

40 Vgl. Referentenentwurf des BilReG, Begründung, S. 6-9; ERNST, C., Auswirkungen des 10-Punkte-Programms „Unternehmensintegrität und Anlegerschutz" auf das Bilanzrecht, S. 1490.

41 Ebenso auch ARBEITSKREIS BILANZRECHT DER HOCHSCHULLEHRER RECHTSWISSENSCHAFT (Hrsg.), Zur Fortentwicklung des deutschen Bilanzrechts, S. 2378.

Literaturverzeichnis

ARBEITSKREIS BILANZRECHT DER HOCHSCHULLEHRER RECHTSWISSENSCHAFT (Hrsg.), Zur Fortentwicklung des deutschen Bilanzrechts, in: BB 2002, S. 2372-2381 (Zur Fortentwicklung des deutschen Bilanzrechts).

ARBEITSKREIS „EXTERNE UNTERNEHMENSRECHNUNG" DER SCHMALENBACH-GESELLSCHAFT FÜR BETRIEBSWIRTSCHAFT E. V. (Hrsg.), International Financial Reporting Standards im Einzel- und Konzernabschluss unter der Prämisse eines Einheitsabschlusses für unter Anderem steuerliche Zwecke, in: DB 2003, S. 1585-1588 (International Financial Reporting Standards im Einzel- und Konzernabschluss).

BAETGE, JÖRG/DÖRNER, DIETRICH/KLEEKÄMPER, HEINZ/WOLLMERT, PETER/KIRSCH, HANS-JÜRGEN (Hrsg.), Rechnungslegung nach International AccountingStandards (IAS), Loseblatt, 2. Aufl., Stuttgart 2002 (zitiert: BEARBEITER, in: Baetge u. a., Rechnungslegung nach IAS, 2. Aufl.).

BAETGE, JÖRG/ZÜLCH, HENNING, Fair Value-Accounting, in: BFuP 2001, S. 543-562 (Fair Value-Accounting).

BAETGE, JÖRG/KIRSCH, HANS-JÜRGEN/THIELE, STEFAN, Bilanzen. 7. Aufl., Düsseldorf 2003 (Bilanzen).

BALLWIESER, WOLFGANG, Rechnungslegung im Umbruch, in: Der Schweizer Treuhänder 2002, S. 295-304 (Rechnungslegung im Umbruch).

BEISSE, HEINRICH, Gewinnrealisierung. Ein systematischer Überblick über Rechtsgrundlagen, Grundtatbestände und grundsätzliche Streitfragen, in: Gewinnrealisierung im Steuerrecht, hrsg. von Ruppe, Hans Georg, Köln 1981, S. 11-43 (Gewinnrealisierung).

BÖCKING, HANS-JOACHIM/SITTMANN-HAURY, CAROLINE, Forderungsbewertung – Anschaffungskosten versus Fair Value, in: BB 2003, S. 195-200 (Forderungsbewertung – Anschaffungskosten versus Fair Value).

DEUTSCHER BUNDESTAG, Der Regierungsentwurf des BilReG ist abrufbar unter www.bmj.bund.de/media/archive/654.pdf (Stand: 5.5.2004).

DEUTSCHES RECHNUNGSLEGUNGS STANDARDS COMMITTEE E. V. (Hrsg.), Aufforderung zur Stellungnahme durch den Deutschen Standardisierungsrat (DRS) zum Vorschlag der Umsetzung der EU-Fair Value-Richtlinie in deutsches Recht, in: http//:www.standardsetter.de/drsc/drafts/eu/fair_value_hgb.pdf (06.09.2004) (Stellungnahme zum Vorschlag der Umsetzung der EU-Fair Value-Richtlinie in deutsches Recht).

DOHRN, MATTHIAS, Entscheidungsrelevanz des Fair Value-Accounting am Beispiel von IAS 39 und IAS 40, Köln 2004 (Entscheidungsrelevanz des Fair Value-Accounting am Beispiel von IAS 39 und IAS 40).

ERNST, CHRISTOPH, Zeitwertbilanzierung für Finanzinstrumente nach 4. EU-Richtlinie und HGB. Zu erwartende Änderungen für alle Kaufleute, in: WPg 2001, S. 245-253 (Zeitwertbilanzierung für Finanzinstrumente nach 4. EU-Richtlinie und HGB).

ERNST, CHRISTOPH, Bilanzrecht: quo vadis? Die kommende Reform des europäischen Bilanzrechts und mögliche Auswirkungen auf die deutsche Rechnungslegung, in: WPg 2001, S. 1440-1445 (Bilanzrecht: quo vadis?).

ERNST, CHRISTOPH, BB-Gesetzgebungsreport: Auswirkungen des 10-Punkte-Programms „Unternehmensintegrität und Anlegerschutz" auf das Bilanzrecht, in: BB 2003, S. 1487-1491 (Auswirkungen des 10-Punkte-Programms „Unternehmensintegrität und Anlegerschutz" auf das Bilanzrecht).

EULER, ROLAND, Paradigmenwechsel im handelsrechtlichen Einzelabschluss: Von den GoB zu den IAS?, in: BB 2002, S. 875-880 (Paradigmenwechsel im handelsrechtlichen Einzelabschluss).

HOMMEL, MICHAEL/BERNDT, THOMAS, Transformation der Fair Value-Richtlinie in deutsches Recht – Anmerkungen zum Umsetzungsvorschlag des DSR, in: BB 2002, S. 90-92 (Transformation der Fair Value-Richtlinie in deutsches Recht).

IDW (Hrsg.), Stellungnahme zum Vorschlag des Deutschen Standardisierungsrats zur Umsetzung der Fair Value-Richtlinie der EU in deutsches Recht, in: WPg 2002, S. 204-209 (Stellungnahme zum Vorschlag des DSR zur Umsetzung der Fair Value-Richtlinie der EU in deutsches Recht).

INTERNATIONAL ACCOUNTING STANDARDS BOARD (Hrsg.), Exposure Draft of Proposed Amendments to IAS 39 Financial Instruments: Recognition and Measurement. The Fair Value Option, London 2004 (Exposure Draft of Proposed Amendments to IAS 39).

KAHLE, HOLGER, Zur Zukunft der Rechnungslegung in Deutschland: IAS im Einzel- und Konzernabschluss?, in: WPg 2003, S. 262-275 (Zur Zukunft der Rechnungslegung in Deutschland).

KIRSCH, HANS-JÜRGEN, Vom Bilanzrichtlinien-Gesetz zum Transparenz- und Publizitätsgesetz. Die Entwicklung der deutschen Bilanzierungsnormen in den vergangenen 20 Jahren, in: WPg 2002, S. 741-750 (Vom Bilanzrichtlinien-Gesetz zum Transparenz- und Publizitätsgesetz).

KIRSCH, HANS-JÜRGEN, Zur Frage der Umsetzung der Mitgliedstaatenwahlrechte, in: WPg 2003, S. 275-278 (Zur Frage der Umsetzung der Mitgliedstaatenwahlrechte).

KOMMISSION DER EUROPÄISCHEN GEMEINSCHAFTEN, Harmonisierung auf dem Gebiet der Rechnungslegung: Eine neue Strategie im Hinblick auf die internationale Harmonisierung, KOM (1995) 508 (Harmonisierung auf dem Gebiet der Rechnungslegung).

KOMMISSION DER EUROPÄISCHEN GEMEINSCHAFTEN, Vorschlag für eine Richtlinie des Europäischen Parlaments und des Rates zur Änderung der Richtlinien 78/660/EWG und 83/349/EWG im Hinblick auf die im Jahresabschluß bzw. im konsolidierten Abschluß von Gesellschaften bestimmter Rechtsformen zulässigen Wertansätze, KOM (2000) 80 (Vorschlag für eine Richtlinie zur Änderung der Richtlinien 78/660/EWG und 83/349/EWG).

KOMMISSION DER EUROPÄISCHEN GEMEINSCHAFTEN, Rechnungslegungsstrategie der EU: Künftiges Vorgehen, KOM (2000) 359 (Rechnungslegungsstrategie der EU).

KÜMMEL, JENS, Grundsätze für die Fair Value-Ermittlung mit Barwertkalkülen. Eine Untersuchung auf der Grundlage des Statement of Financial Accounting Concepts No. 7, Düsseldorf 2002 (Grundsätze für die Fair Value-Ermittlung mit Barwertkalkülen).

PELLENS, BERNHARD, Internationale Rechnungslegung, 4. Aufl., Stuttgart 2001 (Internationale Rechnungslegung).

POTTGIESSER, GABY, Die Zukunft der deutschen Rechnungslegung. Darstellung und Beurteilung der Referentenentwürfe zum Bilanzkontrollgesetz und Bilanzrechtsreformgesetz, in: StuB 2004, S. 166-172 (Die Zukunft der deutschen Rechnungslegung).

Richtlinie 2001/65/EWG des Europäischen Parlaments und des Rates vom 27.9.2001 zur Änderung der Richtlinien 78/660/EWG, 83/349/EWG und 86/635/EWG des Rates im Hinblick auf die im Jahresabschluss bzw. im konsolidierten Abschluss von Gesellschaften bestimmter Rechtsformen und von Banken und anderen Finanzinstituten zulässigen Wertansätze, in: Amtsblatt der EU Nr. L 283 vom 27.10.2001, S. 28-32 (Fair Value Richtlinie).

SCHÖN, WOLFGANG, Entwicklung und Perspektiven des Handelsbilanzrechts: vom ADHGB zum IASC, in: Zeitschrift für das gesamte Handelsrecht und Wirtschaftsrecht 1997, S. 133-159 (Entwicklung und Perspektiven des Handelsbilanzrechts).

ZÜLCH, HENNING, Die Bilanzierung von Investment Properties nach IAS 40, Düsseldorf 2003 (Die Bilanzierung von Investment Properties nach IAS 40).

Diskussion
zu den Vorträgen von

Prof. Dr. Dr. h.c. Wolfgang Ballwieser

Prof. Dr. Hans-Jürgen Kirsch

An der Diskussion beteiligten sich neben den Referenten:

Prof. Dr. Dr. h.c. Jörg Baetge
Westfälische Wilhelms-Universität
Münster

Dr. Gerhard Gross
IDW
Düsseldorf

Dr. Sebastian Heintges
WP/StB/CPA
PwC Deutsche Revision AG
Düsseldorf

Dr. Rudolf J. Niehus
WP/StB
Düsseldorf

Prof. Dr. Wienand Schruff
WP
KPMG Deutsche Treuhand Gesellschaft AG
Berlin

Horst J. Steinharter
Management + Informations-Systeme GmbH
Recklinghausen

Thomas Walter
WP/StB/RA
meyer, brockmeier, becker & partner
Minden

Baetge:

Um den Einstieg in die Diskussion zu finden, möchte ich zunächst das Stichwort „Fair Value-Richtlinie" nennen. Welche Auswirkungen sind wahrscheinlich bzw. denkbar? Wie wird der deutsche Gesetzgeber darauf im Kontext des HGB-Abschlusses reagieren? Wird nur der Konzernabschluss oder auch der Einzelabschluss oder gar die Steuerbilanz betroffen sein? Weitere Denkanstöße bieten uns die Vorträge von Herrn Ballwieser und später von Herrn Gross.

Also noch einmal die Bitte an Sie, Fragen zu stellen.

Walter:

Ich möchte gerne zu der Thematik „Fair Value" etwas sagen. Ich hatte gestern gerade ein Gespräch mit einem Mandanten, bei dem es um einen Konzernabschluss ging und dann um das Thema „Aktivierung latenter Steuern auf Verlustvorträge", die ja nun im Konzernabschluss erlaubt sind, im Einzelabschluss jedoch nicht. Im Vorjahr wurden die aktiven latenten Steuern vor dem Hintergrund des Kriteriums der zukünftigen Realisierbarkeit der Verlustvorträge aktiviert. Der Mandant behauptete nun plakativ: „Da können wir doch dieses Jahr machen, was wir wollen, z. B. bezüglich der Höhe einfach mal aus dem Fenster schauen!" Im Zusammenhang mit der Thematik der Fair Value-Bilanzierung denke ich immer an das Modell von Black-Scholes zur Ermittlung von Optionspreisen. Ich weiß nicht genau, ob solche Modelle als Grundlage der Bilanzierungspraktiken von ENRON dienten. Ich stehe einer solchen Bilanzierung zu Fair Values, sei es im Konzernabschluss allgemein oder bzgl. des Geschäfts- oder Firmenwerts, äußerst kritisch gegenüber. Der Beurteilung der zukünftigen Entwicklung durch den Mandanten und die sich daraus ergebenden Rückwirkungen auf den Fair Value muss man m. E. doch unter dem Gesichtspunkt der Objektivität äußerst kritisch gegenüber stehen. Ich bitte Herrn Professor Kirsch um eine Stellungnahme zu der Objektivierungsproblematik.

Kirsch:

Ja, selbstverständlich! Zwei Sätze dazu. In dem Moment, wo wir diese Fair Values relativ vernünftig von den Marktpreisen ablesen oder ableiten können, ist es durchaus ein nachdenkenswerter Vorschlag, das Modell von Black-Scholes gewissen Abschlussposten zugrunde zu legen. Es bleibt aber zu bedenken, dass die Anwendung eines solchen Modells einen hohen Aufwand für die Ermittlung der Datenbasis erfordert. In dem Moment, in dem wir hier mit eigenen Modellen, mit eigenem Berechnungsschemata agieren, müssen eine Vielzahl von Doku-

Diskussion

mentationspflichten erfüllt werden, um die intersubjektive Nachprüfbarkeit zu gewährleisten. Dies setzt zudem ein funktionierendes und leistungsfähiges Informationssystem voraus, dass auch durch die Mitarbeiter beherrscht werden muss. Die Handhabung der dem Modell zugrunde liegenden Parameter und die Analyse der Veränderungen setzen ein umfangreiches Know-how voraus.

Steinharter:
Ein ständiges Ärgernis in den Geschäftsberichten ist der Lagebericht – vornehmlich der Prognosebericht. Prognosen werden meist verbal bzw. rein qualitativ getroffen, ohne die Angabe von Zahlen. Welche Stellung bezieht der Wirtschaftsprüfer dazu? Muss dieser nicht eigentlich mehr darauf drängen, dass tatsächlich quantitative Aussagen getroffen werden, damit der Geschäftsbericht einen höheren Aussagegehalt bekommt? Zur Vermeidung von übermäßigen Haftungsrisiken des Bilanzaufstellers sind m. E. ja durchaus Einschränkungen im Detaillierungsgrad der Prognosen möglich. Dennoch: Die Analyse von Prognosen gleicht vielfach dem Lesen im berühmten Kaffeesatz.

Gross:
Ich glaube, die Frage geht an mich. Ich kann Ihnen bestätigen, dass wir gerade in Bezug auf den Lagebericht in den jüngeren Jahren seit Erscheinen des zitierten Standards eine ganze Menge getan haben. Was wir nicht wollen, ist, quantitative Angaben zu fordern, wenn sie nicht gebraucht werden. Es soll aber ein klares Bild der zukünftigen Entwicklung gezeichnet werden. Wer sich mit Prognosen beschäftigt hat, weiß, wie herzlich schwer das ist. Es gibt immer wieder die Tendenz zu sagen: „Ja, wir wollen dann also doch eine etwas nähere Quantifizierung haben!" Demgegenüber steht aber die Erkenntnis, dass zukünftige Erwartungen immer mehrdeutig sind. Dieser Sachverhalt bedingt die Einschränkung, dass Prognosen nur innerhalb einer Bandbreite verantwortungsvoll möglich sind. Sie werden mir zustimmen, wenn ich voraussage, dass die Ermittlung dieser Bandbreiten ebenso eine Quelle des Ärgernisses sein wird. Deshalb fordert der Gesetzgeber weder nach jetzt gültigem Recht, noch nach zukünftig geltendem Recht quantitative Angaben – weder Punktschätzungen, noch die Angabe von Bandbreiten. Das einzige Kriterium ist, dass die Prognosen dem Adressaten des Geschäftsberichts ein Bild von der zukünftigen Entwicklung der Unternehmung vermitteln müssen.

Steinharter:

Mit Ihrer Äußerung kann ich mich nicht einverstanden erklären. Wenn ich eine Prognose treffe oder wenn ich eine Prognose haben möchte, dann muss sie doch etwas ausdrücken. Zum Beispiel aus der Sicht des Anlegers: Dieser will beurteilen können, ob sich die künftige Unternehmenssituation positiv entwickeln wird oder nicht. Natürlich ist es schwierig, Prognosen abzugeben! Und wenn Prognosen getroffen wurden, werden diese auch eintreffen? Eine eindeutige Antwort auf diese Frage wird es sicherlich nicht geben. Darum geht es mir aber auch nicht. Als Mindestanforderung fordere ich dennoch Zahlenangaben. Hier müssen wir uns ein bisschen weiter vorwagen. Jeder Konzern hat doch eine vernünftige Planungsrechnung und in der Planungsrechnung sind auch die Prognosen enthalten. Aus diesem Grund muss man doch in der Lage sein, Zahlen anzugeben. Die Haftung könnte zudem durch die Formulierung eines Haftungsausschlusses oder durch Einschränkung des Aussagegehalts von zukunftsbezogenen Angaben begrenzt werden. Herr Gross, mit dem, was Sie soeben gesagt haben, kann ich mich nicht einverstanden erklären. Damit weichen Sie der Problematik aus. Meines Erachtens ging der Gesetzgeber mit der Umsetzung des KonTraG bereits über Ihre Darstellung hinaus.

Gross:

Ich glaube, dass es trotzdem sinnvoll ist, hier nicht zu überziehen. Ich kann Ihre Meinung in diesem Punkt durchaus verstehen. Interne Ergebnisprognosen, die selbstverständlich vorhanden sind, eignen sich jedoch nur bedingt, um die Erwartungen der Adressaten zu erfüllen. Diese werden immer dazu geneigt sein, solchen Prognosen eine 100 %-Eintrittswahrscheinlichkeit beizumessen. Treffen die Prognosen nicht ein, seien sie interner oder externer Natur, so sieht sich der Wirtschaftsprüfer schnell dem Verdacht ausgesetzt, dass er nicht ordnungsgemäß geprüft habe. Aus einer historischen Sichtweise heraus hat die Bedeutung und Aussagekraft des Lageberichts doch in den letzten Jahren zugenommen. Ein großer Schritt in diese Richtung war das KonTraG. Ich sehe solche Dinge immer in etwas größeren zeitlichen Zusammenhängen. Wenn ich vor dieser historischen Entwicklung die heutigen Ansätze zur Verbesserung des Informationsgehalts des Lageberichts betrachte, dann ist dieser schon erheblich gesteigert worden. Wenn Sie dann noch bedenken, Herr Steinharter, dass es auch noch andere Orte im Gesetz gibt, wo Unternehmen im Rahmen der Kapitalmarktinformation Angaben machen müssen, dann sind entsprechende Konkretisierungen vorhanden. Ich werde heute Mittag wahrscheinlich nicht mehr auf § 289 HGB eingehen müssen, da dieser bereits in der Diskussion stand. Nur soviel: Nach mei-

Diskussion

ner Einschätzung sind da bereits Überregulierungen formuliert, die bei den Abschlussadressaten zu Übererwartungen führen könnten. Ich nehme das wunderschöne Beispiel, Ziele und Strategien angeben zu müssen. Man baut dadurch große Erwartungen gegenüber dem Aussagegehalt des Lageberichts auf, in der Praxis jedoch, entschuldigen Sie bitte, Herr Ballwieser, werden sicherlich überwiegend Allgemeinplätze formuliert werden. Wir müssen sehr aufpassen, dass wir hier die Normen, die Shareholder Relations verlangen, nicht überspannen und die Mindestanforderungen zu hoch setzen. Im Rahmen dieser Shareholder Relations –und das ist vielleicht eine kleine Abweichung zu dem, was Professor Ballwieser gesagt hat – gibt es eine ganze Menge, dem Lagebericht ebenbürtige Informationen. Wir müssen nur immer abwägen, was ist das Minimum und was ist ein Optimum für das jeweilige Unternehmen. Und dann kann es sein, dass dieses Optimum bei dem Informationsniveau liegt, das Sie sich wünschen.

Ballwieser:

Ich sehe das schon kritisch. Wird mit dem, was Sie eben dargestellt haben, dem Gesetz Genüge getan? Ist die Berichtspflicht, die hier dem Abschlussersteller auferlegt wird, wirklich erfüllt? Nach meiner Einschätzung ist sie in vielen Fällen nicht erfüllt. Dr. Gross hat Recht. Es gibt auch gute Lageberichte und auch gute Hinweise auf künftige Entwicklungen. Das würde ich unterstreichen wollen. In der Tat sieht man das aber nach meinem Erfahrungsschatz eher selten. Die Frage ist nun aber, wie man das ändert. Ich habe hier eine Kopie des Beitrages von PETER KAJÜTER und CARSTEN WINKLER über die Praxis der Risikoberichterstattung deutscher Konzerne in der Zeitschrift „Die Wirtschaftsprüfung" vom 15. März 2004 vorliegen. Da wird schon erkennbar, dass sich die Risikoberichtspraxis gegenüber früheren Untersuchungen verbessert hat. Offensichtlich hat der Hinweis in § 289 Abs. 1 HGB, eingefügt durch das KonTraG, dass auf künftige Risiken einzugehen ist, etwas gefruchtet. Gemäß einer Analyse der Rechnungslegungssysteme veröffentlichen die Konzerne, die nach IAS und US-GAAP bilanzieren, im Risikobericht häufiger qualitative und quantitative Angaben zu den Risikoauswirkungen als Konzerne, die nach HGB bilanzieren. Jetzt ist die Frage, was ist die Ursache und was ist die Wirkung? Erkennbar ist, dass man nach US-GAAP mehr Aussagen treffen muss, sonst bekommt man möglicherweise ein Problem mit der SEC. Offensichtlich können Manager dann doch das berichten, was sie bei einer Bilanzierung nach HGB eher als wettbewerbsschädlich einschätzen und deshalb weglassen. Man kann natürlich auch eine andere These vertreten, indem man sagt, dass nur diejenigen, die ohnehin schon viel berichten wollen, sich überhaupt in New York notieren lassen und sich daher freiwillig den Bestimmungen der SEC unterwerfen. Was da Henne und was da Ei ist, ist nicht ganz klar. Das bedingt sich wohl eher gegenseitig. Wenn also eine gewisse Sanktion droht, dann werden plötzlich auch die Berichtspflichten erfüllt. Wie diese Sanktionen aussehen müssen, das weiss ich auch nicht. Wenn ich höre, und ich bin in einigen Gremien, dass von Vertretern von Unternehmen gesagt wird, es sei doch unmöglich, überhaupt etwas zu prognostizieren, weil diese Prognosen womöglich ernst genommen würden, dann frage ich mich, wozu der Vorstand hier eigentlich Vorstand geworden ist? Dieser muss für sein Geschäft laufend etwas prognostizieren. Zusätzlich wird der Prognosezeitraum permanent als strittig angesehen. Erstrecken sich die Prognosen auf das nächste halbe Jahr, auf den nächsten Bilanzstichtag oder auf den übernächsten Bilanzstichtag? Dabei besitzen diese Konzerne i. d. R. Vier-Jahres-Pläne oder wenigstens Drei-Jahres-Pläne. Dann wird die Frage gestellt, ob kardinale oder ordinale Daten angegeben werden müssen. Das heißt, mehr Aufträge oder weniger Aufträge gegenüber dem Vorjahr oder plus oder minus 10 % gegenüber dem Vorjahr? Kann man den Abschlussadressaten nicht über die Auftragslage, die Umsatzerwartungen, die Gewinnerwartungen mit der entsprechenden Vorsicht informieren? Die Vorstände, die sagen, sie können es nicht im Lagebericht, tun das aus meiner Erfahrung merkwürdigerweise im persönlichen Gespräch mit Finanzanalysten und erzählen dort noch sehr viel mehr. Offensichtlich fürchten sie dort die mögliche Irritation der Kapitalmärkte, die zur Sanktion „Fallender Börsenkurs" führt. Hingegen ist der Druck aufgrund der öffentlich-rechtlichen Verpflichtung nach HGB nicht groß genug. Das ist der Kern dieser Problematik. Dort befindet sich etwas im Ungleichgewicht.

Kirsch:

Vielleicht noch zwei Sätze dazu. Tendenziell stimme ich Ihnen zu, Herr Steinharter. Die Prognoseberichterstattung ist sicherlich nicht befriedigend. Auf der anderen Seite möchte ich an das anschließen, was Herr Professor Ballwieser gerade gesagt hat. Die sich verbessernde Prognoseberichterstattung des einen oder anderen Unternehmens ist nach meiner Wahrnehmung nicht dadurch begründet, dass dort vielleicht der HGB-Kommentar etwas intensiver gelesen wird oder dass die Wirtschaftsprüfer etwas stärker auf diesen Punkt eingegangen sind, sondern dass die Berichtspflichten vielmehr von selbst aufgrund des Kapitalmarktdruckes oder der ganz konkreten Interessen bestimmter Analysten erfüllt werden. Neben einer vielleicht differenzierten und konkretisierten Regelungssystematik, glaube ich, ist das ein wesentlicher Punkt. Man muss sich an diese Form der Berichterstattung erst gewöhnen, sowohl seitens der Unternehmen, als auch

Diskussion

von Seiten der Analysten, die mit diesen Informationen umgehen müssen. Ich denke da an die ersten Segmentberichterstattungen auf Ergebnisbasis. Ich glaube, dass die BAYER AG in den Jahren 93/94 dort der Vorreiter gewesen ist. Es ging ein Aufschrei durch die Unternehmen, wie man nur Segmentergebnisse berichten könne. Aus der Idee nach internationalem Vorbild wurde mittlerweile ein Standard. Bei Prognoseinformationen haben wir das Problem, dass diese normalerweise die Zukunft betreffen sollen und die Zukunft naturgemäß eher für einen kurzen Zeithorizont handhabbar ist. Die Frage ist, wie man mit diesen Unsicherheiten umgeht. Sollen Unternehmen noch weit über den Prognosehorizont hinaus, der intern zugrunde gelegt wird, berichten müssen? Oder machen sie das, was im Rahmen der Prognoseberichterstattung häufig anzutreffen ist? Lenkt man die Erwartungen der Analysten, z. B. bezüglich zukünftiger Ergebnisse, in die für das Unternehmen vorteilhafte Richtung? Ich glaube auch, dass man sich von beiden Seiten an die Aufstellung und die Verwertung von Prognosen gewöhnen muss und intensivere, konkretere Regelungen können dort sicherlich ein stückweit helfen. Schlussendlich wird hoffentlich auch die Enforcement-Institution, über die wir heute Nachmittag noch zu sprechen haben werden, dazu beitragen. Dass damit natürlich erhebliche Probleme für die Wirtschaftsprüfer verbunden sind, ist mir vollkommen klar.

Baetge:

Vielleicht darf ich das noch ein bisschen ergänzen. Wir führen jedes Jahr für das Manager-Magazin den Wettbewerb „Der beste Geschäftsbericht" durch. Im letzten Jahr haben wir bspw. die Lageberichte von 201 Unternehmen aus dem Dax, MDax, SDax, TecDax, sowie dem EuroStoxx 50 analysiert. Dabei hat sich ergeben, dass nur bei 10 Unternehmen, also bei rund 5 %, ein Lagebericht mit gutem Prognosebericht vorhanden war. Ich bin bei Diskussionen um diesen Punkt von anderen Unternehmen immer gefragt worden, ob die Prognosen, die abgegeben wurden, auch eingetroffen sind. Ich habe das dann für die zurückliegenden Jahre geprüft. Dort hat es selbstverständlich Abweichungen gegeben, die in ihrem Ausmaß sicherlich ein Indiz für die Qualität des Geschäftsberichts sind. Wünschenswert ist jedoch, und das wäre ein Zeugnis besonderer Qualität, wenn die Unternehmen auf Abweichungen von vergangenen Prognosen im Lagebericht eingingen und eine Zielvorgabe formulierten, in Zukunft die eine oder andere Abweichung zu minimieren oder diese in eine vorteilhafte Richtung umzulenken. Ich möchte noch auf etwas anderes aufmerksam machen. Lassen Sie es uns doch bitte noch einmal sagen, Herr Steinharter, dass wir uns hier in einer de lege ferenda-Diskussion befinden. Wir schauen also auf das, was wünschenswert ist und nicht auf das, was de lege lata vorgeschrieben ist. Wenn Sie die Ausführungen von Herrn Ballwieser oder von Herrn Dr. Gross heranziehen, so ist in den Regelungen noch immer ein Interpretationsspielraum innerhalb einer vorgegebenen Bandbreite. Niemand kann behaupten, dass nach dem Wortlaut der vorgeschlagenen Vorschrift nun eine ganz bestimmte Prognoseberichterstattung erzwungen wird. Der Wirtschaftsprüfer hat das Problem, die Erfüllung der Intention dieser weiten Sollvorschrift zu bewerten. Insofern meine ich, dass unter Berücksichtigung der bisherigen Beiträge eine Konkretisierung dieser Vorschriften auch im Sinne des Gesetzgebers sein muss. Ich will Sie aber noch auf einen anderen Punkt aufmerksam machen. Gerade in Bezug auf den Vortrag von Herrn Kirsch fällt mir auf, dass z. B. bei der Anwendung der Optionspreisformel zur Berechnung von Fair Values vielfältige subjektive Annahmen getroffen werden, um einen Prognosewert zu ermitteln. Oder denken Sie an den IAS 40 „Investment Property". Für Großimmobilien, für die kein Börsen- oder Marktpreis existiert, wird der DCF-Kalkül herangezogen. Je nach Größe des Objekts ergeben sich durch die Bestimmung der laufenden Cashflows oder der anderen Parameter am Ende enorme Unterschiede im berechneten beizulegenden Zeitwert. Wie kann der Wirtschaftsprüfer diese Werte prüfen? Er kann im besten Fall Maklerberichte heranziehen und dann eine Aussage treffen, ob der Mietzins in einer zulässigen Bandbreite liegt. Mehr nicht. Da offenbart sich ein Widerspruch. Wie selbstverständlich halten, etwa beim IAS 40 „Investment Property", Fair Values, die auf DCF-Kalkülen basieren, Einzug in die Bilanzen. Plötzlich dienen also Barwerte, die auf umfangreichen Annahme-Katalogen beruhen, nicht mehr nur der internen Informationsversorgung, sondern der externen Rechenschaft. Dies sei betont, der Rechenschaft! Dass sich hieraus Möglichkeiten für moral hazard für die Manager auftun, wird hingenommen. Das einzige, was gegen moral hazard-Möglichkeiten getan wird, ist, dass der Wirtschaftsprüfer zu den auftretenden Bandbreiten Stellung nimmt. Im Gegensatz dazu werden im Lagebericht u. U. sogar nur qualitative Angaben gemacht und vom Abschlussprüfer nolens volens akzeptiert. Meines Erachtens ist dies ein wesentlicher Kritikpunkt.

Ballwieser:

Die Stellungnahme bringt mich jetzt zu einem anderen Punkt, nämlich zu einem expliziten Widerspruch, den wir mittlerweile in unserem System auch dulden. Die Frage ist, ob wir es weiterhin tun sollten. DRS 5 beschäftigt sich mit dem Risikobericht und spezifiziert inhaltlich, was nach Auffassung des DRSC dort ausgesagt werden muss. Er ist verkündet und gilt als mit den Konzern-GoB

Diskussion

vereinbar. Es geht um Verstöße gegen DRS 5 in Geschäftsberichten von Gas-Konzernen. Das Testat wurde infolgedessen nicht eingeschränkt und es gab keine rechtlichen Konsequenzen. Wenn der DRSC ein bevorzugtes Auslegungsgremium des Gesetzes ist, was durchaus Anlass zur Diskussion bietet und von mir nicht befürwortet wird, dann müsste ein DRS 5 auch Bindungswirkungen haben. Diese Bindungswirkung wird aber dann bei dem Testat wie auch in der öffentlichen Diskussion wieder aufgehoben. Wenn wir in Zukunft noch mehr Institutionen mit noch mehr Stellungnahmen zu beachten haben, dann stellt sich die Frage, ob wir das so hinnehmen wollen. Diese Problematik schließt sich an die Punkte „Bilanzierung von Fair Values und deren Prüfbarkeit" sowie die Punkte „Lageberichterstattung und Prüfbarkeit" an.

Heintges:

Ich möchte mich an den letzten Punkt anschließen. Ich bin CPA und habe aus diesem Grund sehr viel mit internationaler Rechnungslegung zu tun. Das Problem der weit auslegbaren Vorschrift zum Lagebericht, die eine Berichterstattung über unsichere zukünftige Entwicklungen fordert, ist bedeutend und wird sich durch die neue Gesetzgebung verstärken. Erlauben Sie mir einen Vergleich zu ziehen. In dem angelsächsischen Raum gibt es das Instrument des Lageberichts nicht. Es wird genau geregelt, welche Informationen das Unternehmen im Jahresabschluss mit all seinen Bestandteilen liefern muss, so z. B. nach US-GAAP oder IAS/IFRS. Unter anderem fließen dort auch Fair Values, die man nach recht genau vorgeschriebenen Methoden berechnen soll, ein. Daneben gibt es eine Management-Diskussion und -Analyse, in den das Management die angegebenen Daten analysiert. Das ist auf Ebene der Rechnungslegungsvorschriften alles. Darauf folgt eine Arbeitsteilung. Analysten werten diese Zahlen aus und treffen Zukunftsaussagen, was den Unternehmen z. B. durch die Regelungen der SEC sogar explizit verboten ist. Die Unternehmen würden sich sonst haftbar machen. Es ist naturgemäß schwierig, die zukünftige Entwicklung überhaupt zu greifen und dann richtig zu bewerten. Diese Aufgabe wird im angelsächsischen Raum den Analysten übertragen. Eine andere Frage lautet, Herr Professor Kirsch, warum Sie die Umsetzung der Fair Value-Richtlinie nur für große oder kapitalmarktorientierte Konzerne und/oder Unternehmen seitens des Gesetzgebers fordern. Gleichzeitig ist aber in den Empfehlungen des DRSC, in denen Sie ja mitgearbeitet haben oder den Vorsitz innehatten, empfohlen worden, dass diese für alle Kaufleute gelten solle. Ist da nicht ein Widerspruch?

Kirsch:

Im Rahmen des DRSC ist die Diskussion um die Umsetzung der Fair Value-Richtlinie etwas differenziert organisiert. Es gibt eine allgemeine Arbeitsgruppe „Fair Value", deren Vorsitz ich innehatte. Diese Arbeitsgruppe hat sich mit eher allgemeinen konzeptionellen Aspekten der Fair Value-Bilanzierung auseinandergesetzt und nicht an dem konkreten Gesetzvorschlag mitgewirkt. Diese Empfehlung war Arbeitsgegenstand der Arbeitsgruppe „Fair Value im HGB". Insofern habe ich nicht meinen eigenen Vorschlag kritisiert.

Gross:

Ich möchte zwei Punkte ansprechen. Punkt Nr. 1 ist, dass im Laufe der Diskussion der Eindruck entstanden sein könnte, dass sich Wirtschaftsprüfer grundsätzlich gegen Prognosen wehren. Wenn dies so wäre, dann dürften wir keinen einzigen Abschluss prüfen. Wenn Sie die Portokasse und ein paar andere direkte Zahlungsmittelkonten außer Acht lassen, dann ist der Rest Prognose. Rückstellungen sind nichts anderes als Prognosen, genauso wie die Bewertung des Anlagevermögens. Wir wehren uns also keineswegs gegen Prognosen. Wogegen wir uns wehren, ist, dass wir über die gesetzlichen Grundlagen hinaus für alle Kapitalgesellschaften – nicht nur für die kapitalmarktorientierten Unternehmen – zukünftig quantitative Angaben machen müssen. Ich glaube, und Professor Kirsch hat mir aus dem Herzen gesprochen, wenn er sagt, dass wir in Bezug auf die Lageberichterstattung einen Entwicklungsprozess durchlaufen und wir derzeit eine Momentaufnahme betrachten. Wir befinden uns auf dem richtigen Weg, wenn wir den Gesetzesauftrag dahingehend ausfüllen, dass man aus dem Lagebericht ersehen kann, wo sich das Unternehmen befindet und wohin es sich entwickeln wird. Punkt Nr. 2 geht zurück auf die Frage von Professor Ballwieser, wie die Wirtschaftsprüfer mit Verstößen gegen die DRS umgehen. Auch diese Frage hat der Hauptfachausschuss, der Professor Schruff als Vorsitzenden gewinnen konnte, bereits mehrfach diskutiert und wir haben uns in Abstimmung mit dem DRSC zu folgender Regelung entschlossen: DRS können allgemeine GoB zum Ausdruck bringen und eine Interpretation sein, so dass sie Relevanz für den Bestätigungsvermerk besitzen. DRS können aber auch, wie hier mit DRS 5 angesprochen, im Sinne einer weitergehenden Anforderung an die Rechnungslegung verstanden werden. In diesen Fällen haben wir gesagt, dass es sich eigentlich um keine gesetzliche Forderung, sondern um eine Weiterentwicklung im vernünftigen Sinne handelt. Ein Unternehmen hat aber einen Anspruch auf einen sauberen Bestätigungsvermerk, wenn es das Gesetz einhält. Das hat dann zur Konsequenz, dass hier eine Aufgabe der Überwachungsorgane des Unterneh-

Diskussion

mens erwächst. Die Überwachungsorgane, wie z. B. der Aufsichtsrat, müssen feststellen und wissen, dass sich der Vorstand nicht an die DRS-Regelungen hält. Und deshalb sprechen wir uns in diesem Zusammenhang für eine Berichterstattung im Prüfungsbericht über diese Verstöße aus, bleiben aber bei dem Rechtsanspruch des Unternehmens auf einen uneingeschränkten Bestätigungsvermerk. Dann gibt es noch eine Kategorie von DRS, die unseres Erachtens problematisch sind und wo wir ein anderes Rechtsverständnis haben. In solchen Fällen würden wir zwar auch berichten, dass ein Verstoß vorliegt, diese Berichterstattung weist aber eher den Charakter eines reinen Hinweises auf. Eine Abweichung von einem dieser DRS ist nach unserer Auffassung auch zu vertreten. Ich fasse zusammen: Sie brauchen sich nicht zu wundern, wenn Sie bei manchen DRS-Verstößen keinerlei Konsequenz im Bestätigungsvermerk sehen, sondern dazu müssten Sie den Prüfungsbericht sehen.

Ballwieser:

Zwei Anmerkungen hätte ich dazu. Zum einen zu dem Wortbeitrag aus dem Plenum, demzufolge es nach amerikanischem Recht nicht erlaubt sei, Prognosen abzugeben. Ich würde das gerne mit dem Hinweis dahingehend ergänzen, dass es schon erlaubt ist, jedoch das Risiko, das der Vorstand damit eingeht, sehr schwerwiegend ist. Die Bereitschaft in den USA, eine Klage aufgrund falscher Prognosen anzustrengen und damit den Vorstand und Wirtschaftsprüfer haften zu lassen, ist sehr groß. Für diesen Fall gibt es eine so genannte „safe harbor rule", die extra im amerikanischen Recht geschaffen wurde, um den Vorstand von seinem Haftungsrisiko zu befreien oder dieses Haftungsrisiko zu mindern. Bei der Anwendung der „safe habor rule" sind jedoch Bedingungen zu erfüllen, die in bestimmten Fällen eine Berichtspflicht vorsehen oder aber auch nur die Möglichkeit für eine Prognose eröffnen. Insoweit möchte ich ganz allgemein dem Eindruck entgegentreten, in den USA werden keine Prognosen getroffen. Der zweite Punkt geht zurück auf Herrn Dr. Gross. Ich habe zwei Seelen in meiner Brust. Zum einen habe ich viel Verständnis für die Position von Herrn Dr. Gross und die Beziehung zwischen DRSC und dem IDW, sowie für das Verhältnis von Prüfern zur Testaterteilung, andererseits habe ich dafür aber auch kein Verständnis. Im HGB steht zu lesen, dass mit der Verlautbarung eines DRS die Vermutung einhergeht, dass sie GoB-konform sind. Sie sagen im Klartext, dass sie dem im einen Fall zustimmen und im anderen Fall nicht. Wenn sich infolgedessen jemand beschwert, dann solle aber die Enforcement-Institution angerufen werden, die wir noch gar nicht haben. Solange diese nicht vorhanden ist, muss daher auf den Aufsichtsrat zurückverwiesen werden. Diese Auffassung kann nicht richtig sein. Entweder muss man dann schlussfolgern, dass die Gesetzesformulierung falsch ist. Damit hätten Verlautbarungen des DRSC den Charakter einer Kommentierung des HGB. Oder aber man muss dem Bundesministerium der Justiz den Vorwurf machen, dass vor der Veröffentlichung der DRS keine genaue Prüfung der Standards erfolgt. Zudem muss das Bundesministerium der Justiz eine genaue Einschätzung vornehmen, ob im Zusammenhang mit den DRS jetzt de lege lata oder de lege ferenda zu argumentieren ist. Die Klärung, wie nun argumentiert werden muss, auf den einzelnen Wirtschaftsprüfer oder den Empfänger der Rechnungslegung abzuladen, der dann u. U. eine Klage anstrengt, ist mir nicht sympathisch. Darin spiegelt sich eine Haltung wider, die die Klärung des Sachverhalts zunächst einmal dem Zufall überlässt. Da stehen Regelungen nebeneinander, die nicht ganz aufeinander abgestimmt sind, und das nehmen wir erstmal so hin. Das ist nicht mein Verständnis davon, wie in Deutschland Recht organisiert und systematisiert wird.

Gross:

Nur um ein Missverständnis auszuräumen. Wir sehen das Aufsichtsorgan, also den Aufsichtsrat, nicht als ein Ersatzorgan an. Ich vertrete den Standpunkt, dass wir diese Aufsichtsfunktion ernst nehmen müssen. Diese Aufsichtsfunktion hat eine ganz wesentliche Bedeutung und wenn der Aufsichtsrat feststellt, dass das Unternehmen die DRS nicht anwendet, dann hat der Aufsichtsrat auch die Möglichkeit, hier unmittelbar einzugreifen. Was wir uns erhoffen und was durch den Corporate Governance Kodex und andere Maßnahmen auch schon einigermaßen positiv auf den Weg gebracht wurde, ist, dass das Unternehmen selbst zunächst für eine ordnungsmäßige und für eine angemessene Rechnungslegung zuständig ist. Insofern ist es überhaupt nicht unser Gedanke, dieses auf eine Enforcement-Institution abzuwälzen, sondern dass es vielmehr die primäre Aufgabe des Unternehmens ist, ordentlich Rechnung zu legen und in Bezug auf die DRS auch die Bilanzierungsstrategie festzulegen. Ich glaube, dass wir uns hier eigentlich im Sinne eines Systems, was sich noch in der Entwicklung befindet und sich selbst reguliert, auf dem richtigen Weg befinden. Vielleicht, Herr Professor Ballwieser, haben Sie noch den Aufsichtsrat der letzten Jahrtausende im Kopf?

Kirsch:

Herr Dr. Gross, ich glaube, man muss an dieser Stelle jetzt etwas vorsichtig sein. Es wird viel über die Frage der Stärkung der Rolle des Abschlussprüfers in Verbindung mit der Qualität der Rechnungslegung diskutiert. Dies halte ich zum

Diskussion

jetzigen Zeitpunkt für besonders wichtig. Man muss sehr darauf bedacht sein, dass von Seiten des Berufsstandes nicht der Eindruck erweckt wird, dass man sich hier der Verantwortung entziehen möchte. Es ist die Rede davon, dass die Enforcement-Institution auf der einen und der Aufsichtsrat auf der anderen Seite für die Richtigkeit des Jahresabschlusses verantwortlich sind. Bei der Formulierung, dass das Unternehmen einen Rechtsanspruch auf einen uneingeschränkten Bestätigungsvermerk besitze, bin ich regelrecht aufgeschreckt. Dieses Recht besteht nach meinem Verständnis nur, wenn eine ordnungsmäßige Rechnungslegung vorgelegt wird.

Baetge:

Eine kleine Bemerkung möchte ich mir nicht verkneifen. Herr Heintges hat davon gesprochen, er sei CPA und habe Erfahrung mit US-GAAP- und IAS-Abschlüssen und für diese Abschlüsse seien die Regeln zur Ermittlung von Fair Values doch so klar formuliert, dass man zu nachvollziehbaren und eindeutigen Ergebnissen kommen könne. Ich muss Ihnen dagegen sagen, dass Sie, wo immer Sie als Bilanzersteller Formeln zur Berechnung heranziehen, immer die Möglichkeit haben, Parameter in großer Bandbreite selbst vorzugeben. Als Prüfer haben sie keine Chance, den mit DCF-Kalkülen berechneten Wert in Frage zu stellen, sei es im Zusammenhang mit Fair Values, die Einzug in den Abschluss halten, oder bezüglich der Prognoseberichterstattung. Wenn sich die Vorgabe der Parameter in akzeptablen aber sehr stark das Bewertungsergebnis beeinflussenden Bandbreiten bewegt, bleibt dem Abschlussprüfer nichts anderes übrig, als einen uneingeschränkten Bestätigungsvermerk zu erteilen. Wir müssen darauf achten, dass nicht die Bilanzierung von Fair Values zu großen Spielraum zur Manipulation lässt und dieser Spielraum dazu genutzt wird, den Investor zu täuschen. Niemand, auch nicht der Wirtschaftsprüfer, kann nach bestem Wissen und Gewissen den „Wahrheitsgehalt" von DCF-Kalkülen richtig einschätzen. Ich denke, Sie sollten hier nicht den Eindruck vermitteln, als wenn Fair Values in den Abschlüssen dazu beitragen, die Informationssicherheit zu erhöhen und dass US-GAAP- und IAS-Abschlüsse in diesem Punkt besser seien, als die Abschlüsse nach HGB.

Heintges:

Im Vergleich zu dem einen Paragraph im deutschen HGB, demzufolge über die zukünftige Entwicklung und die Risiken und Chancen berichtet werden muss, gibt es nach den Vorschriften der IAS/IFRS und der US-GAAP sehr viel detailliertere Vorgaben, wie Fair Values ermittelt werden müssen. In Bezug auf ihr

Beispiel zu IAS 40 „Investment Property", bin ich völlig Ihrer Meinung. Dort gibt es große Spielräume in der Bestimmung der Parameter, sei es der Zinssatz oder aber auch die Cashflows. Das steht außer Frage.

Schruff:

Obwohl ich kein CPA bin, so habe ich dennoch einige Erfahrungen im Umgang mit SEC-registrierten Mandanten. Ich kann deshalb im Grundsatz Herrn Heintges nur beipflichten. Es gibt in den Vorschriften der SEC nichts von dem, was Sie als Erwartung formulieren, nämlich quantifizierte Prognoseaussagen, wie z. B. „Unser Umsatz, unser Ergebnis wird im Jahre 2006 um 30 % höher sein" oder vielleicht auch in anderer Form. Dieses gibt es nicht. Im amerikanischen Kapitalmarktrecht erfahrene Anwälte, die jeden Lagebericht und jede MD&A zu untersuchen haben, werden mit Argusaugen darauf achten, dass nichts dergleichen formuliert wird. Das heißt, unser Lagebericht deutscher Prägung, wie wir ihn uns nach den entsprechenden Verlautbarungen des IDW vorstellen, ist so nicht unverändert bei der SEC einzureichen. Wenn wir uns über die Praxis der Lageberichterstattung in Deutschland beklagen, muss man dort anfangen, wo die Regelungen entstehen. Dies geschieht im Justizministerium. Die Vorschriften, wie sie heute ausgestaltet sind, verlangen keine quantitativen Aussagen. Wenn man das ändern will, muss man das Gesetz ändern. Dann allerdings sind eine ganze Reihe von zusätzlichen Regelungen aufzustellen. Herr Ballwieser, Sie haben bspw. gefordert, man müsse den Prognosezeitraum definieren, damit die Bedingungen für alle gleich sind. Wir müssen eine ganze Reihe von sehr klaren Regelungen schaffen, damit die Bedingungen und die Prognosen auch wirklich vergleichbar sind. Der Abschlussadressat zieht keinen Nutzen daraus, wenn der Vorstand seine persönlichen Hoffnungen und Wünsche für die Zukunft formuliert. Die Bandbreiten müssen angegeben werden, in denen sich die Zukunft entwickeln mag. Möglicherweise ist das aber gar nicht das, was Herr Steinharter eigentlich verlangt. Was er eigentlich sucht, ist, so glaube ich, nur die subjektive Absicht. Was will der Vorstand erreichen? Was ist die Zielsetzung, die der Vorstand für die nächste Periode abgesteckt hat? Ob das in ein, zwei, drei oder fünf Jahren umgesetzt sein mag, um anschließend seine Leistung gegenüber den selbst gesteckten Ziele zu bewerten, bleibt offen. Möglicherweise geht es vielmehr darum, dass der Vorstand subjektive Absichten kundtut. Wenn das gewollt sein sollte, dann müsste auch das vom Gesetzgeber ganz klar formuliert werden. So wie die Vorschriften jetzt sind, haben wir leider eine unbefriedigende Situation, die hier auch mit Recht beklagt wird. Gleichwohl kann man als Abschlussprüfer nicht mehr verlangen, als das Gesetz verlangt. Deshalb komme

Diskussion

ich jetzt noch einmal zum DRSC zurück. Es besteht eigentlich in weiten Kreisen Einigkeit darüber, dass einige der Regelungen, die der DRSC in den letzten Jahren erlassen hat, mit dem geltenden Recht schlicht und einfach nicht vereinbar sind. Es gibt darüber hinaus eine Reihe von Regelungen, die gesetzlich gewährte Optionen, Wahlrechte, Alternativen einzugrenzen versuchen. Die Absicht mag durchaus richtig sein, nur das Instrument ist falsch gewählt. Wenn man dieses jetzt beklagt, muss man berücksichtigen, dass § 342 HGB eben nur eine widerlegbare Vermutung enthält, dass das, was der DRSC und anschließend das BMJ veröffentlicht, dem Grundsatz ordnungsmäßiger Konzernrechnungslegung entspricht. Eine widerlegbare Vermutung ist in dem Moment widerlegt, wo sie gegen eindeutig gesetztes Recht verstößt. Und ich glaube, an der Stelle kann man dem Abschlussprüfer als Letztem einen Vorwurf machen, wenn diese nicht vom Unternehmen verlangen, eine gesetzeswidrige Interpretation oder einen gesetzeswidrigen Standard des DRSC anzuwenden. Gleichwohl müssen wir zur Kenntnis nehmen, dass das BMJ diese Standards veröffentlicht hat und damit eine gewisse Bindungswirkung erzeugen wollte. Rechtsfortbildung auf diese Art und Weise kann man nach meinem Verständnis in Deutschland allerdings nicht betreiben. Dazu müssen andere Wege beschritten werden. Deshalb sollte man diesen Weg auch nicht weiter verfolgen und ich habe den Eindruck, dass der DRSC dies auch nicht weiter verfolgen wird. Vielen Dank.

Ballwieser:

Ich kann Ihren Standpunkt nachvollziehen. Allerdings muss man dann einen Schritt weitergehen und die de lege ferenda-Empfehlungen des DRSC als ihre ureigenen Interpretationen und nicht als vermeintliche GoB-Auslegungen der Konzernrechnungslegungsvorschriften ansehen. Das, was ich fordere, ist Rechtssicherheit. Wenn sich ein DRS als falsch herausstellt, dann muss darauf auch reagiert werden, damit alle Beteiligten von der gleichen rechtlichen Basis ausgehen können. Herr Schruff, Sie schütteln mit dem Kopf.

Schruff:

Herr Ballwieser, im Gesetz wird nur eine widerlegbare Vermutung formuliert. Diese Vermutung ist in dem Moment widerlegt, wo sich bestätigt, dass die Vorschrift gesetzeswidrig ist bzw. gesetzlichen Vorschriften und Wahlrechten entgegensteht. Das ist der Automatismus, den das Gesetz, so wie es gestaltet ist, vorgibt. Ob der DRSC dann den Schritt weitergeht und die getroffene Regelung wieder aufhebt, ist rechtlich unbedeutend.

Baetge:

Aber sicherlich ist es für die Information des Abschlussadressaten von großer Bedeutung, diesen Punkt eindeutig zu klären. Wir können nicht ohne Weiteres beurteilen, ob eine angemessene Interpretation des DRS oder doch ein Gesetzesverstoß vorliegt. Diese Klammer müsste geschlossen werden, so wie Herr Ballwieser es gefordert hat. Man müsste verlangen, dass das IDW oder der Hauptfachausschuss seinen Mitgliedern empfiehlt, auf eine festgelegte Art und Weise zu reagieren und sich in diesem Punkt mit dem DRSC auseinander zu setzen.

Gross:

Es wurden eine Menge interessanter Punkte aufgezeigt. Wir müssen dennoch darauf achten, das Kind nicht mit dem Bade auszuschütten. Den Bereich, wo die DRS dem Gesetz widersprechen, möchte ich schnell verlassen. Herr Professor Baetge, es sei Ihnen versichert, dass wir nicht gewartet haben, bis die DRS zu DRS geworden sind, sondern wir haben im Internet nachlesbare Stellungnahmen abgegeben, aus denen hervorgeht, dass auch wir wussten, dass manche Regelungen schlichtweg gesetzeswidrig sind und so nicht verabschiedet hätten werden dürfen. Sie sind trotzdem verabschiedet worden. Ein anderer Bereich, Herr Professor Schruff, ist, was sie uns in ihrem Beitrag zur Gesetzessystematik aufgezeigt haben. Auch hier wäre es eine absolut falsche Reaktion zu fordern, alle DRS zu streichen, nur weil aus der Ausübung von Wahlrechten keine Einschränkung des Bestätigungsvermerks resultiert. Was wir wollen, ist, dass Unternehmen eine fortschrittliche Bilanzierungspolitik verfolgen. Dies schließt sowohl die Abstimmung mit den Aufsichtsorganen, als auch den Beschluss, die DRS anzuwenden, ein. Deshalb habe ich vorhin festgestellt, dass das dann in der Verantwortung der Unternehmen und der Abschlussprüfer im Sinne einer Zusammenarbeit zwischen Abschlussprüfer und Aufsichtsrat liegt. Der Abschlussprüfer sollte dem Aufsichtsrat dann den Hinweis geben, dass die Bilanzierung des Vorstandes nicht der festgelegten Bilanzierungspolitik entspricht. Damit kommen diese Dinge zur Sprache und werden diskutiert. Der Aufsichtsrat muss dafür natürlich die ganzen Verknüpfungen zwischen HGB und DRS kennen. Mein Plädoyer lautet daher, die Fortentwicklung der Rechnungslegung mit Hilfe des DRSC voranzutreiben. Den Unternehmen sollte man es nahe legen, die DRS anzuwenden und sich mit ihnen auseinanderzusetzen. Inzwischen gibt es Überlegungen innerhalb des DRSC, diesen Ansatz in der Form nicht weiterzuverfolgen. Bitte so gerade nicht. Ich darf das Musterbeispiel, die Angabe von Zielen und Strategien im Anhang, ansprechen. Herr Ballwieser, Sie haben dies schon kritisch hinterfragt. Herr Steinharter fordert zu Recht qualifizierte Anga-

Diskussion

ben in diesem Punkt. Sie werden jedoch nichts dergleichen finden. Sie werden etwas finden, was der Abschlussprüfer gerade noch als eine zutreffende Aussage über dieses Ziel qualifizieren kann. Der Abschlussleser erhält jedoch Steine anstatt Brot. Deshalb stellt sich das IDW in diesem Punkt extrem gegen den DRS 20. Es tritt auch allen Erwartung entgegen, die aus einer solchen Angabepflicht im Lagebericht erwächst, weil eine solche Angabepflicht nach dem jetzigen Gesetzeswortlaut so nicht erfüllt werden kann. Ich möchte noch mal auf den Unterschied zwischen einer gesetzlichen Lageberichterstattung und Shareholder Relations aufmerksam machen. Natürlich sind in den Abschlüssen des einen oder anderen großen Unternehmens konkrete Angaben vorzufinden, aber diese resultieren aus den Zwängen des Kapitalmarkts. Es ist falsch, daraus den Schluss zu ziehen, derartige Angaben für alle Unternehmen zu fordern. Diese Interpretation entspricht nicht dem, was das Gesetz ausdrücken soll.

Baetge:

Herr Dr. Gross, wenn ich dem widersprechen darf. Die Formulierung von Zielen und Strategien in dem künftigen Lagebericht bedeutet ja nicht zwangsläufig, exakte quantitative Angaben zu machen, sondern aus meiner Sicht würde es genügen, wenn eine bestimmte Zielgröße, etwa eine Rentabilitätsziffer als mittelfristig angestrebte Zielgröße angegeben würde. Damit könnten Unternehmen bspw. ihre Segmente daraufhin überprüfen, ob sie in diesem Sinne Wertgenerierer oder Wertvernichter sind. Oder aber es soll auf Dauer eine bestimmte Eigenkapitalquote nicht unterschritten werden, um die finanzielle Stabilität des Unternehmens nicht zu gefährden. Solche Angaben hat es in Geschäftsberichten bereits gegeben. Was ich verlangen würde, ist, dass das Gesetz die Angabe der finanziellen Zielsetzung fordert. Außerdem sollten drei, vier oder fünf finanzielle, bilanzpolitikneutralisierende Kennzahlen verlangt werden, wie eine Umsatzrendite, eine Kapitalumschlaghäufigkeit, eine Eigenkapitalquote und eine Eigenkapitalrentabilität, die aber nicht auf den bilanzpolitisch gestalteten Daten des Jahresabschlusses, wie Jahresüberschuss bzw. Jahresfehlbetrag, sondern auf Größen, z. B. dem Cashflow, beruhen, die dazu geeignet sind, Bilanzpolitik zu neutralisieren. Solche Kennzahlen würde ich im Gesetz festschreiben. Diese sollen auch nicht ohne Zielvorgabe im freien Raum stehen, sondern sollen vielmehr auch als Maß für die Leistung des Vorstandes dienen. Dies wird von Unternehmen bereits auf freiwilliger Basis umgesetzt, wie sich dieses Jahr wieder im Rahmen der Geschäftsberichtsanalyse bestätigt hat.

Gross:

Herr Professor Baetge, ich glaube, dass Sie damit meine Aussage unterstrichen haben. Als Bilanzleser würde ich schon gerne konkrete Angaben zu Zielen und Strategien haben. Dieses ist aber mit diesem Gesetzestext nicht umsetzbar. Ich habe die Befürchtung, dass wir mit der jetzigen Angabepflicht die nächste Erwartungslücke aufbrechen. Wenn einige Unternehmen auf der von Ihnen angesprochenen Weise den Angabepflichten nachkommen würden, so würde ich von diesen nicht fordern, das nicht zu tun. Aber wenn sie sich in die Lage des Abschlussprüfers versetzen, der nicht diese fünf Bilanzkennzahlen vorfindet, sondern rein qualitative Angaben zu beurteilen hat, dann muss sich dieser auch damit zufrieden geben, solange sie sich in Übereinstimmung mit dem Gesetz befinden. Die Möglichkeiten zur Manipulation bei der Angabe von Zielen und Strategien werden durch die Forderung nach einer ordentlichen Berichterstattung über die zukünftige Entwicklung auf qualitativer Basis m. E. vermieden. Es ist nämlich auch nicht nachvollziehbar und sinnvoll, wenn bspw. eine negative zukünftige Entwicklung prognostiziert wird, gleichzeitig aber eine doppelt positive Zielvorgabe formuliert wird. Zum Verständnis des Abschlussadressaten trägt das nicht bei.

Steinharter:

Herr Dr. Gross, dieser Standpunkt, den Sie exemplarisch für viele Wirtschaftsprüfer vertreten, führt regelmäßig während meiner beruflichen Tätigkeit in die Kontroverse. Warum kann der jetzige Gesetzestext nicht in eine aus meiner Sicht positivere Richtung ausgelegt werden? Mehr Information ist wünschenswert und insofern unterstütze ich die Positionen von Herrn Professor Kirsch und Herrn Professor Ballwieser. Als Beispiel möchte ich die DAIMLERCHRYSLER AG anführen, auf deren Hauptversammlung des letzten Geschäftsjahres Vorgaben für zukünftige Ergebnisse gemacht wurden. Eine Korrektur dieser Zielvorgaben folgte prompt nach vier Wochen. Über eventuell entstehende Kosten aufgrund der Probleme einer japanischen Beteiligung wurde erst im Nachhinein berichtet. Von Qualität oder Prüfung zukunftsbezogener Aussagen, sofern sie überhaupt formuliert werden, kann offensichtlich keine Rede sein. In Bezug auf die Lageberichterstattung und damit auf den Risikobericht möchte ich das Beispiel Toll Collect anführen. Im Prüfungsbericht der Wirtschaftsprüfer wurde nicht auf die Darstellung der Risiken aus dem Konsortial-Vertrag eingegangen. Ein Management Letter zu diesem Thema wurde ebenfalls nicht verfasst. Erst als erkennbar war, dass die Umsetzung des Mautsystems erhebliche Schwierigkeiten mit sich bringt, ist dazu eine Stellungnahme vom Wirtschaftsprüfer abgegeben worden. Es entsteht der Eindruck, als ließen die Wirtschaftsprüfer mit sich spielen, um nicht das Mandat zu verlieren. Man muss aus meiner Sicht zu anderen Zielen gelangen, als zu denen, die Sie, Herr Gross, vertreten. Die Lösung liegt nicht im Hilfeschrei nach dem Gesetzgeber, sondern vielmehr in einer klaren Position der Wirtschaftsprüfer. Dazu ist eine klare Formulierung des Problems notwendig, die nicht dadurch gefunden wird, dass juristische Detailfragen diskutiert werden.

Baetge:

Herr Steinharter, ich möchte doch Herrn Dr. Gross unterstützen. Wenn der Gesetzgeber die Formulierung „Ziele und Strategien" wählt, dann lässt er durch diesen Wortlaut dem Vorstand einen Spielraum. Das Versäumnis des Gesetzgebers einer fehlenden klaren und eindeutigen Formulierung kann nicht zu Lasten der Wirtschaftsprüfer ausgelegt werden. Dem steht nicht entgegen, dass Fehler seitens der Wirtschaftsprüfer aufgedeckt und berichtigt werden müssen. Dennoch muss der Gesetzgeber die von ihm verfolgten Absichten klar und eindeutig formulieren. Die Ziele, die hier im Rahmen der Diskussion geäußert wurden und die der Gesetzgeber im Grunde auch zu erreichen versucht, werden beim jetzigen Stand der Formulierung von Regelungen verfehlt. Mit Ihrer Argumentation machen Sie den Wirtschaftsprüfer zum allein Schuldigen, obwohl Sie sich auch genau das Gegenteil wünschen. Der Gesetzgeber muss reagieren, ob auf nationaler oder europäischer Ebene.

Kirsch:

Der Stand der Diskussion gibt mir Anlass zur Nachdenklichkeit. Es ist viel über die Konkretisierung von Rechtsnormen gesprochen worden. Man kann aber doch von keiner Seite erwarten, dass ganz dezidierte und deterministische Vorgaben, z. B. im Rahmen der Berichtspflichten, gemacht werden, auch wenn diese dann leicht zu prüfen sind. Richtet man den Blick auf die U.S.-amerikanische Vorgehensweise, so kann man dort sicherlich etwas lernen, aber man sollte und kann m. E. ein derartiges System nicht nach Deutschland importieren. In diesem Zusammenhang möchte ich anmerken, dass im Rahmen der Diskussion die Bedeutung der GoB und GoK offensichtlich fehlinterpretiert wurde. Man kann und sollte nach wie vor davon ausgehen, dass das deutsche Rechtssystem ausgelegt werden kann, wenn nicht sogar muss. Dem widerspricht eine ausschließliche Orientierung am Gesetzeswortlaut. Um auf die Diskussion bzgl. der DRS und des DRSC zurückzukommen, ohne dieses Thema überzustrapazieren, möchte ich Ihnen beipflichten, dass an dem Punkt, wo DRS geltendem Recht widersprechen, diese auch angezweifelt werden sollten. Im Ergebnis darf eine solche Vorgehensweise aber nicht dazu führen, dass man sich gänzlich vom DRSC und den DRS abwendet. Man sollte daran festhalten, dass das deutsche Recht der Auslegung bedarf. Die DRS sind vor diesem Hintergrund grundsätzlich ein Schritt in die richtige Richtung.

Niehus:

Aus meiner Sicht ist bisher ein Punkt nicht zur Sprache gekommen. Im europäischen Umfeld existiert meines Wissens keine mit den deutschen Anforderungen vergleichbare Aussagepflicht des Abschlussprüfers zur Lageberichterstattung innerhalb des Bestätigungsvermerks. Im Rahmen der Umsetzung der 4. EU-Richtlinie und der Einführung des Instruments der Lageberichterstattung glaubte der Berufsstand, in der Lage zu sein, den erhöhten Anforderungen im Vergleich zu den bestehenden Normen des AktG, insbesondere in Bezug auf die Prognoseberichterstattung, gerecht werden zu können. In anderen europäischen Mitgliedstaaten existieren meines Wissens lediglich allgemeine Berufsgrundsätze, die eine Berichtspflicht des Abschlussprüfers bei Fehlern in der Rechnungslegung, nicht jedoch bei Fehlaussagen innerhalb der Prognoseberichterstattung, vorschreiben. Man muss sich fragen, ob der Berufsstand sich noch immer in der Lage sieht, die deutschen Anforderungen zu erfüllen? Das deutsche Rechtssystem ist nicht zuletzt prinzipienbasiert und beruht im Gegensatz zu vielen Wortbeiträgen nicht auf Einzelfallregelungen. Der Blick nach Übersee hilft daher nicht weiter, da dort ein „rule based system" vorzufinden ist. Eine Lösung der diskutierten Problematik kann m. E. daher nur durch eine Reaktion des Gesetzgebers erfolgen. In diesem Zusammenhang sehe ich, Herr Professor Schruff, die Verantwortung auch nicht nur beim BMJ, sondern vielmehr auch bei den Interessenverbänden, die wesentlich bei der Ausgestaltung der Gesetze mitwirken. Der heutige Gesetzeswortlaut, Herr Professor Ballwieser, eröffnet dem rechnungslegenden Unternehmen ein breites Spektrum an Interpretationen. Der Abschlussprüfer befindet sich daher in der weitaus schlechteren Position als der Mandant. Die Verhältnismäßigkeit der Mittel muss gewahrt werden.

Ballwieser:

Grundsätzlich gebe ich Ihnen Recht, Herr Niehus, und verweise auf den § 160 AktG i. d. F. 1965, der eine Berichterstattung zur Lage der Aktiengesellschaft vorsieht. Nach der herrschenden Kommentarmeinung sollte diese auch nicht zu vage oder zu breit formuliert werden, um im Streitfall abgesichert zu sein. Bis zur Einführung des neuen HGB hat man diese Lageberichterstattung dennoch

Diskussion

nicht sehr ernst genommen. Der Gesetzgeber hat sich aber dazu entschlossen, diesem Instrument mehr Gewicht zu verleihen, so dass diese Ansprüche zu erfüllen sind. Ich muss in diesem Punkt Verständnis für die Position von Herrn Dr. Gross äußern. Die Berichtspflicht zu Zielen und Strategien des Unternehmens bei der jetzigen Gesetzesformulierung ist nur schwer umsetzbar und deshalb scheint mir der Schritt zurück zur Angabe und Prüfung der zukünftigen Entwicklung nachvollziehbar. Ich möchte mich lediglich für ein konsistentes Vorgehen einsetzen, um für alle Beteiligten Rechtssicherheit zu schaffen.

Peter Hommelhoff

Deutsches Enforcement im richtigen Fahrwasser?

Gliederung:

1 Vorbemerkung 59
2 Deutsches Enforcement: ein eigenständiger dritter Weg 60
   21 Ausgangslage 60
   22 Private Selbstbereinigung vor staatlicher Intervention 62
3 Kapitalmarktbezug des Enforcement-Systems 64
   31 Institutioneller Anlegerschutz im Vordergrund 64
   32 Konsequenzen des Kapitalmarktbezugs 65
      321. Fehleroffenlegung: Information des Kapitalmarktes 65
      322. Fehlerbeseitigung 66
   33 Enforcement-Schutz in kapitalmarktfernen Unternehmen 68
4 Das Regelwerk für die Prüfstelle 68
   41 Im Ausgangspunkt: Die gesetzlichen Grundlagen nach dem BilKoG .. 69
   42 Satzung und Verfahrensordnung nach § 342b Abs. 1 WpHG-E 70
   43 Aufsicht über die Prüfstelle 70
5 Bemerkungen zum Binnenrecht des DPR e. V. 71
   51 Die Prüfstelle im Sinne von § 342b Abs. 1 HGB-E 72
   52 Organisationsstruktur des DPR e. V. im Einzelnen 72
      521. Mitgliederversammlung 73
      522. Nominierungsausschuss 74
      523. Prüfstelle des Vereins 75
         523.1 Anforderungsprofil der Prüfstellenmitglieder 75
         523.2 Weisungsunabhängigkeit der Prüfstellenmitglieder 75
         523.3 Das Unabhängigkeitspostulat aus
            § 342b Abs. 1 Satz 2 HGB-E 76
6 Ausblick 76
7 Abschlussthesen 78
Literaturverzeichnis 81

Prof. Dr. Dr. h.c. Peter Hommelhoff
Ruprecht-Karls-Universität Heidelberg

Vortrag, gehalten am 27. Mai 2004 im Rahmen des
20. Münsterischen Tagesgesprächs
„Anpassung des deutschen Bilanzrechts an internationale Vorgaben –
Bilanzrechtsreformgesetz und Bilanzkontrollgesetz"

Deutsches Enforcement im richtigen Fahrwasser?

1 Vorbemerkung

Mit der tatsächlichen Durchsetzung der Regeln zur Rechnungslegung, mit ihrer Effektuierung, wird es nun auch in Deutschland ernst: Vom Referentenentwurf eines Bilanzkontrollgesetzes[1] zum Regierungsentwurf[2] ist der Weg schon durchschritten; das Gesetz in seiner endgültigen Fassung steht nicht mehr fern von der Verabschiedung.[3] Was hier und heute vorgetragen werden soll, findet sich künftig in zwei Gesetzen normiert: zum einen in den Bestimmungen der §§ 342b ff. HGB-E mit den Regelungen zur „Deutschen Prüfstelle für Rechnungslegung"[4] und zum anderen in den Vorschriften der §§ 37n ff. WpHG-E mit ihren Vorgaben zur Überwachung von Unternehmensabschlüssen durch die BaFin. Diese beiden Akteure, die Prüfstelle und die BaFin, sind in ihren Kompetenzbereichen und mit ihrem jeweiligen Tätigkeitsprogramm über die Regelung des § 37p WpHG-E miteinander in der Weise verzahnt, dass die Behörde nur dann in die Überwachung eingreift, wenn das Unternehmen die Mitwirkung gegenüber der Prüfstelle verweigert bzw. nicht mit dem Prüfungsergebnis einverstanden

---

1   Referentenentwurf eines Gesetzes zur Kontrolle von Unternehmensabschlüssen (Bilanzkontrollgesetz – BilKoG) vom 8. Dezember 2003. Siehe zum Referentenentwurf die nachfolgenden Stellungnahmen: ARBEITSKREIS EXTERNE UNTERNEHMENSRECHNUNG DER SCHMALENBACH-GESELLSCHAFT FÜR BETRIEBSWIRTSCHAFT, Stellungnahme, S. 329-332; DEUTSCHER ANWALTSVEREIN (DAV), Stellungnahme, S. 220-224; IDW, Stellungnahme zum Referentenentwurf, S. 13-20; GABRIEL, C./ERNST, C., Stärkung von Unternehmensintegrität und Anlegerschutz, S. 102-105; GROSSFELD, B., Bilanzkontrollgesetz, S. 105-107; HOMMELHOFF, P./MATTHEUS, D., Verlässliche Rechnungslegung, S. 93-100; LENZEN, U./KLEINERT, J., Bilanzkontrollgesetz, S. R49 f.; PELLENS, B./DETERT, K./NÖLTE, U./SELLHORN, T., Enforcement von Rechnungslegungsregeln, S. 5-8; POTTGIESSER, G., Zukunft der deutschen Rechnungslegung, S. 170-172; WOLF, K., Entwicklung im Enforcement, S. 244-248.

2   Regierungsentwurf eines Gesetzes zur Kontrolle von Unternehmensabschlüssen (Bilanzkontrollgesetz – BilKoG) vom 21. April 2004 nebst Stellungnahme des Bundesrates und Gegenäußerung der Bundesregierung, abgedruckt in: BT-Drucks. 15/3421, S. 1-24. Siehe dazu die Stellungnahmen von ERNST, C., Regierungsentwurf des BilKoG, S. 936 f.; IDW, Stellungnahme, S. 958-960.

3   Nach der ersten Beratung in der 118. Sitzung des Bundestages am 1. Juli 2004 wurde der Gesetzentwurf gemeinsam mit dem Entwurf zum Bilanzrechtsreformgesetz (BT-Drucks. 15/3419) und dem Gesetz zur Änderung des Versicherungsaufsichtsgesetzes und anderer Gesetze (BT-Drucks. 15/3418) in die Ausschüsse verwiesen. Jene Gesetzentwürfe sind gemeinsam mit dem schon verabschiedeten Anlegerschutzverbesserungsgesetz (BT-Drucks. 15/3174) als Finanzmarktförderungspaket eingebracht worden. Siehe dazu nur O. V., Kabinett bringt Finanzmarktgesetze auf den Weg, S. 7; O. V., Bundesregierung setzt wichtige Finanzmarkt-Gesetze aufs Gleis, S. 25.

4   So schon der Arbeitstitel nach § 342b Abs. 1 HGB-RefE eines BilKoG.

ist (§ 37p Abs. 1 Satz 2 Nr. 1 WpHG-E) oder weil sie selbst das Ergebnis der Prüfstelle anzweifelt (§ 37p Abs. 1 Satz 2 Nr. 2 WpHG-E). Verwirklichen will mithin der deutsche Gesetzgeber das (längst bekannte) Konzept eines zweistufigen Enforcement[5] mit einer privatrechtlich organisierten Prüfstelle auf der ersten Stufe und mit einer eingriffsbefugten Behörde auf der zweiten Stufe. Der für die privatrechtliche Prüfstelle notwendige Verein „DEUTSCHE PRÜFSTELLE FÜR RECHNUNGSLEGUNG DPR E. V." ist gegründet und auch schon im Vereinsregister Berlin registriert.[6]

2 Deutsches Enforcement: ein eigenständiger dritter Weg

21 Ausgangslage

Zum Enforcement soll hier in fünf Abteilungen vorgetragen werden; in der ersten mit Blick auf die Frage, ob sich die Deutschen im richtigen Fahrwasser bewegen, zur Ausgangslage. Denn es will rechtspolitisch schon etwas bedeuten, keines der bereits im Ausland praktizierten Vorbilder zu übernehmen, sondern einen eigenständigen dritten Weg einzuschlagen, um dort den „Wettbewerb der Gesetzgeber"[7] aufzunehmen. Konzeptionelle Wettbewerber sind die reine Behördenlösung nach U.S.-amerikanischem Vorbild mit der Securities and Ex-

---

5   HOMMELHOFF, P., Für ein spezifisch deutsches Durchsetzungssystem, S. 42-50; ebenso die Arbeitsgruppe „Abschlussprüfung und Corporate Governance", BAETGE, J./LUTTER, M. (Hrsg.), Abschlussprüfung und Corporate Governance, S. 17-23; anders noch die Regierungskommission „Corporate Goverance", die in der zweiten Stufe auf die Gerichte verweisen wollte, BAUMS, T. (Hrsg.), Regierungskommission Corporate Governance, S. 292; ebenso IDW, Stellungnahme zum Fragenkatalog, S. 1029 f.; IDW, Wirtschaftsprüfung und Corporate Governance, S. 90-96; TIELMANN, S., Fortentwicklung der Vorschläge des IDW, S. 1629-1634; so auch noch ARBEITSKREIS EXTERNE UNTERNEHMENSRECHNUNGDER SCHMALENBACH-GESELLSCHAFT FÜR BETRIEBSWIRTSCHAFT, Zukunft der Rechnungslegung, S. 161 – These 8 (anders aber ARBEITSKREIS EXTERNE UNTERNEHMENSRECHNUNG DER SCHMALENBACH-GESELLSCHAFT FÜR BETRIEBSWIRTSCHAFT, Enforcement der Rechnungslegung, S. 2173: für eine Behördenlösung nach dem Vorbild der SEC).

6   Vorläufiges Aktenzeichen am Amtsgericht Charlottenburg/Vereinsregister 95 AR 822/04. Vgl. O. V., Private Prüfstelle geht an den Start, S. 8; kurzer Überblick auch bei BAETGE, J., Anmerkungen zum deutschen Enforcement-Modell, S. 431 sowie das Interview mit BRANDT, W., Jedes Unternehmen ist alle fünf Jahre dran, S. 6.

7   Zu ihm schon kurz HOMMELHOFF, P., Corporate Governance, Rechnungslegung und Abschlussprüfung, S. 286 f.; für umfassende Nachweise die Monographien von HEINE, K., Regulierungswettbewerb im Gesellschaftsrecht und KIENINGER, E.-M., Wettbewerb der Privatrechtsordnungen.

change Commission (SEC) in ihrem Zentrum sowie die ausschließlich private Lösung nach dem britischen Modell des Financial Reporting Review Panel (FRRP). Diese beiden Systemalternativen sollen an dieser Stelle nicht noch einmal im Detail entfaltet werden;[8] deshalb nur zwei Stichworte zur Kennzeichnung: In den USA waltet eine gigantische und teure Bilanzpolizei – auch und vor allem mit dem (aus der amerikanischen Wirtschafts- und Sozialgeschichte heraus vollauf verständlichen) Ziel, Millionen von Kapitalanleger vor dem Verlust ihrer Alters- und Hinterbliebenenversorgung zu schützen.[9] Dagegen erscheint das privatwirtschaftliche Kontrollgremium in England mit seiner bloßen Untersuchungskompetenz als zahnloser Tiger.[10]

Allerdings stimmen beide Systeme markant darin überein, dass ca. 80 % der aufgedeckten Mängel und Fehler in der Rechnungslegung im Einvernehmen mit den Unternehmen und ihren Prüfern bereinigt werden.[11] Somit findet sich in England und den USA gleichermaßen ein hoher Sockel an Konsens: man wehrt sich, man verständigt sich und reagiert schließlich einvernehmlich auf Mängel und Fehler. Und daraus folgt, wenn man ein Enforcement-System konzeptionell neu andenkt: Diesen Konsens-Sockel sollte man aufgreifen und versuchen, ihn mit Blick auf die Kooperationsbereitschaft der Unternehmen und ihrer Ab-

---

8   Näheres zum Vergleich zwischen dem britischen FRRP einerseits und der Normdurchsetzung durch die U.S. SEC siehe etwa BÖCKEM, H., Durchsetzung von Rechnungslegungsstandards, S. 1186-1189; JANSSEN, F. C., Sicherung ordnungsgemäßer Rechnungslegung, S. 445-450; TIELMANN, S., Fortentwicklung der Vorschläge des IDW, S. 1626-1628; dazu HÜTTEN, C./LORSON, P., Staatliches versus privates Enforcement, S. 123-126. Eine synopsenartige Übersicht findet sich auch bei KIEFER, M., Kritische Analyse der Kapitalmarktregulierung, S. 151-170. Vgl. auch KÜTING, K./WOHLGEMUTH, F., Internationales Enforcement, S. 265-273.

9   vgl. SCHRÖDER, O., Unternehmenspublizität und Kapitalmarkt, S. 54; zum Zahlenmaterial siehe auch WÜSTEMANN, J., Normdurchsetzung in der deutschen Rechnungslegung, S. 722.

10 So schon HOMMELHOFF P./MATTHEUS, D., Verlässliche Rechnungslegung, S. 94 mit Hinweis auf KÜTING, K., Wer wacht über die Wächter?, Die Erste Seite; ebenso SCHILDBACH, T./STRASSER, R., Das britische Financial Reporting Review Panel, S. 1722-1724; deutlich positiver hingegen ZIMMERMANN, J., Beurteilungskriterien für Enforcement-Modelle, S. 358.

11 So für das FRRP schon HOMMELHOFF, P./MATTHEUS, D., Verlässliche Rechnungslegung, S. 94 mit Hinweis auf HALLER, A./EIERLE, B./EVANS, E., Das britische Financial Reporting Review Panel, S. 1675; ZIMMERMANN, J., Beurteilungskriterien für Enforcement-Modelle, S. 355 f. Für die SEC siehe nur TIELMANN, S., Durchsetzung ordnungsmäßiger Rechnungslegung, S. 195 m. w. N.

schlussprüfer zu pflegen, und nicht etwa durch einen von Anbeginn hoheitlichen Auftritt im Enforcement unterminieren.[12] Zu hoheitlichem Zwang muss es erst oberhalb des Sockels, außerhalb von Konsens und Ausgleich kommen.

22 Private Selbstbereinigung vor staatlicher Intervention

Soweit zur Technik, um ein zweistufiges Enforcement-System zu regeln. Aber deutsche Juristen lieben, wie Sie alle wissen, belächeln und verfluchen das Prinzipielle; so auch und insbesondere ich. Deshalb einige Sätze Rechtsgrundsätzliches: Was Bundesjustiz- und -finanzministerium mit dem zweistufigen Enforcement-System angedacht haben und auf den Weg bringen wollen, wurzelt tief in der Regelungstradition von Selbstüberwachung und Selbstregulierung im deutschen Gesellschafts- und Unternehmensrecht.[13] Diese baut seit der großen Aktienrechtsreform 1984, einer Jahrhundertleistung deutscher Gesetzgebung, auf der Grundidee[14] auf, dass private Initiative und Selbstbereinigung in den beteiligten Kreisen allemal besser seien als polizeimäßiger Auftritt und die Steuerung mit hoheitlichen Mitteln von außen. Damit verbinden sich so einnehmende Schlagworte wie „Staatsferne" und „Freiheit der Wirtschaftssubjekte".

Im zweistufigen System des Enforcement, so es denn Gesetz wird, werden seine Akteure dabei eine hohe Verantwortung tragen; geht es doch um die Bewährung eines ganzen Systemansatzes, der den Unternehmen und ihren Prüfern Bilanzpolizei und Staatsanwaltschaft, soweit vertretbar[15], vom Halse halten will. Das deutsche Enforcement-System muss reibungslos und effektiv laufen; denn wir stehen unter aufmerksamer und unverhohlen skeptischer Beobachtung der EU-Kommission[16] und der anderen EU-Mitgliedstaaten. Dort traditionell auf Staatskontrolle ausgerichtet[17], glaubt man es den Deutschen schlichtweg nicht,

---

12 Zum „Konsens aus Kooperation" schon HOMMELHOFF, P., Für ein spezifisch deutsches Durchsetzungssystem, S. 41; HOMMELHOFF, P./MATTHEUS, D., Verlässliche Rechnungslegung, S. 94.

13 Dazu mit Blick auf das Enforcement-System MATTHEUS, D./SCHWAB, M., Fehlerkorrektur nach dem Rechnungslegungs-Enforcement, S. 1100 f.

14 Zu ihr HOMMELHOFF, P., Eigenkontrolle statt Staatskontrolle, S. 53-105.

15 Nach § 342b Abs. 8 HGB-RegE eines BilKoG hat die Prüfstelle (nach § 37r WpHG-E die BaFin) Tatsachen, die den Verdacht einer Straftat im Zusammenhang mit der Rechnungslegung eines Unternehmens begründen, der für die Verfolgung zuständigen Behörde anzuzeigen, sowie Tatsachen, die auf das Vorliegen einer Berufspflichtverletzung durch den Abschlussprüfer schließen lassen, der Wirtschaftsprüferkammer zu übermitteln.

dass ein Mischsystem wie das Zweistufige tatsächlich funktionieren kann. Daher muss der Gesetzgeber in Berlin von den Akteuren Verantwortungsbewusstsein und Bereitschaft mit allem Nachdruck einfordern, dieser Verantwortung für (wahrhaft pathetisch formuliert) deutsches Kulturgut im Recht gem. zu handeln: für das Prinzip von Selbsthilfe und Selbstbereinigung im Gesellschafts- und Unternehmensrecht. Für sektorierte Interessenvertretung ist deshalb überhaupt kein Raum, insbesondere nicht in den Gremien der Prüfstelle.[18] Denn das deutsche Enforcement-System wird unter Bewährungsauflage stehen; es wird nicht bloß dem Wettbewerb der Rechtsordnungen einerseits und dem der Kapitalmärkte in den EU-Mitgliedstaaten andererseits standhalten müssen, sondern auch und vor allem dem Blick des – eng mit der EU-Kommission zusammenarbeitenden – Ausschusses der europäischen Wertpapierregulierungsbehörden (Committee of European Securities Regulation – CESR), also einer öffentlich-rechtlichen Institution.[19]

---

16 Siehe schon VAN HULLE, K., Anforderungen an ein wirksames Enforcement, S. 32-34. Skeptische Stimmen finden sich auch im wirtschaftswissenschaftlichen Schrifttum ARBEITSKREIS EXTERNE UNTERNEHMENSRECHNUNG DER SCHMALENBACH-GESELLSCHAFT FÜR BETRIEBSWIRTSCHAFT, Enforcement der Rechnungslegung, S. 2173; BAETGE, J., Anmerkungen zum deutschen Enforcement-Modell, S. 429 f.; BAETGE, J./ HEIDEMANN C., Acht Forderungen an die Wirtschaftsprüfung, S. 20; BÖCKING, H.-J., Audit und Enforcement, S. 696; BÖCKING, H.-J./KIEFER, M., Eine europäische Finanzaufsichtsbehörde ist notwendig, S. 28 (alle für eine europäische Behördenlösung); HÜTTEN, C./LORSON, P., Staatliches versus privates Enforcement, S. 127 f.; KÜTING, K., Wer wacht über die Wächter?, Die Erste Seite; KÜTING, K./WOHLGEMUTH, F., Internationales Enforcement, S. 276.

17 In der Mehrheit der EU-Mitgliedstaaten fungiert die nationale Wertpapieraufsichtsbehörde als Durchsetzungsinstanz, vgl. FÉDÉRATION DES EXPERTS COMPTABLES EUROPEÉNS, Enforcement-Mechanisms in Europe, S. 16. Dennoch soll sowohl die Börsenaufsicht als auch ein privates Sachverständigen-Panel, welches per Gesetz mit der Durchsetzung der Rechnungslegungsgrundsätze betraut ist, als adäquate Enforcement-Instanz fungieren können. Zu den Anforderungen im Einzelnen siehe insbesondere COMMITTEE OF EUROPEAN SECURITIES REGULATION, Standard No. 1 on Financial Information: Enforcement of Standards on Financial Information in Europe.

18 Zu diesen siehe Abschn. 52.

19 Der CESR übernimmt u. a. die Koordinierungsaufgabe zwischen den nationalen Enforcement-Mechanismen in Europa, vgl. dazu COMMITTEE OF EUROPEAN SECURITIES REGULATION, Standard No. 2 on Financial Information: Coordination of Enforcement Acitivities.

3 Kapitalmarktbezug des Enforcement-Systems
31 Institutioneller Anlegerschutz im Vordergrund

In der zweiten Abteilung ist zu entfalten, dass die Durchsetzung der Rechnungslegung, das Enforcement-System, nicht auf alle Publizitätsadressaten abzielt, sondern in sektoraler Ausrichtung allein auf den Kapitalmarkt und seine Akteure, also namentlich auf die Kapitalanleger – sei es nun der einzelne Bürger oder ein institutioneller Kapitalanleger, z. B. eine Versicherung oder ein Pensionsfonds. Konsequent beschränkt der Gesetzgeber den Prüfauftrag an die Prüfstelle in § 342b Abs. 2 Satz 2 HGB-E ebenso wie den an die BaFin in § 37n WpHG-E auf die Jahresabschlüsse und Lageberichte einschließlich der jeweiligen Konzerninstrumente jener Unternehmen, deren Wertpapiere an einer „inländischen" (!) Börse im amtlichen oder geregelten Markt zum Handel zugelassen sind: Die Information des Kapitalmarkts, der Informationsintermediäre[20] und der Kapitalanleger soll abgesichert werden.[21]

Damit wird das Rechnungslegungs-Enforcement in Deutschland als Instrument des Anlegerschutzes fungieren und gewiss institutionellen Schutz verwirklichen; ob daneben auch direkt und gezielt individuellen Schutz zugunsten des einzelnen Kapitalanlegers, scheint überaus zweifelhaft.[22] Einer Erstreckung leichter Hand auf sie steht schon die Befürchtung entgegen, manch' streitfreudiger Kleinaktionär könnte nach der Anfechtung von Hauptversammlungsbeschlüssen in der gerichtlichen Stimulierung von Prüfstelle und Bundesaufsichtsamt ein neues Aktivitätsfeld hinzugewinnen. Für ihn sollten Anregungen an die Prüfstelle genügen, denen diese, soweit substantiiert vorgetragen wird, pflichtgemäß nachzugehen hat.

Diese sektorierte Ausrichtung des Enforcement-Systems auf Kapitalmarkt und -anleger scheint mir im Moment rechtspolitisch zutreffend.[23] Es wird nämlich in jener breiten Einlaufgasse erprobt, die im weltweiten Wettbewerb der Kapi-

---

20 Zu den Informationsintermediären auf Kapitalmärkten, den Finanzanalysten und Ratingagenturen, KÜMPEL, S., Bank- und Kapitalmarktrecht, S. 1244.

21 Zur ausschließlich kapitalmarktschützenden Funktion des Rechnungslegungs-Enforcement nach dem BilKoG vgl. Begr. zum RegE, BT-Drucks. 15/3421, S. 11. Siehe auch unten Fn. 23.

22 Eine davon zu trennende Frage ist, ob das Rechnungslegungs-Enforcement in individuelle Mitgliedschaftsrechte der Aktionäre eingreift und deshalb ein Rechtsschutzbedürfnis auslöst. Dazu ausführlich MATTHEUS, D./SCHWAB, M., Rechtsschutz für Aktionäre, S. 1975-1984.

talmärkte und ihrer Regulierungssysteme[24] von außerordentlicher Bedeutung ist. Dem Finanzplatz Deutschland konnte bislang schon rein formal entgegengehalten werden, ihm fehle ein institutionelles Durchsetzungssystem und bereits deshalb könne er Weltmaßstäben nicht vollauf gerecht werden.[25] Diese Scharte muss der deutsche Gesetzgeber möglichst schnell auswetzen.

32 Konsequenzen des Kapitalmarktbezugs

Jener Kapitalmarktbezug des Enforcement-Systems hat eine ganze Reihe interessanter Konsequenzen in concreto; vor allem bei der Fehlerfeststellung auf der ersten (§ 342b Abs. 5 HGB-E) und auf der zweiten Stufe (§ 37q Abs. 1 WpHG-E) und in ihrem Fortgang.[26]

321. Fehleroffenlegung: Information des Kapitalmarktes

Hat die Prüfstelle ihre Enforcement-Prüfung auf erster Stufe ohne Beanstandung beendet, so teilt sie dem Unternehmen das Ergebnis mit. Sollte hingegen die Prüfstelle einen Fehler in der Rechnungslegung eines Unternehmens festgestellt haben, hat sie ihre Entscheidung zu begründen und dem Unternehmen unter Bestimmung einer angemessenen Frist Gelegenheit zur Äußerung zu geben, ob dieses mit dem Prüfergebnis einverstanden ist. Weder mit der Mitteilung über das Prüfergebnis noch mit einer Einverständniserklärung des Unternehmens[27] ist die unmittelbare Aufforderung an die Gesellschaft verbunden,

---

23 In diesem Sinne auch IDW, Stellungnahme zum Referentenentwurf, S. 14; HOMMELHOFF, P./MATTHEUS, D., Verlässliche Rechnungslegung, S. 95.

24 Zu diesem und dessen Auswirkungen auf die Corporate Governance siehe HOMMELHOFF, P., Corporate Governance, Rechnungslegung und Abschlussprüfung, S. 284 f.

25 Zur sog. Enforcement-Lücke statt vieler TIELMANN, S., Durchsetzung ordnungsmäßiger Rechnungslegung, S. 173-186; IDW, Wirtschaftsprüfung und Corporate Governance, S. 83 f.

26 Zum Verfahren von Fehlerfeststellung, über Fehlerkorrektur bis hin zur Fehleroffenlegung noch zum Referentenentwurf siehe HOMMELHOFF, P./MATTHEUS, D., Verlässliche Rechnungslegung, S. 98-100. Namentlich die Fehlerkorrektur ist nunmehr nicht mehr Bestandteil des Enforcement-Verfahrens nach dem BilKoG in der Fassung des Regierungsentwurfs, vgl. dazu ERNST, C., Regierungsentwurf des BilKoG, S. 937.

27 Zu diesem und seiner Rechtsnatur siehe MATTHEUS, D./SCHWAB, M., Fehlerkorrektur nach dem Rechnungslegungs-Enforcement, S. 1103; dazu auch, aber mit anderer Einschätzung MÜLLER, W., Prüfverfahren und Jahresabschlussnichtigkeit, S. 420 f.

diese Information an die Aktionäre, an die Anleger, an den Kapitalmarkt weiterzuleiten.[28] Allerdings hat die Prüfstelle der BaFin über das Ergebnis der Prüfung zu berichten und darüber, ob sich das Unternehmen mit dem Prüfergebnis einverstanden erklärt hat (§ 342b Abs. 6 Nr. 3 HGB-E).

Ganz im Sinne des auf der ersten Stufe vorherrschenden Konsensprinzips[29] liegt alles Weitere nun beim Unternehmen, und zwar sowohl mit Blick auf das Fehlereinverständnis als auch auf die Offenlegung des Fehlers am Kapitalmarkt. Gibt das Unternehmen jenes Prüfungsergebnis nicht von sich aus an den Kapitalmarkt weiter, so wird die BaFin die Bekanntgabe des Fehlers samt den wesentlichen Teilen der Begründung per Verwaltungsakt anordnen (§ 37q Abs. 2 Satz 1 WpHG-E), es sei denn, die Veröffentlichung der Information wäre geeignet, den berechtigten Interessen des Unternehmens zu schaden (§ 37q Abs. 2 Satz 3 WpHG-E). Dagegen besteht regelmäßig an einer Bekanntmachungsanordnung kein Interesse (§ 37q Abs. 2 Satz 2 WpHG-E), wenn das Unternehmen von sich aus den von der Prüfstelle festgestellten Fehler in den Medien nach § 37q Abs. 2 Satz 4 WpHG-E bekannt gemacht hat.[30] Mit jener Bekanntgabe wird das Unternehmen i. d. R. zugleich auch die Mitteilungspflicht als kursbeeinflussende Tatsache aus § 15 Abs. 1 WpHG erfüllen.[31]

322. Fehlerbeseitigung

Der Regierungsentwurf zum Bilanzkontrollgesetz verzichtet auf eine Ermächtigung an die Bundesanstalt, neben der Fehlerfeststellung (§ 37q Abs. 1 WpHG-E) auch die Fehlerbeseitigung anordnen zu können; weder die Korrektur in laufender Rechnung noch die Neuaufstellung des geprüften Abschlusses

---

[28] Gleiches gilt auch für die schlichte Fehlerfeststellung durch die BaFin nach § 37q Abs. 1 WpHG-E.

[29] Vgl. dazu bereits HOMMELHOFF, P./MATTHEUS, D., Verlässliche Rechnungslegung, S. 94 und 97 f. sowie zuvor HOMMELHOFF, P., Für ein spezifisch deutsches Durchsetzungssystem, S. 41.

[30] Zu eng – da das Konsensprinzip im Enforcement-Verfahren aufs Spiel setzend – insoweit die Begr. zum RegE, BT-Drucks. 15/3419, S. 18, die als Beispiel für das fehlende öffentliche Interesse nur Bagatellverstöße gegen die Rechnungslegung anführt.

[31] Zum noch offenen Verhältnis zwischen § 37q Abs. 2 WpHG-E einerseits und § 15 Abs. 1 WpHG-E andererseits auch MÜLLER, W., Prüfverfahren und Jahresabschlussnichtigkeit, S. 417.

soll die Anstalt verlangen können. Vielmehr soll sich die Verpflichtung zur Fehlerkorrektur unmittelbar aus den „materiellen Rechnungslegungsvorschriften"[32] ergeben.

Mit dieser Kompetenzreduktion wird der Gesetzgeber vor einem schwierigen Regelungsproblem bewahrt: wie wirkt es sich aus, wenn – allein aufgrund der Fehlerbeseitigungsanordnung der BaFin – über die Richtigstellung in laufender Rechnung hinaus der bereits durch Beschlüsse der Verwaltungsorgane (§ 172 Abs. 1 AktG) oder durch Hauptversammlungsbeschluss (§ 173 AktG) festgestellte Jahresüberschuss korrigiert werden muss und damit die Ergebnisverwendung angreifbar wird? Der Referentenentwurf zum Bilanzkontrollgesetz mit seiner (privatrechtsgestaltenden) Fehlerbeseitigungsanordnung in § 37q Abs. 1 Satz 2 WpHG-RefE hatte zu dieser Frage geführt.[33] Offenbar hat das in der Literatur konturierte Horrorgemälde[34] das Bundesjustizministerium so beeindruckt, dass dieser Fragenkomplex nun Wissenschaft und Rechtsprechung zur Lösung überantwortet wird.[35] Diese wird für den Regelfall – nämlich bei Fehlern unterhalb der Nichtigkeitsschwelle von § 256 AktG – nur darin liegen, den festgestellten Jahresabschluss trotz des (bekannt gemachtem) Abschlussfehlers bei Bestand zu lassen und der Fehlerberichtigung erst im nachfolgenden Jahresabschluss Rechnung zu tragen.[36]

---

32 Begr. zum RegE, BT-Drucks. 15/3421, S. 18; dazu ERNST, C., Regierungsentwurf des BilKoG, S. 937; kritisch (insb. zur Wortwahl) HENNRICHS, J., Fehlerhafte Bilanzen, S. 410; auch MATTHEUS, D./SCHWAB, M., Fehlerkorrektur nach dem Rechnungslegungs-Enforcement, S. 1101-1103.

33 Der Referentenentwurf zum BilKoG sah folgenden § 37 Abs. 1 Satz 2 WpHG-E vor: „Sie (die BaFin) kann im Einklang mit den materiellen Rechtsvorschriften anordnen, dass Fehler unter Berücksichtigung der Rechtsauffassung der Bundesanstalt im nächsten Abschluss oder unter Neuaufstellung des Abschlusses für das geprüfte Geschäftsjahr zu berichtigen sind."

34 HOMMELHOFF, P./MATTHEUS, D., Verlässliche Rechnungslegung, S. 100; in ähnlicher Tendenz IDW, Stellungnahme zum Referentenentwurf, S. 14; andeutend auch DEUTSCHER ANWALTVEREIN, Stellungnahme, S. 224.

35 Erste Äußerung hierzu von HENNRICHS, J., Fehlerhafte Bilanzen, S. 404-413; MATTHEUS, D./SCHWAB, M., Fehlerkorrektur nach dem Rechnungslegungs-Enforcement, S. 1099-1107; MÜLLER, W., Prüfverfahren und Jahresabschlussnichtigkeit, S. 419-427.

36 So auch die Rechtslage nach § 37 WpHG-RegE, vgl. HENNRICHS, J., Fehlerhafte Bilanzen, S. 410 f.; MATTHEUS, D./SCHWAB, M., Fehlerkorrektur nach dem Rechnungslegungs-Enforcement, S. 1102 f.; auch (mit den Auswirkungen auf Folgeabschlüsse) MÜLLER, W., Prüfverfahren und Jahresabschlussnichtigkeit, S. 421-426.

33 Enforcement-Schutz in kapitalmarktfernen Unternehmen

Vor all diesen Folgefragen zieht der Kapitalmarktbezug des Enforcement-Systems jedoch nach sich, dass die übrigen Publizitätsadressaten nicht gezielt, sondern allenfalls reflexiv mitgeschützt werden: die Gläubiger, potentiellen Geschäftspartner, Arbeitnehmer und der Fiskus. In kapitalmarktfernen Unternehmen werden diese Adressaten nach dem BilKoG noch nicht einmal reflexiv geschützt, weil das Gesetz weder der Prüfstelle (arg. § 342b Abs. 2 Satz 2 HGB-E) noch der BaFin (arg. § 37n WpHG-E) für die Rechnungslegung dieser Unternehmen einen Prüfauftrag erteilen wird. Aber selbstverständlich sind auch diese Publizitätsadressaten an der Durchsetzung korrekter Rechnungslegung interessiert, weil sie auf korrekte Informationen über die Vermögens-, Finanz- und Ertragslage des publizitätspflichtigen Unternehmens wesentlich angewiesen sind. Das Stichwort „Basel II"[37] mag in diesem Zusammenhang genügen. Deshalb wird der deutsche Gesetzgeber nach einer überschaubaren Phase, in der das Enforcement-System erprobt worden ist, also recht bald dazu übergehen müssen, den Gesetzeszweck, die zu prüfenden Jahresabschlüsse und den Kreis der Schutzadressaten auf alle Publizitätsadressaten zu erweitern.[38] Konsequent sollte der deutsche Gesetzgeber, gutem Beispiel des europäischen Gesetzgebers folgend, sich selbst einen Nachprüfungs- und Nachregelungsauftrag im Gesetzestext für einen bestimmten Zeitpunkt erteilen.[39]

4 Das Regelwerk für die Prüfstelle

In der dritten Abteilung sind die Rechtsgrundlagen für die privatrechtlich zu organisierende Prüfstelle und ihre Tätigkeit kurz anzusprechen; es geht also um das Regelwerk für die erste Stufe im zweistufigen Enforcement-System.

---

37 Dazu statt vieler WEBER, M., Basel II und Kredit-Rating, S. 115-132.
38 So auch IDW, Stellungnahme zum Referentenentwurf, S. 14; HOMMELHOFF, P., Bloß keine deutsche Enronitis, Die Erste Seite; JANSSEN, F. C., Sicherung ordnungsgemäßer Rechnungslegung, S. 451; a. A. KIEFER, M., Kritische Analyse der Kapitalmarktregulierung, S. 160 f. und S. 198 (These 13); ähnlich auch FÉDÉRATION DES EXPERTS COMPATABLES EUROPEÉNS, Enforcement of IFRS within Europe, S. 20 f., welche zumindest alle IFRS-Abschlüsse mit einem Enforcement erfassen will.
39 In ähnlicher Tendenz auch schon IDW, Stellungnahme zum Referentenentwurf, S. 14.

41 Im Ausgangspunkt: Die gesetzlichen Grundlagen nach dem BilKoG

Der Grundstein für die erste Systemstufe findet sich in den Bestimmungen des § 342b Abs. 1 und 2 HGB-E. Absatz 1 ermächtigt das Bundesjustizministerium: zum einen kann es eine privatrechtlich organisierte Einrichtung durch Vertrag als Prüfstelle anerkennen und zum anderen kann das Justizministerium der so anerkannten Stelle die gesetzlichen Prüfaufgaben nach § 342b Abs. 2 HGB-E übertragen; bei der Ausnutzung dieser beiden Ermächtigungen muss das Justizministerium im Einvernehmen mit dem Finanzministerium handeln.[40] Dabei wird man wohl davon auszugehen haben, dass von den beiden Ermächtigungen nur simultan Gebrauch gemacht werden darf, dass es also rechtlich ausgeschlossen ist, eine Einrichtung zwar als Prüfstelle anzuerkennen, ihr dann aber nicht die gesetzlichen Prüfungsaufgaben zu übertragen.

Materiell gibt das Bilanzkontrollgesetz dem Justizministerium jene Voraussetzungen vor, die eine Einrichtung erfüllen muss, um als Prüfstelle anerkannt werden zu können (§ 342b Abs. 1 Satz 2 HGB-E): Satzung, personelle Zusammensetzung und Verfahrensordnung der Einrichtung müssen gewährleisten, dass die Prüfung der Abschlüsse unabhängig, sachverständig, vertraulich und verfahrensgerecht vonstatten geht. In der Tat enthalten diese generellen Vorgaben – mit Ausnahme derjenigen für die personelle Besetzung[41] – die wesentlichen Eckpunkte; alles Weitere und Nähere kann, darin ist den Gesetzesverfassern zuzustimmen, den Unterregelwerken der Prüfstelle selbst überlassen bleiben.[42] Denn es entspricht guter Gesetzgebungstradition in Deutschland, nur dann und insoweit etwas per Gesetz zu regeln, wie dies zwingend erforderlich ist.[43]

---

40 Eine solche Anerkennung privatrechtlich organisierter Einrichtungen, verbunden mit der Übertragung von Aufgaben, findet sich schon in § 342 HGB, umgesetzt in Gestalt des Deutschen Rechnungslegungs Standards Committee.

41 Dazu HOMMELHOFF, P./MATTHEUS, D., Verlässliche Rechnungslegung, S. 96 f.; kritisch wohl auch POTTGIESSER, G., Zukunft der deutschen Rechnungslegung, S. 172.

42 Zum Verfahren bei der Kontrollinstanz (= Prüfstelle) schon grundsätzlich HOMMELHOFF, P., Für ein spezifisch deutsches Durchsetzungssystem, S. 44-47; siehe auch BANGERT, S., Organisation von Durchsetzungssystemen, S. 109-126. Zu den Vorschriften im Referentenentwurf des BilKoG: HOMMELHOFF, P./MATTHEUS, D., Verlässliche Rechnungslegung, S. 96-98.

43 Zu den Entscheidungen, die der Gesetzgeber aus verfassungsrechtlichen Gründen selbst treffen muss: BVERFG, Beschluss v. 1.3.1978 – 1 BvR 786, 793/70, S. 315; zum Wesentlichkeitsgrundsatz im Weiteren: BVERFG, Beschluss v. 9.5.1972, S. 158 („Facharzt"); BVERFG, Beschluss v. 28.10.1975, S. 249 f. („Strafvollzug"); BVERFG, Beschluss v. 20.10.1981, S. 268 („Schulwesen").

42 Satzung und Verfahrensordnung nach § 342b Abs. 1 WpHG-E

Die Satzung der Prüfstelle und ihre Verfahrensordnung, die das Gesetz aus guten Gründen zur Zulassungsvoraussetzung erhebt, haben für die betroffenen Unternehmen und ihren Abschlussprüfer große Bedeutung. Deshalb müssen beide Regelwerke in ihrem jeweils aktuellen Inhalt leicht erschließbar sein;[44] die Einsicht beim Vereinsregister wird dem nicht gerecht.[45] Deshalb sollte während der Beratung in den Bundestagsausschüssen in die endgültige Fassung des Bilanzkontrollgesetzes noch die Verpflichtung aufgenommen werden, die Satzung der Prüfstelle und ihre Verfahrensordnung im elektronischen Bundesanzeiger oder in einem anderen elektronisch betriebenen Informationssystem mit weiter Verbreitung (arg. § 37q Abs. 2 Satz 3 WpHG-E) zu publizieren. Die Aufnahme einer solchen Verpflichtung in den Anerkennungsvertrag (§ 342b Abs. 1 Satz 1 HGB-E) allein wird kaum genügen. Denn Transparenz ist die Voraussetzung für Verlässlichkeit und Akzeptanz.

43 Aufsicht über die Prüfstelle

Wie wird die Prüfstelle in ihrer Prüfungstätigkeit überwacht? Zunächst und ganz vordringlich, wie gleich noch näher auszuführen sein wird,[46] im Wege der inneren Selbstüberwachung der Gremien innerhalb der Prüfstelle. Damit verwirklicht die Prüfstellen-Satzung des DPR E. V. zustimmungswürdig den Gedanken einer privatwirtschaftlichen Selbstkontrolle. Aber: genügt das? Die Prüfstelle wird im Rahmen des Enforcement-Systems tätig, das im öffentlichen Interesse an der tatsächlichen Durchsetzung ordnungsgemäßer Rechnungslegung[47] etabliert wird. Schon wegen dieser Rückbindung an das öffentliche Interesse wird es ausgeschlossen sein, die Prüfstelle frei und unbeobachtet schalten und walten zu lassen. Erforderlich ist eine Rechts- und Fachaufsicht, welche die Grundstrukturen und die Abläufe in der Prüfstelle im Sinne von § 342b Abs. 2 Satz 1 HGB-E[48] generell kontrolliert (sog. Systemkontrolle).[49]

---

44 Ob auch der Anerkennungsvertrag im Sinne von § 342b Abs. 1 Satz 2 HGB zu publizieren ist, hängt von seinem materiellen Regelungsgehalt ab.
45 Derzeit sind beide Regelwerke (noch) nicht veröffentlicht. Zum Vergleich: Das DRSC legt seine Organisationsstruktur und seine Satzung auf der eigenen Website offen.
46 Siehe dazu unten Abschn. 52.
47 Zu diesem Begr. zum RegE eines BilKoG, BT-Drucks. 15/3421, S. 11.
48 Zum Begriff der Prüfstelle im Sinne von § 342b Abs. 1 Satz 1 HGB-E siehe unten Abschn. 51.

Ohne dies im Einzelnen hier näher ausführen zu können, genügen die Möglichkeiten der BaFin gegenüber der Prüfstelle nach § 37p WpHG-E nicht, um deren Gesamttätigkeit zu beobachten und zu überwachen. Denn diese Bestimmung bezieht sich allein auf die Enforcement-Prüfung beim jeweiligen Unternehmen, nicht aber auf die Gesamttätigkeit der Prüfstelle. Ebenso sind die Genehmigungs- und Zustimmungspflichten der Bundesministerien aus § 342d Satz 5 HGB allein auf die Finanzierung der Prüfstelle und Organentlastung beschränkt. Eine umfassende Beobachtung der Gesamttätigkeit der Prüfstelle ist aber und vor allem deshalb notwendig, weil sich zum ersten das Bundesjustizministerium darüber schlüssig werden können muss, ob es die einmal ausgesprochene Anerkennung der Einrichtung als Prüfstelle ggf. zurückzunehmen hat, und zum zweiten, weil der Bundestag sich ein Bild darüber verschaffen muss, ob das zweistufige Enforcement-System in der Rechnungslegungspraxis funktioniert oder ob auch in Deutschland auf ein rein öffentlich-rechtliches Enforcement-System übergeschwenkt werden sollte. Diese Frage stellt sich nicht erst im Wettbewerb der europäischen Gesetzgeber, sondern für den Bundestag schon, wenn er, wie vorhin dargelegt, vor der Entscheidung über die Ausweitung des Enforcement-Systems steht.

Diese Beobachtung, wie sich die Prüfstelle in ihrer Gesamttätigkeit entfaltet, sollte der BaFin als sachnächster und sachverständig besetzter Stelle im Gesetz zugewiesen werden. Der Anerkennungsvertrag würde schon deshalb als Rechtsgrundlage nicht ausreichen, weil die BaFin in ihm dann als Dritte belastet und darüber hinaus vor allem jene Sichtbarmachung nach außen gegenüber der Öffentlichkeit in der Europäischen Union fehlen würde, die das deutsche Enforcement-System benötigt, um sich als in allem wohl ausgestaltet im europäischen Systemwettbewerb behaupten zu können. Deshalb sollte nach allem die Aufgabenstellung der BaFin in § 37n WpHG-E um die Beobachtung der Prüfstelle in ihrer Gesamttätigkeit ergänzt werden.

5 Bemerkungen zum Binnenrecht des DPR e. V.

In der vierten Abteilung soll das Binnenrecht der „DEUTSCHEN PRÜFSTELLE FÜR RECHNUNGSLEGUNG DPR E. V." einer ersten kursorischen Analyse unterzogen werden; es geht also um einige Bestimmungen in der Vereinssatzung.

---

49 Insoweit noch anders die strukturellen Vorüberlegungen bei HOMMELHOFF, P., Für eine spezifisch deutsches Durchsetzungssystem, S. 49.

51 Die Prüfstelle im Sinne von § 342b Abs. 1 HGB-E

Was die Grundstruktur der Prüfstelle angeht, so spricht das Gesetz in § 342b Abs. 1 Satz 1 HGB-E von einer privatrechtlich organisierten Einheit, die als Prüfstelle anerkannt werden kann. Gegen diesen Monismus kontrastieren Einzelbestimmungen der Vereinssatzung. So definiert ihr § 2 den Zweck des Vereins dahin, als Träger einer weisungsunabhängigen Prüfstelle zu fungieren; die Satzung unterscheidet mithin zwischen dem Verein auf der einen Seite und der Prüfstelle auf der anderen. Und wiederum anders § 6 Abs. 1 der Vereinssatzung: nach ihm ist die Prüfstelle Organ des Vereins; das deutet auf den Verein als die eine Einheit hin mit der Prüfstelle in ihr. Zieht man aus diesen Regelungen die rechtsdogmatischen Konsequenzen, so ist begrifflich zwischen der Prüfstelle im weiteren und der im engeren Sinne zu unterscheiden. Dabei liegt der weite Begriff der Prüfstelle im Gesetz in § 342b Abs. 1 HGB-E zugrunde: Prüfstelle im Gesetzessinn ist der DPR E. V. in seiner Gesamtheit, während Prüfstelle nach der Vereinssatzung allein jenes Organ beschreibt, das die eigentliche Prüfung der Unternehmensabschlüsse vornimmt. Der gesetzliche Prüfstellenbegriff muss schon deshalb weiter ausgreifen, weil in privatrechtlich organisierter Verantwortung über die eigentliche Prüfungstätigkeit hinaus weitere Aufgaben wahrgenommen werden müssen: zum ersten die Besetzung des Prüfungsorgans, die Rückkoppelung seiner Tätigkeit zum zweiten und zum dritten die Finanzierung der Prüfungsaktivitäten, um nur einige besonders wichtige Aufgaben zu nennen. Aber mit diesen begrifflichen Unterschieden wird die Praxis leben können; für eine terminologische Überarbeitung der Vereinssatzung besteht kein Anlass.

52 Organisationsstruktur des DPR e. V. im Einzelnen

In der Organisationsstruktur des DPR E. V. finden sich neben der Prüfstelle als Organ noch drei weitere Organe: die Mitgliederversammlung als Basisorgan und von ihr jeweils besetzt die nebeneinander platzierten Organe Vorstand und Nominierungsausschuss; letzteren Aufgabe ist es, die Mitglieder der Prüfstelle zu benennen. Das ist eine klare und sachlich angemessene Grundstruktur; in ihr kommt der Personalschiene von der Mitgliederversammlung über den Nominierungsausschuss bis hin zu den Mitgliedern der Prüfstelle für das Enforcement und sein tatsächliches Funktionieren die größte Bedeutung zu. Daher kurz ein Blick auf die einzelnen Organe und ihre personelle Zusammensetzung, soweit es für das Verständnis der Funktionsabläufe in der Prüfstelle notwendig ist.

521. Mitgliederversammlung

Mitglied des DPR E. V. kann nach § 4 seiner Satzung nicht jedermann werden, sondern allein Berufs- oder Interessenvertretungen von Rechnungslegern oder Rechnungslegungsnutzern. Damit sind, was die Satzung ausdrücklich klarstellt, als Vereinsmitglieder Unternehmen, WP-Gesellschaften und natürliche Personen ausgeschlossen. Hierzu ist kommentierend zu bemerken: Mit dieser Konzentration auf „Vertretungen" wird die Verbindung zwischen dem Verein und den von der Abschlussprüfung betroffenen Unternehmen und Wirtschaftsprüfern mediatisiert, wird zwischen ihnen eine begrüßenswerte Distanz geschaffen.

Bemerkenswert spricht die Vereinssatzung von „Rechnungslegungsnutzern"; das sind nicht bloß die Kapitalmarktakteure, also die Kapitalanleger und die Informationsintermediäre, sondern über diese hinaus auch die Gläubiger, potentielle Gesprächspartner, die Arbeitnehmer und der Fiskus. Sie alle nutzen die in der Rechnungslegung bereitgestellten Informationen. Der Satzungsbegriff entspricht mithin dem der Publizitätsadressaten im Recht der Rechnungslegung.[50] Damit greift die Vereinssatzung in ihrer Vorgabe zur Mitgliedschaft über den engeren Kapitalmarktbezug des Enforcement nach momentaner Gesetzeslage[51] hinaus und öffnet sich schon jetzt für eine noch künftige Entwicklung. Diese Öffnung in der Vereinssatzung widerspricht nicht dem Gesetz; ebenso wenig zwingt dies zu einer restriktiven Interpretation der „Rechnungslegungsnutzer" in Verengung auf die Kapitalmarktakteure. Denn unabhängig von dieser Öffnung bleiben alle Aufgaben- und Funktionsträger innerhalb des DPR E. V. auf die Zwecksetzung des Bilanzkontrollgesetzes in seiner dann geltenden Fassung verpflichtet: Enforcement zum institutionellen Schutze des Kapitalmarkts und seiner Anleger.

Von dieser Öffnung in seiner Satzung hat der DPR E. V. mittlerweile bei der Mitgliederrekrutierung nachdrücklich Gebrauch gemacht.[52] Denn z. B. mit dem BUNDESVERBAND DEUTSCHER BANKEN E. V. ist eine klassische Gläubigervertretung neben die Vertretungen von Kapitalanlegern, nämlich die DEUTSCHE SCHUTZVEREINIGUNG FÜR WERTPAPIERBESITZ (DSW), der SCHUTZGEMEINSCHAFT DER KLEINAKTIONÄRE E. V. und den GESAMTVERBAND DER DEUTSCHEN VERSICHERUNGSWIRTSCHAFT E. V. eingetreten. Und auch der

---

50 Siehe dazu Abschn. 33.
51 Siehe dazu Abschn. 31.
52 Zu den Gründungsmitgliedern siehe O. V., Deutsche Prüfstelle für Rechnungslegung, S. 19.

DEUTSCHE INDUSTRIE- UND HANDELSKAMMERTAG (DIHK) ist wohl eher als Vertretung potentieller Geschäftspartner einzustufen als die von Kapitalmarkt orientierten Unternehmen; diese werden vom Vereinsmitglied BUNDESVERBAND DEUTSCHER INDUSTRIE E. V. (BDI) repräsentiert. Da WPK und IDW die Abschlussprüfer der Unternehmen vertreten und der Bundesvorstand des DEUTSCHEN GEWERKSCHAFTSBUNDES die Interessen der Arbeitnehmer, bleibt im Kreis der Vereinsmitglieder bloß der Fiskus unvertreten; letzterer jedoch ist über die BAFIN schon stark genug in das Enforcement-System eingebunden.

522. Nominierungsausschuss

Die Mitgliederversammlung wählt u. a. die Mitglieder des Nominierungsausschusses (§ 8 Abs. 1 der Vereinssatzung). Diesem und seinen sieben Mitgliedern (§ 8 Abs. 1 der Vereinssatzung) kommt im Enforcement-System auf der ersten Stufe eine Schlüsselrolle zu; das folgt aus den Zuständigkeiten, die nach § 8 Abs. 4 der Vereinssatzung diesem Gremium zugewiesen sind: zum ersten die Wahl der Mitglieder der Prüfstelle einschließlich ihres Präsidenten und ihres Vizepräsidenten; zum zweiten die Abberufung der Prüfstellen-Mitglieder, wenn auch nur aus wichtigem Grund; und zum dritten schließlich die Entlastung der gesamten Prüfstelle gem. § 342d Satz 5 HGB-E. Somit hat der Nominierungsausschuss für die privatrechtlich organisierte Einheit auf der ersten Stufe des Enforcement-Systems die alles entscheidende Personalkompetenz; von seinem Auswahlgeschick wird es ganz wesentlich abhängen, ob dem eigenständigen dritten Weg des deutschen Gesetzgebers Erfolg beschieden sein wird. In diese große Verantwortung sind die Herren VON WERDER (Vorsitzender), BREIPOHL (Stellv. Vorsitzender), ADAM (Landesbank Rheinland-Pfalz), BRANDT (als Vorsitzender des Vereinsvorstands, DRSC), HEXEL (DGB), HOCKER (DSW) und VON TREUBERG (WPK) berufen worden.[53]

---

53 Zur Zusammensetzung des Nominierungsausschusses siehe O. V., Deutsche Prüfstelle für Rechnungslegung, S. 19.

523. Prüfstelle des Vereins

Die Prüfungsaufgaben nach § 342b Abs. 2 HGB-E zu erledigen, weist innerhalb des DPR E. V. die Satzung dessen Prüfstelle zu. Sie setzt sich nach § 9 Abs. 1 der Vereinssatzung aus mindestens fünf Mitgliedern zusammen; nach augenblicklicher Einschätzung werden es wohl 20 Mitglieder werden.

523.1 Anforderungsprofil der Prüfstellenmitglieder

Deren Anforderungsprofil umschreibt die Satzung nur recht grob: Sie müssen Rechnungsleger im Sinne des § 4 Abs. 2 der Vereinssatzung sein und außerdem über ausreichende Erfahrung in der Anwendung der International Financial Reporting Standards (IFRS) verfügen (§ 9 Abs. 2 der Vereinssatzung); es müssen also internationale Rechnungsleger sein. Das ist mit Blick auf den Kapitalmarktbezug des Enforcement-Systems und der Einführung der IFRS mit dem Bilanzrechtsreformgesetz nur konsequent. Die weitere Konkretisierung des (immer noch generell gehaltenen) Anforderungsprofils überantwortet die Satzung vernünftig dem Nominierungsausschuss zur Festlegung in einer Verfahrensordnung (§ 8 Abs. 7 der Vereinssatzung). Das stärkt dessen Professionalität, wie es zugleich seine herausragende Personalverantwortung unterstreicht.

523.2 Weisungsunabhängigkeit der Prüfstellenmitglieder

Zu Recht betont § 9 Abs. 3 der Vereinssatzung die Weisungsunabhängigkeit der Prüfstellenmitglieder gegenüber Jedermann, insbesondere gegenüber dem Vorstand. Damit setzt die Vereinssatzung die Vorgabe aus § 342b Abs. 1 Satz 2 HGB-E um, nach der die Prüfung u. a. unabhängig zu geschehen habe. Deshalb muss man die Weisungsunabhängigkeit in der Satzungsbestimmung als Unabhängigkeit, namentlich als Freiheit von Weisungen interpretieren. Wehren muss sich jedes Prüfstellenmitglied also auch gegenüber sonstigen Veranlassungen, die seine neutrale Prüfungstätigkeit beeinträchtigen können. Und umgekehrt darf auch kein anderer Vereinsangehöriger und kein anderes Vereinsorgan auf die Prüfstelle und seine Mitglieder zur Durchführung der Prüfungen neutralitätsgefährdenden Einfluss nehmen. Das gilt auch und insbesondere für den Nominierungsausschuss und seine Mitglieder. Denn ihnen fällt über die Wiederwahl der Prüfstellenmitglieder (§ 8 Abs. 4a der Vereinssatzung) ein erhebliches Außensteuerungspotential zu; dies dürfen sie schon deshalb nicht funktionswidrig einsetzen, weil andernfalls das gesamte Enforcement-System Gefahr läuft zusammenzubrechen.

523.3 Das Unabhängigkeitspostulat aus § 342b Abs. 1 Satz 2 HGB-E

Und schließlich zum gesetzlichen Unabhängigkeitspostulat aus § 342b Abs. 1 Satz 2 HGB-E noch eine Zweifelsfrage zu seiner konkreten Umsetzung: Kann es genügen, die Neutralität der Prüfstellenmitglieder bei der Einzelprüfung sicherzustellen, wie es § 9 Abs. 5a der Vereinssatzung anzielt, oder muss nicht darüber hinaus der Gefahr generellen Eingestimmtseins begegnet werden? Ist das Mitglied einer Wirtschaftsprüfungsgesellschaft als Prüfstellenmitglied nicht selbst dann voreingenommen, wenn seine Wirtschaftsprüfungsgesellschaft mit dem Unternehmen, dessen Abschlüsse geprüft werden sollen, keinerlei Beziehungen hatte und hat? Immerhin könnte sich eine solche Beziehung in der Zukunft ergeben. Im deutschen Enforcement-System steht dessen privatrechtlich organisierte erste Stufe im Akzeptanz-Wettstreit mit rein öffentlich-rechtlichen Systemen um die Gunst weltweit agierender Kapitalanleger. Deshalb darf auf die Tätigkeit der deutschen Prüfstelle kein einziger Schatten fallen.[54] Und folgerichtig sollten wir uns in Deutschland auch nicht der Diskussion verschließen, ob Unternehmen oder Wirtschaftsprüfungsgesellschaften aktive Rechnungsleger nicht von der Wahl zum Prüfstellenmitglied generell ausgeschlossen sein sollten.

6 Ausblick

Zum Abschluss ein knapper resümierender Ausblick in drei Punkten:

Zum ersten steht und fällt das deutsche Enforcement-System mit jenen Personen, die in der gesetzlichen Prüfstelle, also im Verein „Deutsche Prüfstelle für Rechnungslegung" Verantwortung übernehmen.[55] Sie müssen dieses System zum Laufen bringen; von ihrem fehlerfreien professionellen Tätigwerden hängt

---

54 Zur Bedeutung der Prüferunabhängigkeit auch BAETGE, J./THIELE, S./MATENA, S., Sicherung der Prüfungsqualität durch Enforcement, S. 214 f.
55 So schon HOMMELHOFF, P., Für ein spezifisch deutsches Durchsetzungssystem, S. 49.

ein ganzer Regelungsansatz, der dritte Weg des deutschen Enforcement, ab. Man kann die Verantwortung der Akteure deshalb gar nicht hoch genug einschätzen.

Wissenschaft und Rechtspraxis wird zum zweiten die Aufgabe gestellt werden, das Enforcement-System mit dem überkommenen Gesellschafts- und Prozessrecht zu verzahnen:[56] Sonderprüfung, Beschlussmängelklagen, Abschlussnichtigkeit und anderes mehr sind die relevanten Stichworte. Das Bilanzkontrollgesetz will es sich doppelt einfach machen: Schwebt ein abschlussbedeutsames Gerichts- oder sonstiges Verfahren, stellen Prüfstelle (arg. § 352b Abs. 3 HGB-E) und BaFin (arg. § 37o Abs. 1 WpHG-E) ihre eigene, auf diesen Abschluss gerichtete Prüfungstätigkeit ein.[57] Aber ist das wirklich eine angemessene Lösung? Besser scheint doch, den Sachverstand dieser beiden Stellen zu aktivieren, um ihn für das Gerichts- oder Sonderprüfungsverfahren fruchtbar zu machen.[58] Für eine demnächst anstehende Gesetzesnovelle sollte dem Gesetzgeber im Diskurs zwischen Wissenschaft und Praxis Vorarbeit geleistet werden.

Und schließlich zum dritten muss diese Vorarbeit zugleich auf die Ausweitung der nach dem Bilanzkontrollgesetz zu schützenden Publizitätsadressaten und konsequent der zu prüfenden Unternehmensabschlüsse erstreckt werden. Dann aber stellt sich die Frage, ob auch nach einer solchen Erweiterung die BaFin unverändert die richtige Stelle für die öffentlich-rechtliche Komponente im zweistufigen Enforcement-System ist. Vielleicht doch;[59] denn Finanzdienstleistung ist auch die Kreditvergabe, also der wichtigste Fall, eine Gläubigerposition zu begründen. Alle anderen Publizitätsadressaten von den potentiellen Geschäftspartnern über die Arbeitnehmer bis zum Fiskus könnten in ihren Belangen wohl von der BaFin ohne weiteres mitgeschützt werden.

---

56 Siehe dazu insb. noch zum Referentenentwurf DEUTSCHER ANWALTVEREIN, Stellungnahme, S. 222; HENNRICHS, J., Fehlerhafte Bilanzen, S. 404-409; MATTHEUS, D./ SCHWAB, M., Fehlerkorrektur nach dem Rechnungslegungs-Enforcement, S. 1104 f.; MÜLLER, W., Prüfverfahren und Jahresabschlussnichtigkeit, S. 419 f. (alle zum Verhältnis Enforcement - Nichtigkeitsklage). Siehe auch zum Aktionärsrechtsschutz MATTHEUS, D./SCHWAB, M., Rechtsschutz für Aktionäre, S. 1975-1983.

57 Begr. zum RegE eines BilKoG, BT-Drucks. 15/3421, S. 14.

58 Ähnlich MÜLLER, W., Prüfverfahren und Jahresabschlussnichtigkeit, S. 419 f.; DEUTSCHER ANWALTVEREIN, Stellungnahme, S. 222 (Enforcement als Prozessvoraussetzung für Nichtigkeitsklage nach § 256 AktG). Zu den Gegenargumenten MATTHEUS, D./ SCHWAB, M., Fehlerkorrektur nach dem Rechnungslegungs-Enforcement, S. 1104 f.; kritisch auch HENNRICHS, J., Fehlerhafte Bilanzen, S. 408 f.

59 Anders noch HOMMELHOFF, P./MATTHEUS, D., Verlässliche Rechnungslegung, S. 95; IDW, Stellungnahme zum Referentenentwurf, S. 14.

Die Ausgangsfrage für diesen Beitrag lässt sich nach allem eindeutig beantworten: Das deutsche Enforcement-System schwimmt im richtigen Fahrwasser. Für den notwendigen Ruderdruck muss es sehr schnell hohe Fahrt aufnehmen; dann drängen auch seitliche Wettbewerbsstürme das System nicht über den Tonnenstrich auf die Sandbank. Dessen bin ich mir sicher.

7 Abschlussthesen

(1) Im Ideenwettbewerb der Gesetzgeber hat der deutsche mit dem zweistufigen Enforcement-System einen eigenständigen dritten Weg neben dem der Amerikaner und Briten eingeschlagen. Skeptisch von der EU-Kommission beobachtet, steht das deutsche Modell unter Erfolgszwang: Nur wenn es effektiv und störungsfrei funktioniert, hat es eine Chance, sich im Wettbewerb unterschiedlicher Enforcement-Systeme auf der Welt zu behaupten und als Vorbild zu dienen.

(2) Das deutsche Enforcement-System, so, wie es der Gesetzgeber verwirklichen lassen will, beruht auf den Prinzipien der privaten Initiative der beteiligten Kreise, der gegenseitigen Selbstkontrolle, der Selbstbereinigung und des Einvernehmens. Leitlinien sind Staatsferne und Freiheit der Wirtschaftssubjekte. Zu staatlicher Intervention soll es nur dann und dort kommen, wo dies für die Gewährleistung regelrechter Rechnungslegung unverzichtbar ist. Ein solches System ist fragil und verlangt nach verantwortungsbewusstem Engagement und sorgfältiger Pflege.

(3) Das deutsche Enforcement-System zielt (zunächst) allein auf institutionellen (und individuellen?) Kapitalmarkt- und Kapitalanlegerschutz ab. Konsequent ist das System auf Fehlerinformation beschränkt und erstreckt sich nicht auf Fehlerkorrektur. Hierüber ist nach den Regeln des Bilanz- und des Gesellschaftsrechts zu befinden. Der Abgleich der unterschiedlichen Regelungsmaterien wirft komplizierte Fragen auf, deren Lösung der Gesetzgeber zu Recht offenbar zunächst Wissenschaft und Rechtsprechung überantworten will.

(4) Der Kapitalmarktbezug des deutschen Enforcement lässt die übrigen Adressaten der Rechnungslegung unbedacht: die Gesellschaftsgläubiger, potentielle Geschäftspartner, Arbeitnehmer und den Fiskus. Für die Einlauf- und Erprobungsphase des Enforcement-Systems ist diese Beschränkung rechtspolitisch vertretbar. Aber schon im Interesse eines ziel- und wertungsstimmigen Gesamtsystems „Rechnungslegung" ist es angezeigt, die Einhaltung

der Rechnungsregeln auch im Interesse der übrigen Publizitätsadressaten tatsächlich durchzusetzen. Deshalb sollte sich der deutsche Gesetzgeber selbst einen Auftrag zur Nachregelung in überschaubarer Zeit erteilen. Auch zu diesem Zweck sollte das Gesetz dem BaFin die Aufgabe stellen, die Prüfstelle in ihrer Gesamttätigkeit zu beobachten und zu überwachen.

(5) Im zweistufigen Enforcement-System muss der privatrechtlich zu organisierenden ersten Stufe, d. h. der Prüfstelle, ihrer Aufgabenstellung, Besetzung und ihren Verfahrensabläufen, vom Gesetzgeber selbst ein Rahmen vorgegeben werden, der eine professionelle, unabhängige und effektive Aufgabenerledigung auf Dauer sicherstellt. Nur so können das Vertrauen der Publizitätsadressaten in die Rechnungslegung deutscher Gesellschaften gestärkt und der Finanzplatz Deutschland in seiner Wettbewerbsfähigkeit gesteigert werden. Diesen Anforderungen werden die kommenden Gesetzesregeln im Wesentlichen gerecht. Allerdings sollte das Gesetz für die Satzung der Prüfstelle und deren Verfahrensordnung eine qualifizierte Veröffentlichung vorgeben.

(6) Der mittlerweile gegründete Verein „DEUTSCHE PRÜFSTELLE FÜR RECHNUNGSLEGUNG DPR E. V.", der die weisungsunabhängige Prüfstelle nach den Bestimmungen der §§ 342b bis 342e HGB-E tragen soll, ist mit den Organen Mitgliederversammlung, Vorstand, Nominierungsausschuss und Prüfstelle klar und sachlich angemessen strukturiert. Mit der Prüfstelle ist nur der Nominierungsausschuss über die „Personalschiene" verknüpft. Damit kommt dem Nominierungsausschuss für das deutsche Enforcement-System und das gute Funktionieren seiner ersten Stufe herausragende Bedeutung zu. Das darin angelegte Einflusspotential darf auf keinen Fall zur versteckten Außensteuerung der Prüfstelle missbraucht werden.

(7) Wegen der zentralen Funktion, die dem Nominierungsausschuss zukommt, bedarf dessen personelle Zusammensetzung stets aufmerksamer Beobachtung durch die allgemeine und durch die Fachöffentlichkeit.

(8) Innerhalb des Enforcement-Systems liegt die Prüfung der Rechnungslegung auf der ersten Stufe in den Händen der Prüfstellenmitglieder. Das für sie in der Verfahrensordnung des Nominierungsausschusses vorgesehene Anforderungsprofil bedarf noch kritischer Überprüfung – insbesondere im Hinblick auf die Frage, ob nicht in Unternehmen oder Wirtschaftsprüfungsgesellschaften (noch) aktive Rechnungsleger von der Wahl zum Prüfstellenmitglied ausgeschlossen sind.

(9) Die Mitglieder der Prüfstelle sollen sich bei der Erfüllung ihrer Aufgaben der Hilfe sonstiger Personen bedienen können. Deren Stellung und Pflichtenkranz ist rechtlich noch nicht ausreichend konkretisiert.

(10) Das kommende Enforcement-System wirft eine ganze Reihe von Abgrenzungs- und Verknüpfungsfragen hinüber zum Beschlussmängelrecht des Aktiengesetzes auf. Ihre Klärung sollten Rechtswissenschaft und Praxis der Rechnungslegung zügig mit dem Ziel in Angriff nehmen, Rechtssicherheit auf diesem praxisbedeutsamen Feld zu schaffen und dem Gesetzgeber Hilfestellung zu leisten.

Literaturverzeichnis

ARBEITSKREIS EXTERNE UNTERNEHMENSRECHNUNG DER SCHMALENBACH-GESELLSCHAFT FÜR BETRIEBSWIRTSCHAFT, Die Zukunft der Rechnungslegung aus Sicht von Wissenschaft und Praxis – Fachprogramm des Arbeitskreises Externe Unternehmensrechnung im Rahmen des 54. Deutschen Betriebswirtschafter-Tags, in: DB 2001, S. 160-161 (Zukunft der Rechnungslegung).

ARBEITSKREIS EXTERNE UNTERNEHMENSRECHNUNG DER SCHMALENBACH-GESELLSCHAFT FÜR BETRIEBSWIRTSCHAFT, Enforcement der Rechnungslegung, in: DB 2002, S. 2173-2176 (Enforcement der Rechnungslegung).

ARBEITSKREIS EXTERNE UNTERNEHMENSRECHNUNG DER SCHMALENBACH-GESELLSCHAFT FÜR BETRIEBSWIRTSCHAFT, Stellungnahme zum Referentenentwurf eines Bilanzkontrollgesetzes, in: DB 2004, S. 329-332 (Stellungnahme).

BAETGE, JÖRG, Anmerkungen zum deutschen Enforcement-Modell, in: ZHR 2004, S. 429-433 (Anmerkungen zum deutschen Enforcement-Modell).

BAETGE, JÖRG/HEIDEMANN, CHRISTIAN, Acht Forderungen an die Wirtschaftsprüfung, in: Frankfurter Allgemeine Zeitung vom 15. Juli 2002, S. 20 (Acht Forderungen an die Wirtschaftsprüfung).

BAETGE, JÖRG/LUTTER, MARCUS (Hrsg.), Abschlussprüfung und Corporate Governance, Bericht des Arbeitskreises „Abschlussprüfung und Corporate Governance", Köln 2003 (Abschlussprüfung und Corporate Governance).

BAETGE, JÖRG/THIELE, STEFAN/MATENA, SONJA, Mittelbare Sicherung der Prüfungsqualität durch Enforcement geprüfter Jahres- und Konzernabschlüsse – Überlegungen aus ökonomischer Sicht, in: BFuP 2004, S. 201-218 (Sicherung der Prüfungsqualität durch Enforcement).

BANGERT, STEFFEN, Die rechtliche Organisation von Durchsetzungssystemen zur Kontrolle ordnungsmäßiger Rechnungslegung, Frankfurt am Main 2004 (Organisation von Durchsetzungssystemen).

BAUMS, THEODOR (Hrsg.), Bericht der Regierungskommission Corporate Governance, Unternehmensführung, Unternehmenskontrolle, Modernisierung des Aktienrechts, Köln 2001 (Regierungskommission Corporate Governance).

BÖCKEM, HANNE, Die Durchsetzung von Rechnungslegungsstandards in Deutschland, in: DB 2000, S. 1185-1191 (Durchsetzung von Rechnungslegungsstandards).

BÖCKING, HANS-JOACHIM, Audit und Enforcement: Entwicklungen und Probleme, in: ZfB 2003, S. 683-706 (Audit und Enforcement).

Literaturverzeichnis

BÖCKING, HANS-JOACHIM/KIEFER, MARCUS, Eine europäische Finanzaufsichtsbehörde ist notwendig, in: Frankfurter Allgemeine Zeitung vom 23. September 2002, S. 28 (Eine europäische Finanzaufsichtsbehörde ist notwendig).

BRANDT, WERNER (Interview), Jedes Unternehmen ist alle fünf Jahre dran, in: Börsenzeitung vom 10. Juli 2004, S. 6 (Jedes Unternehmen ist alle fünf Jahre dran).

BUNDESMINISTERIUM DER JUSTIZ (Hrsg.), Referentenentwurf eines Gesetzes zur Kontrolle von Unternehmensabschlüssen vom 8. Dezember 2003, online abrufbar unter http://www.bmj.de/media/archive/513.pdf (Bilanzkontrollgesetz – BilKoG).

COMMITTEE OF EUROPEAN SECURITIES REGULATIONS, Standard No. 1 on Financial Information: Enforcement of Standards on Financial Information in Europe (CESR/03-073), März 2003 (Standard No. 1 on Financial Information: Enforcement of Standards on Financial Information in Europe).

COMMITTEE OF EUROPEAN SECURITIES REGULATIONS, Standard No. 2 on Financial Information: Coordination of Enforcement Activities (CESR/03-317c), April 2004 (Standard No. 2 on Financial Information: Coordination of Enforcement Activities).

DEUTSCHER ANWALTSVEREIN, Stellungnahme zum Referentenentwurf eines Bilanzkontrollgesetzes (BilKoG), in: Neue Zeitschrift für Gesellschaftsrecht 2004, S. 220-224 (Stellungnahme).

DEUTSCHER BUNDESTAG (Hrsg.), Entwurf eines Gesetzes zur Kontrolle von Unternehmensabschlüssen (Bilanzkontrollgesetz – BilKoG) vom 21. April 2004 nebst Stellungnahme des Bundesrates und Gegenäußerung der Bundesregierung, in: BT-Drucksache 15/3421 (Entwurf BilKoG).

DEUTSCHER BUNDESTAG (Hrsg.), Entwurf eines Gesetzes zur Einführung internationaler Rechnungslegungsstandards und zur Sicherung der Qualität der Abschlussprüfung (Bilanzrechtsreformgesetz – BilReG) nebst Stellungnahmen des Bundesrates und Gegenäußerung der Bundesregierung, in: BT-Drucksache 15/3419 (Entwurf BilReG).

DEUTSCHER BUNDESTAG (Hrsg.), Entwurf eines Gesetz zur Änderung des Versicherungsaufsichtsgesetzes und anderer Gesetze, in: BT-Drucksache 15/3418.

DEUTSCHER BUNDESTAG (Hrsg.), Entwurf eines Gesetzes zur Verbesserung des Anlegerschutzes (Anlegerschutzverbesserungsgesetz – AnSVG), in: BT-Drucksache 15/3174.

ERNST, CHRISTOPH, BB-Gesetzgebungsreport: Regierungsentwurf des BilKoG, in: BB 2004, S. 936-937 (Regierungsentwurf des BilKoG).

FÉDÉRATION DES EXPERTS COMPTABLES EUROPÉENS, Enforcement-Mechanisms in Europe – A Preliminary Investigation of Oversight Systems, April 2001 (Enforcement-Mechanisms in Europe).

FÉDÉRATION DES EXPERTS COMPTABLES EUROPÉENS, Discussion Paper on Enforcement of IFRS within Europe, April 2002 (Enforcement of IFRS within Europe).

GABRIEL, CLAUDIA/ERNST, CHRISTOPH, Die Entwürfe des Bilanzkontrollgesetzes und des Bilanzrechtsreformgesetzes: Stärkung von Unternehmensintegrität und Anlegerschutz, in: Der Konzern 2004, S. 102-108 (Stärkung von Unternehmensintegrität und Anlegerschutz).

GROSSFELD, BERNHARD, Bilanzkontrollgesetz – Offene Fragen und etwas Optimismus, in: Neue Zeitschrift für Gesellschaftsrecht 2004, S. 105-107 (Bilanzkontrollgesetz).

HALLER, AXEL/EIERLE, BRIGITTE/EVANS, ELISABETH, Das britische Financial Reporting Review Panel – ein Vorbild für ein deutsches Enforcement-Gremium?, in: BB 2004, S. 1673-1680 (Das britische Financial Reporting Review Panel).

HEINE, KLAUS, Regulierungswettbewerb im Gesellschaftsrecht: Zur Funktionsfähigkeit eines Wettbewerbs der Rechtsordnungen im Europäischen Gesellschaftsrecht, Berlin 2003 (Regulierungswettbewerb im Gesellschaftsrecht).

HENNRICHS, JOACHIM, Fehlerhafte Bilanzen, Enforcement und Aktienrecht, in: ZHR 2004, S. 383-413 (Fehlerhafte Bilanzen).

HOMMELHOFF, PETER, Corporate Governance, Rechnungslegung und Abschlussprüfung vor dem Hintergrund aktueller Entwicklungen, in: Herausforderungen und Chancen durch weltweite Rechnungslegungsstandards, hrsg. v. Küting, Karlheinz/Pfitzer, Norbert/Weber, Claus-Peter, S. 281-315, Stuttgart 2004 (Corporate Governance, Rechnungslegung und Abschlussprüfung).

HOMMELHOFF, PETER, Bloß keine deutsche Enronitis, in: BB 2002, Die Erste Seite (Bloß keine deutsche Enronitis).

HOMMELHOFF, PETER, Für ein spezifisch deutsches Durchsetzungssystem – Schaffung einer Kontrollinstanz zur Sicherstellung der internationalen Wettbewerbsfähigkeit des deutschen Enforcement-Systems, in: WPg – Sonderheft 2001, S. 39-50 (Für ein spezifisch deutsches Durchsetzungssystem).

HOMMELHOFF, PETER, Eigenkontrolle statt Staatskontrolle, in: Hundert Jahre modernes Aktienrecht, Zeitschrift für Unternehmens- und Gesellschaftsrecht Sonderheft 4, Berlin, New York 1985, hrsg. v. Schubert, Werner/Hommelhoff, Peter, S. 53-105 (Eigenkontrolle statt Staatskontrolle).

HOMMELHOFF, PETER/MATTHEUS, DANIELA, BB-Gesetzgebungsreport: Verlässliche Rechnungslegung – Enforcement nach dem geplanten Bilanzkontrollgesetz, in: BB 2004, S. 93-100 (Verlässliche Rechnungslegung).

HÜTTEN, CHRISTOPH/LORSON, PETER, Staatliches versus privates Enforcement – Ein Beitrag zur Objektivierung der Enforcement-Diskussion, gleichzeitig Anm. zu Tielmann: Durchsetzung einer ordnungsmäßigen Rechnungslegung, in: StuB 2002, S. 122-128 (Staatliches versus privates Enforcement).

IDW, Stellungnahme: Regierungsentwurf eines Gesetzes zur Kontrolle von Unternehmensabschlüssen (Bilanzkontrollgesetz – BilKoG), in: WPg 2004, S. 958-960 (Stellungnahme zum Regierungsentwurf).

IDW, Stellungnahme des IDW zum Referentenentwurf des Bilanzkontrollgesetzes, in: IDW-FN 2004, S. 13-20 (Stellungnahme zum Referentenentwurf).

IDW, Wirtschaftsprüfung und Corporate Governance, Frankfurt am Main 2002 (Wirtschaftsprüfung und Corporate Governance).

IDW, Stellungnahme des IDW zum Fragenkatalog der Regierungskommission „Corporate Governance: Unternehmensführung – Unternehmenskontrolle – Modernisierung des Aktienrechts", in: WPg 2000, S. 1027-1034 (Stellungnahme zum Fragenkatalog).

JANSSEN, FRIEDRICH C., Überlegungen zur Sicherung einer ordnungsmäßigen Rechnungslegung in Deutschland, in: Kapitalmarktorientierte Unternehmensüberwachung – Chancen und Risiken, hrsg. v. IDW, Düsseldorf 2001, S. 439-460 (Sicherung ordnungsgemäßer Rechnungslegung).

KIENINGER, EVA-MARIA, Wettbewerb der Privatrechtsordnungen im Europäischen Binnenmarkt, Tübingen 2002 (Wettbewerb der Privatrechtsordnungen).

KIEFER, MARCUS, Kritische Analyse der Kapitalmarktregulierung der U.S. Securities and Exchange Commission, Wiesbaden 2003 (Kritische Analyse der Kapitalmarktregulierung).

KÜMPEL, SIEGFRIED, Bank- und Kapitalmarktrecht, 3. Aufl., Köln 2004 (Bank- und Kapitalmarktrecht).

KÜTING, KARLHEINZ, Wer wacht über die Wächter?, in: BB 2002, Die Erste Seite (Wer wacht über die Wächter?).

KÜTING, KARLHEINZ/WOHLGEMUTH, FRANK, Internationales Enforcement – Bestandsaufnahme und Entwicklungstendenzen, in: KoR 2002, S. 265-276 (Internationales Enforcement).

LENZEN, URSULA/KLEINERT, JENS, Referentenentwurf eines Gesetzes zur Kontrolle von Unternehmensabschlüssen (Bilanzkontrollgesetz) vom 8.12.2003, in: GmbH-Rundschau 2004, S. R 49 f. (Bilanzkontrollgesetz).

MATTHEUS, DANIELA/SCHWAB, MARTIN, Rechtsschutz für Aktionäre beim Rechnungslegungs-Enforcement, in: DB 2004, S. 1975-1984 (Rechtsschutz für Aktionäre).

MATTHEUS, DANIELA/SCHWAB, MARTIN, Fehlerkorrektur nach dem Rechnungslegungs-Enforcement: Private Initiative vor staatlicher Intervention, in: BB 2004, S. 1099-1106 (Fehlerkorrektur nach dem Rechnungslegungs-Enforcement).

MÜLLER, WELF, Prüfverfahren und Jahresabschlussnichtigkeit nach dem Bilanzkontrollgesetz, in: ZHR 2004, S. 415-427 (Prüfverfahren und Jahresabschlussnichtigkeit).

O.V., Private Bilanzprüfstelle geht an den Start, in: Börsenzeitung vom 15. Mai 2004, S. 8 (Private Prüfstelle geht an den Start).

O.V., Kabinett bringt Finanzmarktgesetze auf den Weg, in: Börsenzeitung vom 22. April 2004, S. 7 (Kabinett bringt Finanzmarktgesetze auf den Weg).

O.V., Bundesregierung setzt wichtige Finanzmarkt-Gesetze aufs Gleis, in: Handelsblatt vom 21. April 2004, S. 25 (Bundesregierung setzt wichtige Finanzmarkt-Gesetze aufs Gleis).

O.V., Deutsche Prüfstelle für Rechnungslegung gegründet, in: Wirtschaftsprüferkammer-Magazin 2004, S. 19 (Deutsche Prüfstelle für Rechnungslegung).

PELLENS BERNHARD/DETERT, KARSTEN/NÖLTE, UWE/SELLHORN, THORSTEN, Enforcement von Rechnungslegungsregeln, in: KoR 2004, S. 5-8 (Enforcement von Rechnungslegungsregeln).

POTTGIESSER, GABY, Die Zukunft der deutschen Rechnungslegung, in: StuB 2004, S. 166-172 (Zukunft der deutschen Rechnungslegung).

SCHILDBACH, THOMAS/STRASSER, RAINER, Das britische Financial Reporting Review Panel als Vorbild für eine Enforcement-Institution in Deutschland?, in: DStR 2003, S. 1720-1724 (Das britische Financial Reporting Review Panel).

SCHRÖDER, OLIVER, Unternehmenspublizität und Kapitalmarkt, Heidelberg 2002 (Unternehmenspublizität und Kapitalmarkt).

TIELMANN, SANDRA, Durchsetzung ordnungsmäßiger Rechnungslegung, Düsseldorf 2001 (Durchsetzung ordnungsmäßiger Rechnungslegung).

TIELMANN, SANDRA, Durchsetzung ordnungsmäßiger Rechnungslegung – Fortentwicklung der Vorschläge des IDW zur Umsetzung der Empfehlungen der Regierungskommission „Corporate Governance" zur Schaffung eines deutschen Review Panel –, in: DB 2001, S. 1625-1634 (Fortentwicklung der Vorschläge des IDW).

VAN HULLE, KAREL, Anforderungen an ein wirksames Enforcement aus Sicht der EU-Kommission, in: WPg – Sonderheft 2001, S. 30-34 (Anforderungen an ein wirksames Enforcement).

WEBER, MARTIN, Basel II und Kredit-Rating: Überblick und „offene Fragen", in: Gesellschaftsrecht in der Diskussion 2003, hrsg. v. Gesellschaftsrechtliche Vereinigung, Köln 2004, S. 115-132 (Basel II und Kredit-Rating).

WOLF, KLAUS, Entwicklung im Enforcement unter Berücksichtigung des Referentenentwurfs für ein Bilanzkontrollgesetz (BilKoG), in: DStR 2004, S. 244-248 (Entwicklung im Enforcement).

WÜSTEMANN, JENS, Normdurchsetzung in der deutschen Rechnungslegung – Enforcement nach dem Vorbild der USA?, in: BB 2002, S. 718-725 (Normdurchsetzung in der deutschen Rechnungslegung).

ZIMMERMANN, JOCHEN, Beurteilungskriterien für Enforcement-Modelle, in: StuB 2003, S. 353-360 (Beurteilungskriterien für Enforcement-Modelle).

Verzeichnis der Rechtsprechung

BVERFG („Facharzt"), Beschluss des ersten Senats vom 09.05.1972 – 1 BvR 518/62 – Nr. 10, BVerfGE Band 33, 1973, S. 125-171.

BVERFG („Strafvollzug"), Beschluss des zweiten Senats vom 28.10.1975 – 2 BvR 883/73 – Nr. 22, BVerfGE Band 40, 1976, S. 237-249.

BVERFG, Beschluss des ersten Senats vom 01.03.1978 – 1 BvR 786, 793/70 – Nr. 17, BVerfGE Band 47, 1978, S. 285-327.

BVERFG („Schulwesen"), Beschluss des ersten Senats vom 20.10.1981 – 1 BvR 640/80 – Nr. 19, BVerfGE Band 58, 1982, S. 257-283.

Gerhard Gross

Die neuen Regelungen aus der Sicht des Berufsstandes

Gliederung:

1 Vorbemerkungen 89
  11 Deregulierung 89
  12 Vertrauenslücke 90
2 Sicherstellung vertrauenswürdiger Kapitalmarktinformationen 94
  21 Eindeutige Rechnungslegung 95
    211. Grundsatzentscheidung für IFRS 95
    212. Das Wahlrecht zur Anwendung von IFRS im BilReG 97
      212.1 Konzernabschluss 97
      212.2 Einzelabschluss 98
      212.3 HGB-Anpassung 99
  22 Das Wirkungsdreieck zur Gewährleistung einer aussagefähigen
     Rechnungslegung 100
    221. Corporate Governance 100
    222. Enforcement 101
    223. Sicherung der Prüfungsqualität 103
      223.1 Prüfungsqualität in der Wirtschaftsprüferpraxis 103
      223.2 Prüfungsqualität im Wirtschaftsprüferberuf 103
  23 Grundsatzorientierte, deregulierte Regelungen 104
    231. Rechnungslegung 104
    232. Prüfung 106
      232.1 Planung und Durchführung der Abschlussprüfung 106
      232.2 Unabhängigkeit 107
      232.3 Qualität der Prüfungsleistungen 109
    233. Corporate Governance 110
    234. Enforcement 111
3 Schlussbemerkungen 112
Literaturverzeichnis 115

Dr. Gerhard Gross
IDW Düsseldorf

Vortrag, gehalten am 27. Mai 2004 im Rahmen des
20. Münsterischen Tagesgesprächs
„Anpassung des deutschen Bilanzrechts an internationale Vorgaben –
Bilanzrechtsreformgesetz und Bilanzkontrollgesetz"

1 Vorbemerkungen

1.1 Deregulierung

Die Deregulierung – d. h. die Verringerung des staatlichen Einflusses, um mehr Entscheidungsspielräume für Unternehmen zu schaffen und die Kosten der Bürokratie zu reduzieren – war noch in jüngerer Zeit eine erklärte wirtschaftspolitische Zielsetzung. Staatliche Regelungen sollten auf Grundsatzfestlegungen reduziert oder entbehrlich gemacht werden durch private Codices und Handhabungen. Eine Vielzahl gesetzlicher Regelungen und Vorhaben auf deutscher, europäischer und internationaler Ebene hat die Konturen dieser Deregulierung heute weitgehend zum Verschwinden gebracht: In kurzer Folge wurden die Rechnungslegung und die Prüfung in Deutschland durch die folgenden Initiativen angesprochen:[1] Gesetz zur Kontrolle und Transparenz im Unternehmensbereich (KonTraG) vom 27.4.1998,[2] Transparenz- und Publizitätsgesetz vom 19.7.2002,[3] 4. und 5. WPO Novelle,[4] Regierungsentwurf eines Gesetzes zur Kontrolle von Unternehmensabschlüssen (Bilanzkontrollgesetz – BilKoG) vom 21.4.2004,[5] Regierungsentwurf eines Gesetzes zur Einführung internationaler Rechnungslegungsstandards und zur Sicherung der Qualität der Abschlussprüfung (Bilanzrechtsreformgesetz – BilReG) vom 21.4.2004 sowie der Regierungsentwurf eines Gesetzes zur Unternehmensintegrität und Modernisierung des Anfechtungsrechts (UMAG) vom 28.1.2004.[6] Weitere Vorhaben in näherer Zukunft umfassen ein Gesetz zur Regelung der Wirtschaftsprüferaufsicht, ein Bilanzrechtsmodernisierungsgesetz und eine Regelung des Bundesfinanzministerium zur Dritthaftung der Unternehmensorgane (Vorstand und Aufsichtsrat) sowie evtl. zur Haftung des Wirtschaftsprüfers. Aus einer Vielzahl von Ansätzen in der Europäischen Union sei nur der Vorschlag der EU-Kommission für eine grundlegende Überarbeitung der 8. EU-Richtlinie vom 16.3.2004 genannt und

---

1 Vgl. auch: Normenflut am deutschen Finanzplatz, in Neue Züricher Zeitung. Online vom 22.4.2004
2 BGBl. I S. 590
3 BGBl. I S. 2681
4 Zuletzt Wirtschaftsprüfer-Examens-Reformgesetz (WPRefG) vom 1.12.2003, BGBl. I S. 2446
5 Die Regierungsentwürfe des BilReG und des BilKoG sind abrufbar unter: www.bmj.bund.de/media/archive/654.pdf. und www.bmj.bund.de/media/archive/655.pdf. (Stand: 5.5.2004)
6 Der Regierungsentwurf zum UMAG ist abrufbar unter: www.bmj.bund.de/media/archive/362.pdf.

auf verschiedene Ankündigungen des zuständigen Kommissars Bolkestein hingewiesen.[7] In den USA war es der Sarbanes Oxley Act of 2002, mit dem auch das Public Company Accounting Oversight Board (PCAOB) geschaffen wurde, das zwischenzeitlich schon umfangreiche weitere Regelungen verabschiedet hat. Sowohl von dem Sarbanes Oxley Act als auch vom PCAOB gehen auch zahlreiche direkte und indirekte Auswirkungen auf die Rechnungslegung und Prüfung in Deutschland aus.[8]

12 Vertrauenslücke

So alarmierend die Vielzahl der Initiativen ist, so alarmierend ist auch die gemeinsame Grundlage dieser Regelungsbestrebungen. So stellt die Begründung des Regierungsentwurfs zum BilReG fest:

> „Die öffentliche Diskussion hat gezeigt, dass klare und eindeutige Regelungen erforderlich sind, um das Vertrauen in das Funktionieren der Kapitalmärkte und die Unabhängigkeit der Abschlussprüfer wiederherzustellen."[9]

Entsprechend wird in der Begründung des Regierungsentwurfs zum BilKoG formuliert: „Unternehmensskandale im In- und Ausland haben nicht nur das Vertrauen der Anleger in die Richtigkeit wichtiger Kapitalmarktinformationen einzelner Unternehmen, sondern auch das Vertrauen in die Integrität und Stabilität des gesamten Marktes – mithin die Glaubwürdigkeit des Finanzplatzes – erschüttert."[10]

Dieses angesprochene erschütterte Vertrauen in den Kapitalmarkt ist unter dem Stichwort einer sog. Vertrauenslücke zwischenzeitlich Ausgangspunkt und Überschrift einer Vielzahl von Presseartikeln und fachwissenschaftlicher Beiträge geworden. Es lohnt sich deshalb, den Charakter dieser Vertrauenslücke zu hinterfragen.

Die Erwartungen der Öffentlichkeit an die Jahres- und Konzernabschlüsse der Unternehmen sowie an die Tätigkeit der Abschlussprüfer gehen über den Inhalt der ge-setzlichen Vorschriften zur Aufstellung von Jahres- und Konzernabschlüs-

---

7 Vgl. für viele: Brüssel legt die Bilanzprüfer an die Leine, in FAZ vom 17.3.2004, S. 13
8 Vgl. OLDAG, A., Friss Vogel oder stirb, in: Süddeutsche Zeitung vom 30.3.2004, S. 19
9 Allgemeine Begründung RegE. BilReG, S. 18
10 Allgemeine Begründung zum RefE. BilKoG, Abschn. I.

sen sowie über die gesetzliche Aufgabenstellung des Abschlussprüfers hinaus. Dazwischen verbleibt eine sog. Erwartungslücke. Verstärkte Bemühungen der Wirtschaftsprüfer, ihre gesetzlich definierte Aufgabenstellung gegenüber der Öffentlichkeit zu erläutern, blieben weitgehend wirkungslos. Dies auch vor dem Hintergrund, dass die Öffentlichkeit von den Abschlussprüfern eine weit über deren Aufgabenbereich hinausgehende Unterstützung im Sinne von Bonitätsgarantien bei der Kapitalanlage bis hin zu einer entsprechenden Haftung für Kapitalausfälle oder für Kapitalminderverzinslichkeiten gegenüber angekündigter Renditen zu erlangen suchte.

Aufgrund einiger weniger weltweiter Fälle – insbesondere im Zusammenhang mit betrügerischen Maßnahmen durch gesetzliche Vertreter von Unternehmen (Top Management Fraud) – wurden Vorwürfe einer unzureichenden, ja vorsätzlich falschen Bilanzierung und einer unzureichenden, ja vorsätzlich falschen Abschlussprüfung laut. Damit ist die Ebene des Missverstehens verlassen und die der Anschuldigung betreten; aus der Erwartungslücke wird die Vertrauenslücke. Solche Anschuldigungen können auch durchaus eigennützige Ziele haben, wenn etwa die Kritik an der Abschlussprüfung zu dem Vorschlag von Managern von Pensionsfonds führt, „wirklich unabhängige" Prüfungsgesellschaften einzurichten – die von den Pensionsfonds gemeinsam getragen werden sollten.[11]

Die Vertrauenslücke wird durch die Presseberichterstattung widergespiegelt – mitunter auch hohlgespiegelt –, bevor es zu der tatsächlichen Wahrnehmung einer Vertrauenslücke durch Kapitalmarktteilnehmern kommt.[12] Ohne von Fehlern des Wirtschaftsprüferberufs ablenken zu wollen, sei in diesem Zusammenhang auch auf die Ausführungen von CLAUS DÖRING, Chefredakteur der Börsenzeitung, verwiesen, wenn er fragt, ob die Wirtschafts- und Finanzpresse ihrer Aufgabe als unabhängiger und kritischer Beobachter noch gerecht wird und feststellt: „Je gewagter die Schlagzeile, desto größer der Lorbeer." und „Wer nachliest, nachrechnet oder nachdenkt, hat schnell das Nachsehen."[13]

Die Schwierigkeit liegt darin, dass das tatsächliche Ausmaß der Vertrauenslücke sich empirischen Beobachtungen entzieht. Zwar soll die Vertrauenslücke sich negativ auf die Investitionsentscheidungen der Anleger und damit auf deren Be-

---

11 Vgl. O. V., A well-aimed salvo heads for the Big Four, in: Financial Times vom 22.3.2004
12 Vgl. die ausführliche Analyse von SIEBENMORGEN, M., Der Wirtschaftsprüfer im Spiegel der Presse, in WPg 2004, S. 394-403
13 DÖRING, C., Wen interessieren in der Bilanzsaison noch Bilanzen?, in: Börsenzeitung vom 27.3.2004, S. 8

reitschaft auswirken, Kapital dem Kapitalmarkt zur Verfügung zu stellen. Allerdings wird das Kapitalangebot durch eine Vielzahl anderer Faktoren, insbesondere aber durch die ökonomischen Grunddaten der jeweiligen Investitionsmöglichkeiten und die psychologische Grundstimmung des Kapitalmarktes[14] bestimmt. Interessant ist, dass das festgestellte mangelnde Vertrauen in den Wirtschaftsprüfer immer wieder wellenförmig in Zeiten rückläufiger Konjunktur diskutiert wird und möglicherweise die Sicht auf andere Ursachen eines ausbleibenden Kapitalangebots verstellt. Empirisch feststellbar sind nur die Investitionsentscheidungen, nicht aber deren Ursache. Analysierende Untersuchungen zu dieser Vertrauenslücke gibt es nicht.

Auch Befragungen von Kapitalmarktteilnehmern weisen unüberbrückbare, möglicherweise mit den jeweiligen Fragestellungen und den Sachzusammenhängen zu begründende Bandbreiten auf. Hielten 87 % der Wirtschaftsjournalisten in einer Befragung das Image der Wirtschaftsprüfer für schlecht,[15] so bestätigt eine repräsentative Panelbefragung von Führungskräften in der Deutschen Wirtschaft mit

60 % Mehrheit, dass die Wirtschaftsprüfer in Deutschland ihrer Kontrollfunktion genau richtig nachkommen.[16]

Ohne Beschönigung der in ihr zum Ausdruck kommenden Kritik muss deshalb wohl die überragende Dimension der viel zitierten Vertrauenslücke derzeit als eine intellektuell nachvollziehbare aber empirisch nicht belegte, politische Feststellung angesehen werden.

---

14 Vgl. O. V., Der Angstfaktor belastet die Wall Street, in: FAZ vom 25.3.2004, S. 25
15 Agentur Trimedia, zit. nach BACKHAUS, K./MEFFERT, H./BONGARTZ, M./ESCHWEILER, M., Selbst- und Fremdbild der Wirtschaftsprüfer – Empirische Befunde zur Positionierung des Wirtschaftsprüfers in der Öffentlichkeit, in: WPg 2003, S. 625
16 PSEPHOS GMBH, Hamburg: Handelsblatt Business-Monitor vom 3.2.2004, Tabelle 23. Nicht einmal 3 Monate später veröffentlichte das Handelsblatt dann eine Umfrage, bei der nur jeder fünfte antwortende „Manager" „die Arbeit des Wirtschaftsprüfers als positiv" bewertete, vgl. Handelsblatt vom 23.4.2005, Karriere und Management, S. 6

Die neuen Regelungen aus der Sicht des Berufsstandes

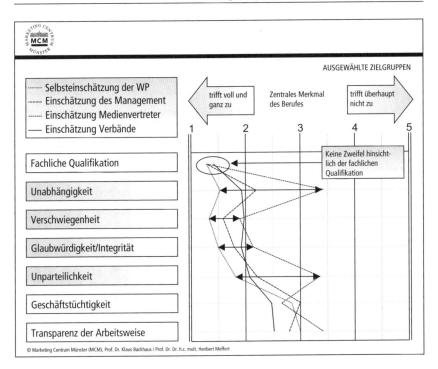

Übersicht 1: *Empirische Befunde zu ausgewählten Eigenschaften von Wirtschaftsprüfern*

Eine weitere Erkenntnis lässt sich aus der Studie von BACKHAUS/MEFFERT/ BONGARTZ/ESCHWEILER ziehen.[17] Im obenstehenden Schaubild gibt die ganz rechte Linie die Einschätzung der Wirtschaftspresse in Bezug auf einige an die Wirschaftsprüfer gestellten Anforderungen wieder, die ganz linke die der Wirtschaftsprüfer. Die Beurteilung für die fachliche Qualifikation wird von beiden gleich und sehr hoch („Note" 1,3) eingeschätzt. Demgegenüber werden Unabhängigkeit und Unparteilichkeit von der Presse – abweichend von der Selbsteinschätzung der Wirtschaftsprüfer – deutlich niedriger („Note" bis 3,5) bewertet. Daraus lässt sich die Auffassung der Wirtschaftsjournalisten ableiten, dass Wirtschaftsprüfer zwar in der Lage sind, ausgezeichnete Leistungen zu erbringen,

---

17 Vgl. zum Folgenden: BACKHAUS, K./MEFFERT, H./BONGARTZ, M./ESCHWEILER, M.: Selbst- und Fremdbild der Wirtschaftsprüfer – Empirische Befunde zur Positionierung des Wirtschaftsprüfers in der Öffentlichkeit, a. a. O., S. 628

dies aber aus Gründen eingeschränkter Unabhängigkeit und Unparteilichkeit nicht tun. Die Vertrauenslücke erhält somit jene moralische Qualität, die den einen oder anderen Beitrag in der Presse verständlich macht.

Der Vertrauenslücke kann einerseits durch die Beseitigung jener Faktoren, die zu ihrem Entstehen beigetragen haben – hierzu gehört auch eine weitere Verbesserung der Leistung der Wirtschaftsprüfer –, andererseits aber durch Information entgegengewirkt werden. Zurückkehrend zu dem Regierungsentwurf des Gesetzes zur Kontrolle von Unternehmensabschlüssen ist es die Hoffnung des IDW, dass die angestrebte Enforcementstelle dazu beitragen wird, kurzfristige Klarheit in öffentlich diskutierte Bilanzierungsfälle zu bringen und damit Vertrauen in Unternehmensabschlüsse wiederzugewinnen bzw. in Zukunft gar nicht erst verloren gehen zu lassen.

2 Sicherstellung vertrauenswürdiger Kapitalmarktinformationen

Die positive und negative Kritik des IDW an den Gesetzentwürfen wurde in einer Reihe von Stellungnahmen zum Ausdruck gebracht[18]. Es kann nicht Aufgabe dieses Beitrags sein, diese im einzelnen nachzuzeichnen. Zur Würdigung der Gesetzesentwürfe soll vielmehr von einer generelleren Vorstellung des Verfassers ausgegangen werden, wie Rechnungslegung und Prüfung wirksam in einem System von Kraft und Gegenkraft geregelt werden können: Grundlage der Rechnungslegung muss ein eindeutiges Rechnungslegungssystem sein, das die Aufsteller von Jahres- und Konzernabschlüssen möglichst eindeutig entsprechend der jeweiligen Situation und dem jeweils abzubildenden Geschäftsvorfall anwenden müssen und die Leser dieser Abschlüsse dementsprechend eindeutig verstehen können. Eingegrenzt wird diese Bilanzierung durch die drei Eckpunkte „Corporate Governance", „Enforcement" und „Sicherung der Prüfungsqualität". Dieses System kann als ein Wirkungsdreieck verstanden werden. Diesem Wirkungsdreieck müssen grundsatzbezogene, deregulierte Regelungen zu Grunde gelegt werden. Nicht überbordende Detailregelungen sondern auslegungsfähige

---

18 Alle Stellungnahmen des IDW zu Gesetzesvorhaben des IDW zu Gesetzesvorhaben sind im Internet unter www.idw.de in Rubrik „Verlautbarungen"/„Sonstige Verlautbarungen" einsehbar.

Grundsätze mit möglichst geringer direkter staatlicher Einwirkung sind geeignet, einen sachgerechten Ausgleich zwischen den eigenverantwortlichen Betroffenen herzustellen.

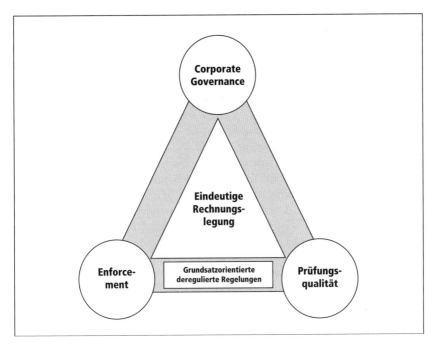

Übersicht 2: *Wirkungsdreieck zur Gewährleistung einer aussagefähigen Rechnungslegung*

21 Eindeutige Rechnungslegung
211. Grundsatzentscheidung für IFRS

„Die Häufung der offenbar gewordenen Schieflagen prominenter U.S.-amerikanischer Unternehmen wird nicht zuletzt als dramatische Krise des externen Rechnungswesens wahrgenommen."[19] Die EU-Kommission hat sich für die An-

---

19 KUHNER, C., Auf dem Weg zur Prinzipienbasierung der kapitalmarktorientierten Rechnungslegung?, in WPg 2004, S. 261

wendung der internationalen Rechnungslegungsregeln der IAS/IFRS für die konsolidierten Abschlüsse kapitalmarktnotierter Unternehmen ab 2005 ausgesprochen.[20] Das BilReG übernimmt aus der EU-Verordnung die Festlegung auf die Bilanzierungsgrundsätze der IFRS für Konzernabschlüsse, soweit die IFRS durch die EU anerkannt sind (Endorsement).[21] Angesichts der zwingenden europäischen Vorgabe mag es dahingestellt bleiben, ob im Sinne einer eindeutigeren Regelung eine Rechnungslegung nach dem HGB derjenigen nach den IFRS vorzuziehen ist. In beiden Systemen bestehen Wahlrechte und Spielräume für Bewertungseinschätzungen. Die IFRS Rechnungslegung führt zu volatileren Ergebnissen aufgrund einer stärkeren Marktwertorientierung (realisable value). Dies mag dem Kapitalmarkt mehr Phantasie oder eine bessere Abbildung der Ertragserwartungen für Kursspekulationen geben; dies könnte einer aufmerksamen Presse mehr Information zur Verfügung stellen, falls die veröffentlichten Daten dort angemessen analysiert werden;[22] dies hat sich aber auch als ein Anlass für eine höhere Gefährdung für Fraud durch das Management herausgestellt, wenn sich die Unternehmensleitung veranlasst sieht, eine erwartete oder angekündigte Performance darzustellen. Der Weg zur Anwendung der Bilanzierungsgrundsätze der IFRS war schon vorgezeichnet, bevor die EU-Kommission sich für die diese Abbildungsregeln festlegte: Bereits die weitgehende Verbreitung der angelsächsischen Rechnungslegung, an der sich letztlich auch die IFRS orientieren, hatte die Entscheidung längst nahe gelegt.[23] Die IFRS stehen schon deshalb für eine eindeutigere Aussagekraft der Rechnungslegung, weil sie weltweit verstanden werden.

Der Übergang von den nationalen Rechnungslegungsgrundsätzen auf die IFRS sollte nicht unterschätzt werden, weder in den Risiken, die er birgt, noch in den Chancen, die in einer Neuausrichtung des Rechnungswesens liegen. So stellt eine empirische Studie zusammenfassend fest:

---

20 Vgl. Verordnung (EG) Nr. 707/2004 der Kommission vom 6.4.2004, in: Amtsblatt der Europäischen Union, S. L111/3 ff. Verordnung (EG) Nr. 1606/2002 der Kommission vom 19.7.2002 betreffend die Anwendung internationaler Rechnungslegungsstandards (L243/1).

21 Derzeit sind dies alle bisherigen IFRS mit Ausnahme von IAS 32 und 39 zur Fair Value-Bewertung und IFRS 1.

22 Vgl. oben Fn. 14.

23 Vgl. GROSS, G., Das Fell des Bären, in: Rechnungslegung, Prüfung und Beratung – Herausforderungen für den Wirtschaftsprüfer. Festschrift für Rainer Ludewig, hrsg. von Baetge, J./Börner, D./Forster, K.-H./Schruff, L., Düsseldorf 1996, S. 352-355.

"Die Risiken werden unterschätzt und noch immer mehr oder weniger auf das operative Umstellungsrisiko reduziert. Die ganze Bandbreite des notwendigen Anpassungsbedarfs bleibt für die meisten Unternehmen im Dunkeln. Kaum ein Unternehmen beschäftigt sich mit den Auswirkungen auf das tägliche Geschäft. Interne Prozesse werden in den wenigsten Fällen modifiziert. Sinnvolle und notwendige strategische Anpassungen werden nur unzureichend wahrgenommen. ... Mögliche Auswirkungen der IAS/IFRS Umstellungswelle auf die individuelle Finanzierungssituation eines Unternehmens – etwa im Zusammenhang mit Basel II – werden ignoriert."[24]

212. Das Wahlrecht zur Anwendung von IFRS im BilReG

212.1 Konzernabschluss

Während nach § 315a Abs. 1 und 2 HGB i. d. F. des RegE BilReG kapitalmarktnotierte Mutterunternehmen ihren Konzernabschluss für Geschäftsjahre, die nach dem 1. Januar 2005 beginnen, nach den IFRS zu erstellen haben und auch Mutterunternehmen, die die Zulassung eines Wertpapiers zum Handel an einem geregelten Markt beantragt haben, ab 2007 zur IAS-Konzernbilanzierung verpflichtet sind, sieht § 315a Abs. 3 HGB i. d. F. des RegE BilReG für den Konzernabschluss nicht kapitalmarktorientierter Mutterunternehmen ein Wahlrecht vor, diesen entweder nach HGB oder nach IFRS aufzustellen. Dieses Wahlrecht wird vom Wirtschaftsprüferberuf im Interesse einer Anpassung an eine künftige Verpflichtung zur Anwendung von IFRS für hilfreich angesehen und sollte – im Gegensatz zu der Regelung des Regierungsentwurfs – sofort zur Verfügung stehen. Gleichwohl ist es kaum vorstellbar, dass auf Dauer zwei unterschiedliche Rechnungslegungssysteme nebeneinander bestehen können. Aus dieser Erkenntnis heraus hat sich das IDW dafür eingesetzt, bereits heute für alle konzernrechnungslegungspflichtige Mutterunternehmen eine Konzernrechnungslegung nach den IFRS vorzusehen. Dabei sollten nicht kapitalmarktorientierte Mutterunternehmen eine möglicherweise größenabhängig gestaffelte, großzügig bemessene Anpassungsfrist (z. B. 10 Jahre) gewährt werden.[25] Auf

---

24 ERNST & YOUNG (Hrsg.), IAS/IFRS Umstellung. Kulturelle Revolution statt einfacher Konvertierung. Empirische Untersuchung 2004, S. 8; zum Stand der Umstellung vgl. auch die Studie von PwC und der UNIVERSITÄT EICHSTÄDT: Kleine Unternehmen sind die IFRS-Schlusslichter, in: Börsenzeitung vom 21.4.2004, S. 12 sowie ABRAHAM, M., Umstellung der Rechnungslegung: Die Zeitbombe tickt bereits, in: Handelsblatt vom 5.5.2004, S. B 4.

diese Weise wären alle betroffene Mutterunternehmen schon heute gezwungen, sich auf die neuen Rechnungslegungsvorschriften einzustellen. Es steht zu befürchten, dass nunmehr erst zu einem späteren Zeitpunkt Fristen zur Anpassung an die IFRS eingerichtet werden müssen, die im internationalen Wettkampf eine weitere Verzögerung bedeuten.

212.2 Einzelabschluss

Für den Einzelabschluss konnte das BilReG noch keine Aufstellungspflicht für den Jahresabschluss nach den IFRS vorsehen. Ein noch nicht mit den IFRS kompatibles Steuer- und Gesellschaftsrecht hindern daran. Das IDW hatte bereits mit seiner Fachtagung im Jahr 1994 und anlässlich aller folgenden Fachtagungen solche Entwicklungen im Rechtssystem angemahnt,[26] ohne dass über die Studie von HERZIG zur Anwendung der IFRS auf das Steuerrecht[27] hinaus weitergehende, wesentliche Anstrengungen unternommen worden wären. Auf europäischer Ebene hat der gesellschaftsrechtliche Aktionsplan der EU-Kommission, der auf den Vorschlägen der von der EU-Kommission eingesetzten „HOCHRANGIGEN EXPERTENGRUPPE AUF DEM GEBIET DES GESELLSCHAFTSRECHTS" unter der Leitung von Professor JAAP WINTER (sog. WINTER-GRUPPE) beruht, die Diskussion in Gang gesetzt.[28]

Nachdem sich die kapitalmarktorientierte Öffentlichkeit ebenso wie die Kreditwirtschaft im Rahmen des Rating immer weiter nach den IFRS ausrichtet, sieht nun § 325 Abs. 2a HGB i. d. F. des RegE BilReG vor, dass neben einer Offenlegung eines Jahresabschlusses nach HGB im Handelsregister unter bestimmten Voraussetzungen ein weiterer Jahresabschluss nach IFRS im Bundesanzeiger offengelegt werden darf. So sinnvoll eine solche Regelung heute ist, um eine Anpassung an die künftigen Rechnungslegungsvorschriften zu ermöglichen und um den Unternehmen Eigen- und Fremdkapitalkosten zu ersparen, so sehr ist

---

25 Vgl. Pressenotiz des IDW zum Referentenentwurf eines Bilanzrechtsreformgesetzes vom 15.12.2003, S. 2

26 Vgl. GROSSFELD, B., Bilanzziele und kulturelles Umfeld, in: Neuorientierung der Rechnungslegung. Bericht über die Fachtagung `94, Düsseldorf 1995, S. 19-37.

27 Vgl. HERZIG, N., IAS/IFRS und steuerliche Gewinnermittlung, Düsseldorf 2004.

28 Der Winterbericht ist abrufbar unter http://www.europa.eu.int/comm_internal_market/en/company/company/official/index.htm'companycorp; der Aktionsplan der EU-Kommission vom 21. Mai 2003 ist abrufbar unter: www.europa.eu.int/comm/internal_market/en/company/modern/index.htm.

sie ein Indiz verpasster Anpassungsnotwendigkeiten in der Vergangenheit und so wenig zukunftsträchtig kann eine solche Regelung sein. Die Rechnungslegung nach zwei – unter Einbeziehung einer steuerlichen Rechnung sogar nach drei – Rechnungslegungssystemen ist zu kostspielig und unter den Aspekten der Unternehmenssteuerung zu verwirrend.

212.3 HGB-Anpassung

Eine weitere Möglichkeit, die künftige Anwendung der IFRS in Deutschland zu erleichtern, ist es, Wahlrechte im Rahmen der HGB Rechnungslegung im Sinne der Regelung der IFRS einzuschränken, sofern dies keine steuerlichen Konsequenzen hat. Das 10-Punkte-Programm der Bundesregierung zur Verbesserung der Unternehmensintegrität und des Anlegerschutzes, das am 25. Februar 2003 vorgestellt wurde, sieht unter Punkt 4 eine Fortentwicklung der Bilanzregeln und Anpassung an internationale Rechnungslegungsgrundsätze vor:

> „Die Bilanzvorschriften des HGB sind zur Anpassung an europäische und internationale Rechnungslegungsregeln für den Konzernabschluss wie für den Einzelabschluss fortzuentwickeln."

Dies bedeutet, die „Durchforstung" und „Entrümpelung" des HGB durch Abschaffung zahlreicher nicht mehr zeitgemäßer Wahlrechte (Ziel dabei u. a.: Passivierungsverbot für Aufwandsrückstellungen, Begrenzung der Bewertungsvereinfachungsmethoden).[29] Das IDW unterstützt nachhaltig dieses Vorhaben der Bundesregierung, das durch ein Bilanzrechtsmodernisierungsgesetz noch in diesem Jahr umgesetzt werden soll.

---

29 Die Pressenotiz „Bundesregierung stärkt Anlegerschutz und Unternehmensintegrität" Nr. 10/03 vom 25. 2. 2003 ist abrufbar unter: www.bmj.de mit den weiteren links: Presse/ Pressemitteilungen 2003.

22 Das Wirkungsdreieck zur Gewährleistung einer aussagefähigen Rechnungslegung

221. Corporate Governance

Eine Reihe wesentlicher Veränderungen im deutschen System der Corporate Governance hat wesentlich dazu beigetragen, dass die Funktion des dargestellten Wirkungsdreiecks verbessert wurde. Aus Sicht der Wirtschaftsprüfung sind vornehmlich drei Regelungen des KonTraG zu nennen:

- Die Beauftragung des Abschlussprüfers bei Aktiengesellschaften wurde vom Vorstand auf den Aufsichtsrat übertragen (§ 318 Abs. 1 HGB i. V. m. § 111 Abs. 2 Satz 3 AktG).[30] Damit ist das Organ, das den Abschluss aufzustellen hat, nicht mehr eingebunden in die Bestellung des Abschlussprüfers und der Aufsichtsrat wird in seiner ihm nach § 111 Abs. 1 AktG obliegenden Überwachungsaufgabe über den Vorstand gestärkt.

- Gleichzeitig wurde die Zusammenarbeit zwischen Aufsichtsrat und Abschlussprüfer vertieft und damit einem Anliegen des Wirtschaftsprüferberufs entsprochen.[31] Durch die Anwesenheits- und Berichtpflicht des Abschlussprüfers in der Bilanzsitzung des Aufsichtsrats (§ 171 Abs. 1 Satz 2 AktG) wurden die für die Beaufsichtigung des Unternehmens zuständigen Personen zusammengeführt.[32] Die Erfahrungen in der Praxis haben gezeigt, dass sich hieraus im Zeitablauf zunehmend mehr wertvolle Impulse für die Unternehmensüberwachung ergeben haben.

- Die Bildung von Prüfungs- oder Bilanzierungsausschüssen des Aufsichtsrats wurde im Zusammenhang mit § 111 Abs. 3 AktG vom Deutschen Corporate Governance Kodex[33] angestrebt. Hiermit wurde ein stärker fachkompetenzorientiertes Gremium dem Abschlussprüfer gegenübergestellt. Die Fachkompetenz der Aufsichtsratsmitglieder ist ein weiteres Anliegen des Deutschen Corporate Governance Kodex und des Sarbanes Oxley Act.

---

30 IDW Prüfungsstandard: Beauftragung des Abschlussprüfers (IDW PS 220), Tz. 5 in: WPg 2001 S. 895.

31 Stellungnahme IDW zum Regierungsentwurf des KonTraG, in: IDW-FN 1998, S. 17-20 sowie IDW-FN 1998, S. 50-52.

32 Vgl. hierzu IDW Prüfungsstandard: Grundsätze für die mündliche Berichterstattung des Abschlussprüfers an den Aufsichtsrat (IDW PS 470), in: WPg 2003, S. 608-610.

33 Der Deutsche Corporate Governance Kodex in der Fassung vom 21.5.2003 ist abrufbar unter: www.corporate-governance-code.de.

Die Grundsatzfrage, ob eine wirkungsvolle Corporate Governance eher durch ein Ein-Board-System (Geschäftsführung und Überwachung in einem Gremium nach angelsächsischem Vorbild) oder durch ein Zwei-Board-System (Geschäftsführung und Überwachung in zwei getrennten Gremien wie bspw. Vorstand und Aufsichtsrat) geregelt werden soll, wurde vom Gesetzgeber nicht aufgegriffen.[34] Das IDW hält diese Nicht-Entscheidung und das deutsche Zwei-Board-System für sachgerecht.

222. Enforcement

Das IDW hat die Bemühungen der Bundesregierung zur Verbesserung des deutschen Enforcement-Systems stets ausdrücklich unterstützt und gefördert.

> „Durch die Schaffung einer von den bilanzierenden Unternehmen und von deren Abschlussprüfern unabhängigen Enforcement-Einrichtung wird das Vertrauen der Kapitalmarktteilnehmer in die Qualität deutscher Abschlüsse nachhaltig gestärkt."[35]

Das Enforcement zur Durchsetzung der Rechnungslegungsvorschriften ist somit ein wesentlicher Eckpunkt im Wirkungsdreieck.

Daneben hat das IDW die Schaffung einer Enforcement-Einrichtung aus zwei weiteren Gründen für notwendig erachtet:

- Das Enforcement dient der Verringerung der eingangs erörterten Vertrauenslücke, wenn in der Öffentlichkeit erörterte Fälle möglicher falscher Bilanzierung und ggf. nicht ausreichender Prüfung schnell geklärt werden und dabei auch zu Unrecht erhobene Vorwürfe alsbald gegenstandslos werden. Eine solche schnelle Klärung von in der Öffentlichkeit diskutierten Fällen scheitert bislang vielfach an der Verschwiegenheitsverpflichtung des Abschlussprüfers.

---

[34] Zu den eingehenden Regulierungsüberlegungen für den Aufsichtsrat durch die EU-Kommission siehe deren Konsultationspapier, das abrufbar ist unter http://europa.eu.int/comm/international_market/company/index_en.html. Vgl. hierzu auch: WILSING, H.-U., Aufsichtsräte – Personae non gratae, in: Börsenzeitung vom 8.5.2004, S. 6.

[35] Stellungnahme des IDW vom 19.1.2004 zum Referentenentwurf eines BilKoG, abrufbar unter: www.idw.de, IDW Aktuell.

- Das durch die 4. WPO-Novelle eingeführte Verfahren der externen Qualitätskontrolle weckt in der Öffentlichkeit möglicherweise die Erwartung, dass es sich auch auf die Durchführung der einzelnen Prüfungsaufträge erstrecke. Dies ist jedoch nur insoweit der Fall, als eine Durchsicht durchgeführter Prüfungsaufträge unter dem Aspekt erfolgt, festzustellen, ob die Qualitätsanforderungen an die Abschlussprüfung vom Abschlussprüfer eingehalten werden. Es ist nicht Ziel der Feststellungen im Rahmen der externen Qualitätskontrolle, einzelne durchgeführte Prüfungsaufträge detailliert nachzuprüfen. Dies kann im Verdachtsfall (reaktive Tätigkeit) oder im Rahmen eines Stichprobenverfahrens (proaktive Tätigkeit) Aufgabe der Enforcement-Stelle werden. Damit schließt sich auch unter den Augen der Öffentlichkeit eine Kontrolllücke.

Auf ein Problem der Regelungen des Regierungsentwurfs sei hingewiesen, weil es die Funktion des Wirkungsdreiecks behindert: Das IDW hat sich im Gesetzgebungsverfahren zum BilKoG gegen die Einführung eines Auskunfts- und Einsichtsrechts der Börsenaufsichtsbehörde gegenüber dem Prüfer ausgesprochen. Zum einen erscheint fraglich, ob es zur wirksamen Durchsetzung der Rechnungslegungsgrundsätze wirklich eines direkten Auskunfts- und Einsichtsrechts gegenüber dem Prüfer bedarf. Darüber hinaus droht die Gefahr, dass die betroffenen Unternehmen künftig ein weniger offenes Informationsverhalten gegenüber dem Prüfer an den Tag legen. Dies würde sich wiederum negativ auf die Qualität der Abschlussprüfung auswirken. Damit aber droht eine Verschlechterung der Prüfungsqualität. Dabei ist zu beachten, dass die Weitergabe von Informationen, die der Verschwiegenheitspflicht unterliegen, nicht ohne Befreiung des Abschlussprüfers von der Verschwiegenheitspflicht durch das Unternehmen erfolgen kann.

Ein aus berufsständischer Sicht tragbarer Kompromiss könnte darin bestehen, auf ein direktes Auskunfts- und Einsichtsrecht gegenüber dem Prüfer zu verzichten und statt dessen die betroffenen Unternehmen zu verpflichten, die von der Aufsichtsbehörde gewünschten Informationen für diese von dem Prüfer einzuholen. Nur so kann das für eine qualitativ hochwertige Abschlussprüfung wichtige Vertrauensverhältnis zwischen Unternehmen und Prüfer gewährleistet werden. Das IDW wird diesen Kompromiss im weiteren Gesetzgebungsverfahren zum BilKoG in die politische Diskussion bringen.

223. Sicherung der Prüfungsqualität
223.1 Prüfungsqualität in der Wirtschaftsprüferpraxis

Mit Einfügung der §§ 57a bis h WPO in die 4. WPO Novelle[36] wurden Wirtschaftsprüfer und Wirtschaftsprüfungsgesellschaften verpflichtet, sich einer externen Qualitätskontrolle zu unterziehen, wenn sie gesetzlich vorgeschriebene Abschlussprüfungen durchführen. Dieses sog. Peer Review Verfahren, das von der Wirtschaftsprüferkammer in Selbstverwaltung des Berufs organisiert und überwacht wird, ist eine wesentliche, die Wirkung der vorliegenden Gesetzentwürfe ergänzende Kraft zur Sicherung der Prüfungsqualität in dem dargestellten Wirkungsdreieck. Ohne dieses Thema vertiefen zu wollen, sei auf die zusammenfassenden Feststellungen des Beirats für Qualitätskontrolle verwiesen. Dieses nicht mit Wirtschaftsprüfern besetzte, die Öffentlichkeit vertretende Überwachungsgremium erklärte in seinem 2. Bericht, der am 24. März 2004 veröffentlicht wurde:

> „Wir kommen abschließend zu dem Ergebnis, dass das System der Qualitätskontrolle auch schon in seiner jetzigen Form im Grundsatz angemessen und wirksam ist."[37]

223.2 Prüfungsqualität im Wirtschaftsprüferberuf

Durch ein im BMWA vorbereitetes Gesetz zur Regelung der Wirtschaftsprüferaufsicht sollen die Regelungen zur Berufsaufsicht über den Wirtschaftsprüferberuf bereits vor der Verabschiedung der Neufassung der 8. EU-Richtlinie verschärft werden. Dieses wird auch Regelungen der erst im Entwurf vorliegenden 8. EU-Richtlinie (sog. Abschlussprüferrichtlinie) aufnehmen, den die EU-Kommission am 16.5.2004 vorgelegt hat. Der Entwurf der 8. EU-Richtlinie enthält einen umfassenden, rechtlichen Regelungsrahmen für in der EU durchgeführte gesetzliche Abschlussprüfungen, in dem erstmals Grundprinzipien für sämtliche die Qualität der Abschlussprüfung bestimmende Bereiche festgelegt sind. Beide Vorhaben dienen einer Verstärkung der Kräfte im Wirkungsdreieck.

---

36 Gesetz vom 21.8.2002, BGBl I S. 3322.
37 Bericht des QUALITÄTSKONTROLLBEIRATES BEI DER WIRTSCHAFTSPRÜFERKAMMER für 2003 vom 24.3.2004, S. 10, abrufbar unter www.wpk.de, mit den weiteren Links: Service/System der Qualitätskontrolle.

In dem Entwurf einer 8. EU-Richtlinie ist auch die Einbindung der Öffentlichkeit in die Aufsicht des Berufsstands über die Abschlussprüfer vorgesehen in Form eines übergeordneten „Public Oversight"-Gremiums. Dieses soll z. B. die Durchführung der Berufsaufsicht und anderer hoheitlicher Aufgaben durch die Wirtschaftsprüferkammer (WPK) überwachen. Eine solche Regelung findet die ausdrückliche Unterstützung des IDW. „Eine starke, unabhängige und transparente Aufsicht, die auch als solche in der Öffentlichkeit wahrgenommen wird, stellt einen wesentlichen qualitäts- und vertrauensfördernden Faktor dar und liegt im eigenen Interesse des Berufsstands. Deshalb hat sich das IDW schon in der Vergangenheit für die Stärkung der Berufsaufsicht unter Einbeziehung der Öffentlichkeit ausgesprochen. Das IDW wird sich in enger Abstimmung mit der WPK proaktiv für die Fortentwicklung des deutschen Aufsichtssystems über Wirtschaftsprüfer zur Anpassung an die neuen EU-Vorgaben einsetzen."[38]

23 Grundsatzorientierte, deregulierte Regelungen

Es entspricht dem Wesen des dargestellten Wirkungsdreiecks, dass die ihm zugrunde liegenden Regelungen sich auf möglichst einfache deregulierte Grundsätze beschränken können und sollen.

231. Rechnungslegung

Auf ersten Blick ist die Deregulierung der Rechnungslegungsvorschriften durch das BilReG in der Tendenz gelungen: Die Rechnungslegungsvorschriften des HGB werden durch Regelungen ersetzt, die von einem privaten, weltweiten Gremium, dem International Accounting Standards Board (IASB), geschaffen wurden.

Das Verfahren zur Anerkennung der IFRS zur Anwendung in Europa durch die EU-Kommission, das sog. Endorsement der IFRS schafft allerdings doch wieder einen staatlichen Einfluss auf die Rechnungslegungsvorschriften und dazu ergänzend das Problem,

- dass vom Standpunkt des IASB eine IFRS Anwendung zwingend die lückenlose Anwendung aller IFRS erfordert, wenn der Abschlussprüfer die Anwendung der IFRS Standards uneingeschränkt bestätigen soll, und

---

38 NAUMANN, K. P., in: Pressenotiz des IDW zum Entwurf der 8. EU Richtlinie (Abschlussprüferrichtlinie) vom 16.3.2004, abrufbar unter: www.idw.de/IDW Aktuell.

Die neuen Regelungen aus der Sicht des Berufsstandes

- dass vom Standpunkt der EU-Kommission ausschließlich solche Standards anzuwenden sind, die das Endorsement-Verfahren erfolgreich durchlaufen haben – derzeit sind insbesondere IAS 32 und IAS 39 noch ohne Endorsement.

Die Erteilung eines Bestätigungsvermerks durch den Abschlussprüfer, der die Einhaltung der IFRS bestätigt, ist somit aus Sicht des IASB derzeit für europäische Abschlüsse im Sinne der EU-Beschlussfassung nicht uneingeschränkt möglich.

Wer sich aus der Deregulierung auch eine Vereinfachung erhofft hat, sieht sich enttäuscht. Die IFRS-Standards von insgesamt mehr als 750 Druckseiten, sowie deren konstante Überarbeitung und immer umfangreicher werdende Interpretation durch ein dafür eigens geschaffenes Interpretations-Komitee (International Financial Reporting Interpretations Committee (IFRIC)) lassen den Versuch der Einhaltung dieser Standards zu einem Schiessen auf ein moving target werden.[39] Diese zunehmende Komplizierung des Rechnungslegungssystems öffnet im Übrigen die Tür für Umgehungen der Regelungen, die oftmals wegen der politischen Kompromisse ihrer Entstehung unübersichtlich und für die Bilanzleser schwer verständlich geworden sind. LEFFSONS GoB-System[40] auf der Grundlage der HGB Regelungen nach dem Bilanzrichtlinien-Gesetz erscheint im Vergleich zu den IFRS wesentlich systematischer und einfacher in der Handhabung!

Nicht nur die große, vom IDW trotz aller praktischen Schwierigkeiten grundsätzlich unterstützte Linie der IFRS-Anwendung, sondern auch einzelne Regelungen des BilReG zu den Rechnungslegungsvorschriften bedürfen weiterer Überlegungen, wie am Beispiel des Lageberichts dargelegt werden soll: Das IDW hat sich bereits in seiner Stellungnahme zum Referentenentwurf kritisch zu der im Regierungsentwurf unverändert beibehaltenen Berichtspflicht des § 289 Abs. 1 Satz 4 HGB im Lagebericht geäußert:

> „Ferner sind im Lagebericht die wesentlichen Ziele und Strategien der gesetzlichen Vertreter der Kapitalgesellschaft zu beschreiben sowie die voraussichtliche Entwicklung mit ihren wesentlichen Chancen und Risiken zu beurteilen und zu erläutern; zugrunde liegende Annahmen sind anzugeben."

---

39 Vgl. Bilanzierung der Banken droht der Overkill. SPRISSLER, W.: Keine Harmonisierung um jeden Preis, in: Börsenzeitung vom 4.05.2004, S. 5.

40 Vgl. LEFFSON, U., Die Grundsätze ordnungsmäßiger Buchführung, 7. Aufl. Düsseldorf 1987.

Hier bleibt unklar, welche Angaben von den Unternehmen erwartet werden. Detaillierte Angaben dürften nicht in Betracht kommen, zumal dies aus Sicht der betroffenen Unternehmen auch unter Wettbewerbsgesichtspunkten problematisch wäre. Zu erwarten sind daher nur Allgemeinplätze, die den Abschlussadressaten keine nennenswerten Zusatzinformationen vermitteln. Aus der Sicht eines Abschlussprüfers kommt hinzu, dass derartige Angaben einer verlässlichen Prüfung nicht zugänglich sind. Da in diesem Punkt im Regierungsentwurf keine Änderung erfolgt ist, wird das IDW seine Kritik im weiteren Gesetzgebungsverfahren nochmals vorbringen.

232. Prüfung
232.1 Planung und Durchführung der Abschlussprüfung

Auch die internationalen Standards zur Prüfung, die International Auditing Standards (ISA), sind mit mehr als 400 Druckseiten ein recht umfangreiches Regelungswerk. Derzeit lassen sich die neueren ISA von den älteren unterscheiden: Die älteren ISA sind knapper und etwas weniger systematisch gehalten als die neueren Standards, die sehr umfangreich, detaillierter, vielfach auch beispielhaft ausgestaltet sind und so über 60 Schreibmaschinenseiten pro Standard umfassen können. Neben den ISA stehen die International Auditing Practice Statements (IAPS), die lt. IAASB einen geringeren Verbindlichkeitsgrad als die ISA aufweisen. Sie enthalten auf weiteren ca. 250 Druckseiten erläuternde Hinweise und Beispiele zur Anwendung der ISA zur Förderung von „best practice" der ISA.

Das IDW hat sich im Sinne einer grundsatzorientierten Darstellung einem internationalen Vorstoß angeschlossen und gefordert, dass die derzeitige, unterschiedliche Form der ISA vereinheitlicht werden soll. Hierzu soll eine Konzentration auf die Grundsätze (principles) erfolgen, wohingegen detaillierte Anwendungsregeln (rules), Beispiele und narrative Teile aus den ISA in die IAPS übernommen werden sollen. Damit sollen die ISA wesentlich verkürzt und die aus ihnen erwachsenden Verpflichtungen verdeutlicht werden. Die ISA müssen darüber hinaus so formuliert sein, dass bei ihrer Anwendung in einem Mitgliedsstaat der allgemeine rechtlichen Rahmen dieses Mitgliedsstaates berücksichtigt werden kann. So lässt sich bspw. der ISA zur Beauftragung des Abschlussprüfers schon deshalb nicht direkt in den kontinentaleuropäischen Rechtskreis übernehmen, weil er vor dem Hintergrund des angelsächsischen Rechts verfasst wurde, das nicht mit dem hier herrschenden Vertragsrecht übereinstimmt.

Entgegen der vorgesehenen Regelung im Entwurf einer 8. EU Richtlinie spricht sich das IDW weiter dagegen aus, den IAPS die gleiche Verbindlichkeit wie den ISA beizumessen, da dies weder mit einer Deregulierung noch mit einer Grundsatzorientierung vereinbar ist.

Auch für die ISA sieht die EU-Kommission ein Verfahren zur Anerkennung der ISA (sog. Endorsement) vor. Das IDW hat Bedenken gegenüber diesem von der EU-Kommission geplanten Verfahren, sofern innerhalb dieses Verfahrens einzelne ISA nicht oder nur mit Änderungen zur Anwendung in der EU zugelassen werden sollten:

> „Die damit verbundene Entwicklung „europäischer ISA" steht dem Ziel weltweit transparenter Kapitalmärkte entgegen und führt zu Nachteilen für die Wettbewerbsfähigkeit des europäischen Kapitalmarktes."[41]

232.2 Unabhängigkeit

Die Unabhängigkeit des Abschlussprüfers ist notwendige Voraussetzung zur Sicherung der Prüfungsqualität in dem dargelegten Wirkungsdreieck. Das IDW unterstützt die Bemühungen der Bundesregierung zur Sicherung der Qualität der Abschlussprüfung, insbesondere zur Unabhängigkeit des Abschlussprüfers ausdrücklich. Die Unabhängigkeit des Abschlussprüfers ist für das Vertrauen der Öffentlichkeit in das Ergebnis seiner Tätigkeit, den Bestätigungsvermerk, von grundlegender Bedeutung. Sie erhöht die Glaubwürdigkeit der veröffentlichten Finanzinformationen und stellt für Anleger, Gläubiger, Arbeitnehmer und andere Interessengruppen einen zusätzlichen Wert dar. Allerdings sollten nur solche Maßnahmen gesetzlich geregelt werden, die tatsächlich einen Beitrag zur Stärkung der Unabhängigkeit des Abschlussprüfers leisten können. Im Sinne der Deregulierung gilt dies vor allem für solche Regelungen, die in die Freiheit der Berufsausübung wesentlich eingreifen. Ein solcher Eingriff ist dann gerechtfertigt, wenn er nicht nur vermeintlich, sondern nach Überzeugung aller Beteiligten einen Beitrag zur Absicherung der Unabhängigkeit leisten kann.[42]

---

41 IDW Pressenotiz zum Entwurf der 8. EU Richtlinie (Abschlussprüferrichtlinie) vom 16.3.2004

42 Vgl. hierzu Stellungnahme des IDW zum Referentenentwurf eines Bilanzrechtsreformgesetz vom 23.1.2004, in: WPg 2004, S. 143-152.

Der Regierungsentwurf des BilReG wurde gegenüber dem Referentenentwurf in vielen Punkten präzisiert und verbessert, so dass eine ganze Reihe wesentlicher Bedenken der Wirtschaftsprüfer gegenstandslos geworden sind. Hierzu zählen bspw. folgende Regelungen im RegE HGB i. d. F. des BilReG:

- Die Streichung der Befangenheitsvermutung (in der Begründung), falls das Honorar für sonstige Dienstleistungen das Abschlussprüfungshonorar übersteigt und Ersatz dieser Vermutung durch eine Aufgliederung der Honorare im Anhang (§§ 285 Nr. 17 und 319 Abs.1 Nr. 9).

- Ausschluss des Abschlussprüfers nicht schon, wenn er über die Prüfungstätigkeit hinaus bei der internen Revision mitgewirkt hat, sondern nur bei Übernahme der internen Revision durch den Abschlussprüfer in verantwortlicher Position (§ 319 Abs. 3 Nr. 3 Buchstabe b).

- Konkretisierung der Erbringung von den Abschlussprüfer ausschließenden versicherungsmathematischen oder Bewertungsleistungen für den zu prüfenden Jahresabschluss (§ 319 Abs. 3 Nr. 3 Buchstabe d) dahingehend, dass als entsprechende Bewertungsleistungen seien nur solche anzusehen sind, bei denen die Bewertungsleistung vom Abschlussprüfer eigenständig erbracht worden sind, d. h. die materiellen Bewertungsentscheidungen vom Abschlussprüfer festgelegt wurden.

- Einführung einer klaren zeitlichen Eingrenzung der schädlichen Leistungen (§ 319 Abs. 3 Nr. 3).

- Verzicht auf § 319 Abs. 5 HGB-E i. d. F. des RefE, wonach dem Abschlussprüfer kein Entgelt für die von ihm erbrachten Leistungen gebührt, wenn ihm die Befangenheitsgründe des § 319 HGB-E bekannt oder grob fahrlässig nicht bekannt sind.

- Zeitliche Begrenzung der schädlichen Mitwirkung an der Entwicklung, Installation und Einführung von Rechnungslegungsinformationssystemen § 319a Abs. 1 Satz 1 Nr. 3 und inhaltliche Begrenzung auf eine Mitwirkung, die über die Prüfungstätigkeit hinausgeht.

Auch wenn die Bundesregierung den genannten Anmerkungen des IDW im Wesentlichen gefolgt ist, verbleiben nicht unwesentliche Kritikpunkte, die im Regierungsentwurf nicht oder nur unzureichend berücksichtigt wurden. Hierzu zählen bspw. folgende Regelungen im RegE HGB i. d. F. des BilReG:

- Der Beurteilungsmaßstab zur Besorgnis der Befangenheit, wonach für die Anwendung von § 319 Abs. 2 die Sicht eines vernünftigen Dritten sein muss, wird nach wie vor allein in der Begründung erwähnt.

- Das Verhältnis von § 319 und § 319a weckt auch jetzt noch Befürchtungen einer Ausstrahlungswirkung des § 319a. Die Anregung wurde nicht aufgenommen, im Eingangsteil des § 319a explizit klarzustellen, dass es sich bei § 319a HGB-E um ein lex specialis handelt und insofern die dort geregelten Ausschlussgründe über die in § 319a Abs. 1 genannten Wirtschaftsprüfer hinaus keine Bedeutung erlangen.

- Nach § 319a Abs. 1 Satz 1 Nr. 2 ist als Abschlussprüfer von Unternehmen des öffentlichen Interesses ausgeschlossen, wer „in dem zu prüfenden Geschäftsjahr über die Prüfungstätigkeit hinaus Rechts- oder Steuerberatungsleistungen erbracht hat, die über das Aufzeigen von Gestaltungsalternativen hinausgehen und die sich auf die Darstellung der Vermögens-, Finanz- und Ertragslage in dem zu prüfenden Jahresabschluss unmittelbar und nicht nur unwesentlich auswirken". Diese über die Sarbanes Oxley Act hinausgehende Regelung ist entbehrlich im Sinne grundsatzorientierter Regelungen, wenn man das Verbot der Selbstprüfung ernst nimmt.

- Der Ausschluss des Abschlussprüfers für den Fall, dass er die zu prüfende Gesellschaft in Rechts- oder Steuerangelegenheiten gerichtlich vertreten hat oder vertritt (319a Abs. 1 Satz 1 Nr. 4), entspricht zwar der Sichtweise in den angelsächsischen Ländern, entzieht aber den Unternehmen in einer entscheidenden Phase der Steuerfestsetzung den mit den Umständen des Einzelfalls besonders vertrauten Sachverständigen.

- Zu den Regelungen zur internen Rotation (§ 319a Abs. 1 Satz 1 Nr. 5) fehlen zeitliche Abgrenzungen: Zum Einen sollte eine „Abkühlungszeit" (cooling-off period) festgelegt werden (etwa zwei Jahre), nach welcher der von der Rotation betroffene Wirtschaftsprüfer wieder an der Prüfung teilnehmen kann. Zum Anderen fehlt eine Festlegung des Zeitrahmens, in dem die fünfmalige Unterzeichnung des Bestätigungsvermerks mit der Folge des Ausschlusses erfolgen muss.

232.3 Qualität der Prüfungsleistungen

Die mit dem 4. WPO-Änderungsgesetz eingeführten Regelungen zum Peer Review in Deutschland entsprechen recht weitgehend den U.S.-Grundsätzen vor Einrichtung des PCAOB. Nach Auffassung des IDW bilden sie eine geeignete Grundlage für die externe Qualitätssicherung in der Wirtschaftsprüferpraxis. Dies schließt nicht aus, dass das Wirkungssystem durch die eine oder andere Ergänzung (Bsp. Auswahl des Peers je nach Kapitalmarktorientierung oder Größe der von der WP-Praxis zu prüfenden Unternehmen unterschiedlich zu gestalten) noch verbessert werden kann.

Die Qualitätssicherung im Wirtschaftsprüferberuf wird durch die diesbezüglich im Entwurf der 8. EU-Richtlinie enthaltenen Regelungen im Rahmen der Transformation der 8. EU-Richtlinie in nationales Recht auf neue Grundlagen gestellt. So werden einige Vorschriften der 8. EU-Richtlinie Eingang finden in ein derzeit sich noch im Entwurfsstadium befindliches Gesetz zur Abschlussprüferaufsicht. Die grundsätzliche Trennung der Aufgaben der Aufsicht über den Wirtschaftsprüferberuf und der Interessenvertretung für den Wirtschaftsprüferberuf durch dasselbe Organ wird vom IDW wegen der hierdurch vermiedenen Interessenkonflikte begrüßt. Allerdings wird darauf zu achten sein, dass die angestrebten neuen Regelungen keine Überregulierungen enthalten, die das System insgesamt in Frage stellen könnten.

233. Corporate Governance

Auch nach der Verabschiedung des KonTraG hat die Frage nach einer angemessenen Ausgestaltung der Corporate Governance deutscher Aktiengesellschaften nichts an ihrer Aktualität eingebüßt. Der Deutsche Corporate Governance Kodex (DCGK), vorgelegt von der sog. „Cromme-Kommission" am 26.2.2002, kann als ein Musterbeispiel für die Deregulierung gelten.[43] Eine gesetzliche Regelung konnte durch private Initiative überflüssig gemacht werden. Gleichzeitig wurde durch eine Orientierung an international üblichen Festlegungen erreicht, dass der DCGK vom internationalen Kapitalmarkt anerkannt werden kann. Erste empirische Untersuchungen haben allerdings gezeigt, dass der DCGK in der derzeitigen deutschen Praxis noch nicht vollständig umgesetzt wurde.[44]

---

43 Der DCGK ist abrufbar unter: www.corporate-governance-code.de.
44 Vgl. OSER, P., Die Umsetzung des Deutschen Corporate Governance Kodex in der Praxis, in: Der Betrieb: Wochenschrift für Betriebswirtschaft, Steuerrecht, Wirtschaftsrecht, Arbeitsrecht (2003) S. 1337 und vgl. WERDER, A. V.: Kodex Report 2003: Die Akzeptanz der Empfehlungen des Deutschen Corporate Governance Kodex, in: Der Betrieb 2003, S. 1857.

234. Enforcement

Die private Enforcement-Einrichtung der ersten Stufe ist dem britischen Financial Reporting Review Panel nachempfunden, das im Sinne einer Deregulierung dem System einer staatlichen Aufsicht nach dem Beispiel der U.S.-amerikanischen Securities and Exchange Comission (SEC) gegenübersteht. Es ist die Hoffnung, dass auf dieser privaten Basis im Sinne einer Selbstregulierung die überwiegende Mehrzahl der Fälle aufgeklärt und geregelt werden kann.

Sollte dies im Einzelfall nicht machbar sein, erfordert – wie von Professor Hommelhoff im Einzelnen dargelegt[45] – das deutsche Rechtssystem die Einschaltung der BaFin als einer staatlichen Stelle, um auch obrigkeitliche Maßnahmen durchführen zu können. Hier hat sich das IDW dafür ausgesprochen, dass die konkrete Ausgestaltung der Kompetenzen der Prüfstelle und der BaFin sowie des Zusammenspiels beider Enforcement-Stufen gewährleisten muss, dass das von der Bundesregierung angestrebte Ziel der vorrangigen kooperativen Sachverhaltsklärung ohne Einschaltung staatlicher Stellen auch erreicht werden kann und dass deshalb zur Stärkung der Funktion der ersten Stufe sowie der freiwilligen Mitwirkung der Unternehmen an Untersuchungen der Prüfstelle das Prüfungsverfahren als eine in sich abgeschlossene Vorschaltlösung ausgestaltet sein sollte, das im Idealfall ohne Einschaltung der BaFin abgewickelt werden kann.[46]

Der Regierungsentwurf enthält hier Klarstellungen bspw. durch die

- ersatzlose Streichung des Sonderrechts der BaFin, die Prüfung jederzeit an sich ziehen zu können, wenn Gegenstand der Prüfung der Abschluss eines der Aufsicht der BaFin unterstehenden Kreditinstituts, Finanzdienstleistungsinstituts oder Versicherungsunternehmens ist.

- Klargestellung, dass die Überprüfung durch die Prüfstelle bzw. durch die BaFin sowohl im Rahmen der anlassbezogenen Prüfung als auch der Stichprobenprüfung keine nochmalige Abschlussprüfung darstellt, sondern dass sich die Überprüfung grundsätzlich auf abgrenzbare Teile des betroffenen Abschlusses bzw. Lageberichts zu beziehen hat.

- Regelung, dass sich nicht nur die BaFin, sondern auch die Prüfstelle bei der Durchführung ihrer Aufgaben anderer Personen bedienen darf. Die Gesetzesbegründung nimmt diesbezüglich ausdrücklich auf Wirtschaftsprüfer Be-

---

45 Vgl. den Beitrag von PROF. HOMMELHOFF in dieser Schrift sowie: HOMMELHOFF, P./ MATTHEUS, D., BB-Gesetzgebungsreport: Verlässliche Rechnungslegung – Enforcement nach dem geplanten Bilanzkontrollgesetz, in: BB 2004, S. 93-100.
46 Vgl. Stellungnahme des IDW vom 19.1.2004 zum RefE eines BilKoG

zug. Mit dieser Regelung wird eine schlanke Organisation der Prüfstelle möglich, wenn auf den Aufbau einer großen Prüfstelle verbunden mit entsprechend hohen Fixkosten zugunsten eines flexiblen Einsatzes externer Sachverständiger zur Sachverhaltserhebung und Entscheidungsvorbereitung verzichtet werden kann.

3 Schlussbemerkungen

Zusammenfassend lassen sich die Überlegungen in fünf Thesen zusammenfassen:

(1) Das dargestellte Wirkungsdreieck ist durch die Gesetzgebung in Deutschland annähernd errichtet. Es fehlen noch wenige Festlegungen im Interesse einer wirkungsvollen Berufsaufsicht. Diese werden – hoffentlich im Sinne einer deregulierten Grundsatzlösung – im Rahmen des Vorhabens eines Gesetzes zur Regelung der Wirtschaftsprüferaufsicht und der Transformation der im Entwurf bereits vorliegenden 8. EU-Richtlinie geschaffen. Alle Elemente des hier skizzierten Wirkungsdreiecks werden vom Wirtschaftsprüferberuf nachhaltig unterstützt. Im Sinne eines Systems sich gegenseitig ergänzender und kontrollierender Kräfte sind sie eine geeignete Grundlage zur Regulierung von Rechnungslegung und Prüfung.

(2) Die Deregulierung der Grundsätze, die diesem Wirkungsdreieck zugrunde liegen, ist noch nicht ganz gelungen. Hier haben Tagesaktualitäten und politische Forderungen zu Überregulierungen geführt. Diese sind entbehrlich, da das Wirkungsdreieck dies von selbst regeln wird – in vielen Fällen sogar besser.

(3) Die Einrichtung eines solchen Wirkungssystems benötigt Zeit. Wie ein Blick in die Praxis zeigt, beginnt bspw. die im KonTraG von 1998 begründete, verstärkte Zusammenarbeit zwischen Aufsichtsorgan und Abschlussprüfung erst jetzt sich langsam einzuspielen. Eine Hektik, wie sie derzeit bei dem Verfahren der externen Qualitätskontrolle an den Tag gelegt wird, nach der das System bereits heute geändert werden soll, wo gerade erst der zweite, im übrigen sehr positive Bericht des Beirats der Kommission für Qualitätskontrolle vorliegt, erscheint vorschnell, allerdings durch das Sarbanes Oxley Act motiviert.

(4) Vielleicht fehlt es der Politik und dem Gesetzgeber an Vertrauen in dieses sich selbst regulierenden System. Es ist eine Illusion internationaler Gremien und nationaler Behörden, wie IOSCO, PCAOB, EU-Kommission oder

deutscher Ministerien, die Abschlussprüfung so regeln zu können, dass dem Abschlussprüfer keine Entscheidungen mehr verbleiben. Die entgegengesetzte Wirkung hin zu einer mechanischen Abschlussprüfung mit nur mäßiger Wirkung wäre die Konsequenz. Es besteht immer die Notwendigkeit Sachverhalte eigenverantwortlich zu beurteilen – und damit auch das Risiko für berufliche Fehlurteile. Wir sollten mit dem Pfund einer hohen Ausbildung des deutschen Wirtschaftsprüfers wuchern und dem Abschlussprüfer die für die Beurteilung des Einzelfalls notwendigen Beurteilungsspielraum für sein Prüfungsvorgehen belassen!

(5) Die Einbeziehung der Öffentlichkeit in dieses Wirkungsdreieck hat mit dem Beirat der Qualitätskontrollkommission im Bereich der externen Qualitätskontrolle erfolgreich begonnen. Sie ist nun auch für das Enforcement bei der Besetzung des privaten Gremiums der ersten Stufe und für die Berufsaufsicht der Wirtschaftsprüfer vorgesehen. Für die Berufsaufsicht ist sogar vorgesehen, dass ein nicht aus Wirtschaftsprüfern besetztes Aufsichtsgremium die entscheidende Stimme haben soll. Die geglückte personelle Besetzung dieser Gremien wird eine entscheidende Voraussetzung für die Funktionsfähigkeit des Wirkungsdreiecks sein!

Literaturverzeichnis

4. WPO-NOVELLE, Gesetz vom 21.8.2002, BGBl I 2002, S. 3322-3343.

ABRAHAM, MICHAEL, Umstellung der Rechnungslegung: Die Zeitbombe tickt bereits, in: Handelsblatt vom 5.5.2004, S. B 4 (Umstellung der Rechnungslegung).

Allgemeine Begründung RegE. BilReG, S. 18, abrufbar unter www.bmj.de/media/archive/662.pdf (Stand: 21.4.2004).

Allgemeine Begründung zum RefE. BilKoG, Abschn. I, abrufbar unter www.bundesfinanzministerium.de/Anlage21312/Referentenentwurf-eines-Bilanzkontrollgesetzes-BilKoG.pdf (Stand: 8.12.2003).

BUNDESMINISTERIUM FÜR JUSTIZ (Hrsg.), Pressenotiz „Bundesregierung stärkt Anlegerschutz und Unternehmensintegrität" Nr. 10 / 03 vom 25. 2. 2003, abrufbar unter www.bmj.de unter der Rubrik Presse/Pressemitteilungen 2003 (Pressenotiz „Bundesregierung stärkt Anlegerschutz und Unternehmensintegrität").

BACKHAUS, KLAUS/MEFFERT, HERIBERT/BONGARTZ, MICHAEL/ESCHWEILER, MAURICE, Selbst- und Fremdbild der Wirtschaftsprüfer – Empirische Befunde zur Positionierung des Wirtschaftsprüfers in der Öffentlichkeit, in: WPg 2003, S. 625-637 (Selbst- und Fremdbild der Wirtschaftsprüfer).

DEUTSCHER BUNDESTAG, Gesetzentwurf zur Unternehmensintegrität und Modernisierung des Anfechtungsrechts (UMAG), abrufbar unter www.bmj.bund.de/media/archive/362.pdf (Stand: Januar 2004).

DEUTSCHER BUNDESTAG, Gesetzentwurf zur Einführung internationaler Rechnungslegungsstandards und zur Sicherung der Abschlussprüfung (BilReG), abrufbar unter www.bmj.bund.de/media/archive/654.pdf (Stand: 5.5.2004)

DEUTSCHER BUNDESTAG, Gesetzentwurf zur Kontrolle von Unternehmensabschlüssen (BilKoG), abrufbar unter www.bmj.bund.de/media/archive/655.pdf. (Stand: 5.5.2004)

DÖRING, CLAUS, Wen interessieren in der Bilanzsaison noch Bilanzen?, in: Börsenzeitung vom 27.3.2004, S. 8 (Wen interessieren in der Bilanzsaison noch Bilanzen?).

ERNST & YOUNG AG (Hrsg.), IAS/IFRS Umstellung. Kulturelle Revolution statt einfacher Konvertierung. Empirische Untersuchung 2004, 2004 (IAS/IFRS Umstellung 2004), abrufbar unter www.ey.com.

EUROPÄISCHE GEMEINSCHAFT, Verordnung Nr. 707/2004 der Kommission vom 6.4.2004, Amtsblatt der Europäischen Union, L111/3.

Literaturverzeichnis

EUROPÄISCHE GEMEINSCHAFT, Verordnung Nr. 1606/2002 der Kommission vom 19.7.2002 betreffend die Anwendung internationaler Rechnungslegungsstandards, L243/1.

GROSS, GERHARD, Das Fell des Bären, in: Rechnungslegung, Prüfung und Beratung – Herausforderungen für den Wirtschaftsprüfer. Festschrift für Rainer Ludewig, hrsg. von Baetge, J./Börner, D./Forster, K.-H./Schruff, L., Düsseldorf 1996, S. 333-364 (Das Fell des Bären).

GROSSFELD, BERNHARD, Bilanzziele und kulturelles Umfeld, in: Neuorientierung der Rechnungslegung. Bericht über die Fachtagung '94, Düsseldorf 1995, S. 19-37 (Bilanzziele und kulturelles Umfeld).

HERZIG, NORBERT, IAS/IFRS und steuerliche Gewinnermittlung, Düsseldorf 2004 (IAS/IFRS und steuerliche Gewinnermittlung).

HOMMELHOFF, PETER/MATTHEUS, DANIELA, BB-Gesetzgebungsreport: Verlässliche Rechnungslegung – Enforcement nach dem geplanten Bilanzkontrollgesetz, in: BB 2004, S. 93-100 (Verlässliche Rechnungslegung – Enforcement nach dem geplanten Bilanzkontrollgesetz).

HUS, CHRISTOPH, „Das Vertrauen der Wirtschaftsprüfer ist dahin", in: Handelsblatt vom 23.4.2004, Karriere und Management, S. 6 (Die Angst vorm Prüfer als Spion).

IDW, Pressenotiz zum Referentenentwurf eines Bilanzrechtsreformgesetzes vom 15.12.2003, abrufbar unter www.idw.de (Pressenotiz zum Referentenentwurf eines Bilanzrechtsreformgesetzes vom 15.12.2003).

IDW, Pressenotiz zum Entwurf der 8. EU Richtlinie (Abschlussprüferrichtlinie) vom 16.3.2004, abrufbar unter www.idw.de (Pressenotiz zum Entwurf der 8. EU Richtlinie (Abschlussprüferrichtlinie) vom 16.3.2004).

IDW, IDW Prüfungsstandard: Beauftragung des Abschlussprüfers (IDW PS 220), in: WPg 2001, S. 895-898 (PS 220).

IDW, IDW Prüfungsstandard: Grundsätze für die mündliche Bereichterstattung des Abschlussprüfers an den Aufsichtsrat (IDW PS 470), in: WPg 2003, S. 608-610 (PS 470).

IDW, Stellungnahme zum Referentenentwurf eines BilKoG, abrufbar unter www.idw.de (Stellungnahme zum Referentenentwurf eines BilKoG).

IDW, Stellungnahme zum Regierungsentwurf des KonTraG, in: IDW-FN 1998, S. 17-20 und IDW-FN 1998, S. 50-52 (Stellungnahme zum Regierungsentwurf des KonTraG).

IDW, Stellungnahme zum Referentenentwurf eines Bilanzrechtsreformgesetz vom 23.1.2004, in: WPg 2004, S. 143-152 (Stellungnahme zum Referentenentwurf eines Bilanzrechtsreformgesetz).

KUHNER, CHRISTOPH, Auf dem Weg zur Prinzipienbasierung der kapitalmarktorientierten Rechnungslegung?, in WPg 2004, 261-271 (Auf dem Weg zur Prinzipienbasierung der kapitalmarktorientierten Rechnungslegung?).

LEFFSON, ULRICH, Die Grundsätze ordnungsmäßiger Buchführung, 7. Aufl., Düsseldorf 1987 (Die Grundsätze ordnungsmäßiger Buchführung).

O. V., Bilanzierung der Banken droht der Overkill, Börsenzeitung vom 4.5.2004, S. 5 (Bilanzierung der Banken droht der Overkill).

O. V., Brüssel legt die Bilanzprüfer an die Leine, in Frankfurter Allgemeine Zeitung vom 17.3.2004, S. 13 (Brüssel legt die Bilanzprüfer an die Leine).

O. V., A well-aimed salvo heads for the Big Four, in: Financial Times vom 22.3.2004, S. 16 (A well-aimed salvo heads for the Big Four).

O. V., Der Angstfaktor belastet die Wall Street, in: Frankfurter Allgemeine Zeitung vom 25.3.2004, S. 25 (Der Angstfaktor belastet die Wall Street).

O. V., Normenflut am deutschen Finanzplatz, in: Neue Zürcher Zeitung. Online vom 22.4.2004, abrufbar unter www.nzz.ch (Normenflut am deutschen Finanzplatz).

O. V., Kleine Unternehmen sind die IFRS-Schlusslichter, in: Börsenzeitung vom 21.4.2004 (Kleine Unternehmen sind die IFRS-Schlusslichter).

OLDAG, ANDREAS, Friss Vogel oder stirb, in: Süddeutsche Zeitung vom 30.3.2004, S. 19 (Friss Vogel oder stirb).

OSER, PETER, Die Umsetzung des Deutschen Corporate Governance Kodex in der Praxis, in: DB 2003, S. 1337-1341 (Die Umsetzung des Deutschen Corporate Governance Kodex in der Praxis).

PSEPHOS GMBH, ohne Titel, in: Handelsblatt vom 3.2.2004, Business-Monitor.

SIEBENMORGEN, MARKUS, Der Wirtschaftsprüfer im Spiegel der Presse, in WPg 2004, S. 394-403 (Der Wirtschaftsprüfer im Spiegel der Presse).

SPRISSLER, WOLFGANG, Keine Harmonisierung um jeden Preis, in: Börsenzeitung vom 4.05.2005, S. 5 (Keine Harmonisierung um jeden Preis).

WERDER, AXEL VON: Kodex Report 2003: Die Akzeptanz der Empfehlungen des Deutschen Corporate Governance Kodex, in: DB 2003, S. 1857-1863 (Kodex Report 2003).

WILSING, HANS-ULRICH, Aufsichtsräte – Personae non gratae, in: Börsenzeitung vom 8.5.2004, S. 6 (Aufsichtsräte – Personae non gratae).

Wirtschaftsprüfer-Examens-Reformgesetz vom 1.12.2003, BGBl. I 2003, S. 2446 (WPRefG).

Literaturverzeichnis

WPK (Hrsg.), Bericht des Qualitätskontrollbeitrates bei der Wirtschaftsprüferkammer für 2003 vom 24.3.2004, abrufbar unter www.wpk.de (Bericht des Qualitätskontrollbeitrates bei der Wirtschaftsprüferkammer für 2003).

Diskussion

zu den Vorträgen von

Prof. Dr. Dr. h.c. Peter Hommelhoff

Dr. Gerhard Gross

An der Diskussion beteiligten sich neben den Referenten:

Prof. Dr. Dr. h.c. Jörg Baetge
Westfälische Wilhelms-Universität
Münster

Prof. Dr. Dr. h.c. Wolfgang Ballwieser
Ludwig-Maximilians-Universität
München

Dr. Rudolf J. Niehus
WP/StB
Düsseldorf

Prof. Dr. Wienand Schruff
WP
KPMG Deutsche Treuhand Gesellschaft AG
Berlin

Horst J. Steinharter
Management + Informations-Systeme GmbH
Recklinghausen

Baetge:

Zu Beginn der 2. Diskussionsrunde möchte ich Bezug auf den hoch interessanten und lehrreichen Vortrag von Herrn Dr. Gross nehmen. Die Trias Corporate Governance, Prüfungsqualität und Enforcement führt nach Ihrer Auffassung auf der Basis deregulierter, grundsatzbasierter Regelungen zu einer eindeutigen Rechnungslegung. Meine These, die ich zur Diskussion stellen möchte, lautet, dass wir uns durch zahlreiche neue IFRS-Regelungen auf dem Weg zu einer mehrdeutigen, internationalen Rechungslegung befinden. Ein zweiter Punkt betrifft die Untersuchung von BACKHAUS U. A., nach der Wirtschaftsprüfer ihre Unabhängigkeit und Unparteilichkeit in starkem Maße als gegeben ansehen, Medienvertreter hingegen gerade in diesen beiden Punkten erhöhten Nachholbedarf sehen. Als Lösung für diesen Missstand möchte ich mich für Regelungen seitens des Berufsstandes einsetzen, die die Distanz zwischen Vorstand und Abschlussprüfer sowohl auf beruflicher Ebene, aber viel mehr noch, auch auf privater Ebene wahren. Das macht m. E. bereits Unabhängigkeitsüberlegungen erforderlich, wenn Vorstand und Abschlussprüfer bspw. in einer wohltätigen Organisation oder in einem Verein freundschaftlich verbunden sind. Bereits bei dieser Konstellation ist zu überlegen, ob die Unabhängigkeit und Unparteilichkeit des Abschlussprüfers gegenüber dem zu prüfenden Vorstand gewahrt ist. Dabei ist mir bewusst, dass eine rechtliche Beurteilung dieser, die Unabhängigkeit und Unparteilichkeit gefährdenden Konstellationen, äußerst schwierig ist. Dass dieses Problem besteht, ist bei der Umsetzung der Ergebnisse das Arbeitskreises „Abschlussprüfung und Corporate Governance" unter dem Vorsitz von Professor Lutter und mir, sowie bei der Arbeit der europäischen Kommission und der Erarbeitung des Referentenentwurfs zum BilReG zu Tage getreten. Die Schwierigkeit einer trennscharfen Formulierung der Abhängigkeitsvermutung möchte ich am Beispiel des ehemaligen Bundesbankpräsidenten Ernst Welteke veranschaulichen. Eine Einladung der DRESDNER BANK in das Berliner Hotel Adlon führt nach meiner Auffassung nicht automatisch dazu, dass der Bundesbankpräsident seine Unabhängigkeit verliert. Aber hier kommt es nicht auf die „independence in mind" sondern auf die „independence in appearance" an. Ich glaube ebenfalls nicht, dass ein Abschlussprüfer, der mit dem Vorstand des zu prüfenden Unternehmens befreundet ist, per se abhängig und parteilich ist. Dennoch bleibt zu überlegen, ob das Ablehnen einer solchen Einladung ins Adlon oder der Verzicht auf das Mandat nicht geboten ist, um sich nicht von vornherein dem Verdacht der Abhängigkeit und Parteilichkeit auszusetzen. In meinem dritten Punkt möchte ich vor dem Hintergrund der Principal-Agent-Theorie auf die Konstruktion des deutschen Corporate Governance-Systems, vor allem auf

Diskussion

die Zusammensetzung der Kommission selbst, aufmerksam machen. Wenn beabsichtigt ist, Regeln für uneigennütziges Handeln im Sinne der Stakeholder zu finden, dann darf ein solches Gremium nicht zu zwei Dritteln mit Vertretern der Unternehmen, also Agenten, besetzt sein. Dies ist aus meiner Sicht ein unhaltbarer Zustand. Punkt vier bezieht sich auf die Sicherung der Qualität der Abschlussprüfung. Ist nach der Novellierung der Wirtschaftsprüferordnung das hohe Niveau der beruflichen Qualifikation weiterhin abgesichert? Abschlussprüfer müssen darauf bedacht sein, dass ihre Entscheidungen von vornherein angezweifelt werden, wenn in Zeitungsberichten zu lesen ist, dass Prüfungsaufträge auf Null-Euro-Basis abgewickelt werden. Das muss zu Zweifeln Anlass geben. Dagegen finde ich das Beispiel des Partners einer der größten Wirtschaftsprüfungsgesellschaften lobenswert, der aus Unabhängigkeitsgründen ein großes Mandat aufgegeben hat. Für diesen Verzicht ist dieser Partner von der internationalen Spitze der Gesellschaft aber nicht etwa gerügt sondern öffentlich ausgezeichnet worden. Solche Signalwirkungen wünschte ich mir in Zukunft häufiger.

Gross:

Herr Professor Baetge, ich danke Ihnen für die Gelegenheit, dazu Stellung nehmen zu können. Zunächst zu den eindeutigen Rechnungslegungsregeln. Die Eindeutigkeit der internationalen Rechnungslegungsvorschriften, wie ich sie gerne hätte, die Sie aber nicht so sehen, bezieht sich aus meiner Sicht auf das weltweite Verständnis dieser Vorschriften. Es sei betont, dass auch ich es als eine Illusion ansehe, dass durch das Wirkungsdreieck Corporate Governance, Prüfungsqualität und Enforcement die Wahlrechte der IAS/IFRS in irgendeiner Weise vermindert werden. Vor diesem Hintergrund ist die Frage aufzuwerfen, warum der Kapitalmarkt die IAS/IFRS überhaupt annimmt? Schließlich führen die IAS/IFRS zu einer höheren Volatilität in den Ergebnissen der Unternehmen. Erklärungsversuch Nr. 1: Die Volatilität erweckt das öffentliche Interesse, da permanent neue Momentaufnahmen zutage treten. Erklärungsversuch Nr. 2: Die Volatilität der Ergebnisse ist gleichbedeutend mit Kursschwankungen und regt damit die Spekulation an der Börse an. Dabei ist mir bewusst, dass Schwankungen im Börsenkurs lange Zeit negativ bewertet wurden, aber mir scheint, dass dort ein Wandel durchlaufen wurde. Erklärungsversuch Nr. 3: Volatilität eröffnet verstärkt die Möglichkeit zu Management-Fraud. Dieser heikle Punkt ist nicht nur auf die Motivation der Selbstbereicherung zurückzuführen, sondern auch darauf, dass das Management die auf normalen Wegen nicht zu erreichende Performance durch Bilanzmanipulation erzielen will. Abschließend zu diesem

Punkt möchte ich festhalten, dass das Regelwerk der IAS/IFRS mit mehreren hundert Seiten nicht eindeutig sein kann. Dieses bedarf der ständigen Kommentierung und unterliegt in immer engeren zeitlichen Abläufen der Umwälzung. Ich denke, dass darüber weitestgehend Einigkeit besteht.

Punkt zwei betrifft die von Ihnen angesprochene Unabhängigkeit der Wirtschaftsprüfer. Meine persönliche Beobachtung ist, dass persönliche Verbindungen zwischen Vorstand und Abschlussprüfer in den letzten Jahren ohnehin abgenommen haben. Dazu tragen u. a. die veränderten Vorschriften zur internen Rotation bei, die in einem regelmäßigen Turnus gewachsene Beziehungen zum Mandanten unterbrechen. Ein anderer Aspekt ist die Bildung von Audit Committees, die einer zu engen Bindung von Vorstand und Wirtschaftsprüfer entgegenwirken. Als drittes möchte ich die letzte Runde der ISA-Transformation anführen, in deren Rahmen wir den Terminus „kritische Distanz" eingeführt haben. Der Abschlussprüfer hat eine kritische Distanz gegenüber dem Vorstand einzunehmen, d. h., er hat weder Sachverhalte von vornherein als falsch, noch als richtig zu beurteilen. Es sei darauf hingewiesen, dass das in der Tendenz einem Wandel in der bisherigen Grundhaltung gleichkommt: Es gilt nicht mehr die Vermutung, dass ein Prüfgebiet als ordnungsmäßig anzusehen ist, bis das Gegenteil bewiesen ist. Dies ist auch ein Resultat der Arbeit zum Thema „Aufdecken von Unregelmäßigkeiten" und dem neuen Risikomodell, das vom Wirtschaftsprüfer ein Verständnis von Risikofaktoren, die Unregelmäßigkeiten im betrachteten Unternehmen Vorschub leisten, verlangt.

Herr Professor Baetge, Ihr dritter Punkt bezog sich auf den Corporate Governance Kodex und seine Entstehung. Dazu möchte ich darauf hinweisen, dass sich die Arbeit an dem Corporate Governance Kodex auch an internationalen Vorgaben orientiert hat und daher im Ergebnis vernünftige Regelungen gefunden wurden. Anlass zur Sorge bereitet mir dagegen mehr der empirisch belegte Widerstand der Unternehmen, diese auf einer deregulierten Basis entwickelten Normen auch umzusetzen. Die Folge kann sein, dass doch noch gesetzliche Normen gefunden werden müssen.

Punkt vier ging auf die Sicherung der Prüfungsqualität zurück. Hintergrund ist das Bestreben, die Wirtschaftsprüferausbildung unter Beibehaltung der Ausbildungsqualität zu verkürzen. Nach dem bisherigen Stand wird die Qualifikation zum Wirtschaftsprüfer nicht selten erst mit 35 Jahren erreicht. Diese Situation bringt ohne Zweifel auch Probleme im familiären Bereich mit sich. Ein Lösungsansatz ist die Anerkennung von Leistungen für das Wirtschaftsprüferexamen, die bereits an der Hochschule erbracht wurden. Ein Kritikpunkt ist, dass Lehrinhal-

Diskussion

te, z. B. im Rahmen der Betriebswirtschaftslehre, auch einem zeitlichen Verfall unterliegen, da in der Zwischenzeit neue wissenschaftliche Erkenntnisse erarbeitet wurden. Diesen Kritikpunkt erachte ich nicht für wesentlich, da das Handwerkszeug, das für die Tätigkeit als Wirtschaftsprüfer von Bedeutung ist, doch von ausreichend zeitlichem Bestand ist. Wir erachten es auch für vertretbar anzunehmen, dass theoretisch vermitteltes Wissen in der Praxis fortlaufend weiterentwicklelt wird. Dies gilt natürlich nur unter dem Vorbehalt, dass das Lehrangebot der Hochschulen den Ansprüchen einer Vorbereitung auf das Wirtschaftsprüferexamen entspricht. Man muss sich dort noch auf ein Anforderungsprofil bzgl. der Lehrinhalte verständigen, und wir hoffen darauf, dass die Hochschulen in diesem Punkt in Konkurrenz treten werden. Diejenige Universität, die diese Ansprüche erfüllt, erhofft sich dadurch natürlich einen vermehrten Zulauf von Studenten, die das Berufsziel „Wirtschaftsprüfer" verfolgen. Unsere Hoffnung ist, dass dieser Mechanismus funktionieren wird und wir damit die Qualität der Ausbildung sichern können.

Ich komme nun zu Ihrem letzten Punkt, Herr Professor Baetge. Entscheidungen sind nach wie vor wichtig für die Qualität der Abschlussprüfung. Diese Tatsache braucht nach meiner Einschätzung nicht diskutiert werden. Von Anfang an festgelegte Prüfungshandlungen oder eine Strukturierung von Prüfungshandlungen nach dem Wenn-Dann-Prinzip gehören zur Historie. Mit dem hohen Niveau der Ausbildung und der Qualifikation der deutschen Wirtschaftsprüfer können wir aus meiner Sicht weiterhin das Risiko eingehen, dem Wirtschaftsprüfer Entscheidungsspielräume in die Hand zu legen. Wenn dieser Entscheidungsspielraum jedoch durch fehlende Unabhängigkeit und Unparteilichkeit nicht verantwortungsvoll ausgefüllt wird, sind Unabhängigkeitsregeln zu finden. Das IDW vertritt die Auffassung, dass diese notwendig und aus aktuellem Anlass auch geboten sind. Was wir nicht wollen, sind Normen, die zu einer Überregulierung führen und keine Wirkung entfalten, da sie allein auf eine positive Außenwirkung abzielen. Dort sollte ein Gleichgewicht zwischen Kosten und Nutzen gewahrt werden.

Hommelhoff:

Zwei Bemerkungen zu Ihren Punkten. Bis zum Jahr 2010 sind die deutschen Hochschulen dazu gezwungen, die Studienstruktur weg von Diplomstudiengängen hin zu Master- und Bachelorstudiengängen umzugestalten. Es scheint mir eine Selbstverständlichkeit zu sein, im Zuge dieser Umstellung Masterstudiengänge zu bilden, die den von Ihnen angesprochenen Anforderungen entsprechen. Diese Chance wird sich keine Universität in der heutigen Konkurrenzsituation verbauen. Abgesehen davon, sind große Universitäten bereits jetzt in der Lage, ein von Ihnen vorgegebenes Curriculum in kürzester Zeit zusammenzustellen. Punkt zwei bezieht sich auf das Beispiel von Professor Baetge, demzufolge Prüfungsaufträge für Null Euro abgewickelt werden und dieses sogar öffentlich bekannt wird. Diese Prüfungsleistungen werden eindeutig unter Selbstkosten erbracht und sind damit wettbewerbswidrig. Es ist äußerst verwunderlich, dass der Berufsstand keine rechtlichen Mittel ergreift, um diese Praxis zu unterbinden. Ein Vorgehen gegen derartige Vereinbarungen ist unabdingbar, wenn man die Forderung nach einer Selbstreinigung ernst nimmt. Die Konsequenz oder die einzige Alternative könnte sonst ein Gebührenaufsichtsamt sein, das seitens des Berufsstandes sicherlich nicht befürwortet wird.

Gross:

Herr Professor Hommelhoff, ich bin ganz Ihrer Meinung. In dem jetzigen Regierungsentwurf zum BilReG wurde eine Nr. 9 dem bisherigen § 285 HGB angefügt, der die Offenlegung der Bezüge des Wirtschaftsprüfers aus Prüfung, Beratung etc. vorschreibt. Diese Neuregelung wird sicherlich zu einer Bereinigung dieser Situation beitragen. Aus der Sicht eines Aufsichtsratsmitglieds werde ich in Zukunft in Erklärungsnöte kommen, wenn ich für eine Prüfungsleistung ein Null-Euro-Honorar vereinbart habe, Beratungsleistungen aber mit mehreren Millionen Euro zu Buche stehen. Eine weitere Systemregelung, die Einführung des Peer Reviews, wird aus meiner Sicht ihr Übriges dazu beitragen, solche Gepflogenheiten in Zukunft noch mehr zu unterbinden. Mit Blick auf die Lehre an den Hochschulen fällt mir leider auf, dass den Studenten vielfach beigebracht wird, das Kalkül der Deckungsbeitragsrechnung im Rahmen der Berechnung der Prüfungshonorare zugrunde zu legen. Prüfungsaufträge sollten jedoch grundsätzlich nur zu Vollkosten kalkuliert und angenommen werden.

Baetge:

Eine etwas scherzhafte Bemerkung zur Deckungsbeitragsrechnung: Bei der Abschlussprüfung fallen nur fixe Kosten an.

Ballwieser:

Eine Anmerkung zu den Anforderungen an die Lehre der Hochschulen. Man sollte nicht von ganz hohen Erwartungen ausgehen. Es kommen Bachelor- und Master-Programme auf uns zu, um damit den Diplomstudiengang zu ersetzen. Der Rahmenordnung für die neuen Studiengänge zufolge resultiert daraus im Einzelfall eine längere Studiendauer. Von einer Studienzeitverkürzung kann also

Diskussion

nicht automatisch ausgegangen werden. Wird tatsächlich eine Verkürzung der Studienzeit erreicht, so kollidiert das nach meiner Auffassung mit den Erwartungen der Praxis, deren Anforderungen an die Qualität der Lehre beständig steigen. Um es an dem Beispiel des Bilanzrechts zu verdeutlichen, wurde früher vorausgesetzt, dass fundierte Kenntnisse über das HGB und EStG vermittelt werden. Heute kommen die IAS/IFRS hinzu und im Einzelfall noch zusätzlich die Normen der US-GAAP. Ein anderes Beispiel. Wurden früher Grundkenntnisse im Umgang mit Ertragswertkalkülen vermittelt, so stehen durch den Blick nach Übersee heute auch Discounted Cashflow-Verfahren mit all ihren Varianten und technischen Komplikationen auf den Lehrplänen und Wunschlisten der Praxis. Früher war die Theorie der Prüfungslehre durch ein relativ simples institutionelles Umfeld geprägt, wovon heute keine Rede mehr sein kann. Die Studienzeit sinkt, die Lehrinhalte steigen und schon bewegen wir uns auf eine Erwartungslücke zu. Ob es gelingen kann, die Umstellung auf Bachelor- und Masterstudiengänge dazu zu nutzen, gleichzeitig die Anforderung des Berufsstandes an die Ausbildung zum Wirtschaftsprüfer zu erfüllen, wage ich ernsthaft zu bezweifeln. Dies gelingt nur großen Universitäten, die sowohl personell, als auch infrastrukturell genügend Ressourcen besitzen. In diesem Zusammenhang sei auch auf die finanzielle Ausstattung der Länder hingewiesen, die keinen Anlass zu großem Optimismus bietet.

Hommelhoff:

Herr Professor Ballwieser, hier entsteht doch ein hoch interessanter Ausbildungsmarkt für eine Berufssparte, die eine große Aufnahmekapazität für Absolventen vorweisen kann. Wie in jedem Markt werden sich Marktführer herausbilden, die dieses Feld dominieren werden. Dann ist es selbstverständlich, dass die eine oder andere Universität aus mangelnder Konkurrenzfähigkeit diese Vorhaben nicht verfolgen wird oder ihre Bemühungen im Laufe der Zeit zurückfährt. Eine Konzentration ist nicht zu vermeiden und m. E. auch nicht schädlich. Wenn die Universitäten sich nicht auf ihre Stärken besinnen, dann werden private Institutionen diese Lücke füllen.

Ballwieser:

Wir wissen natürlich, was wir wollen und wir werden uns dem Wettbewerb stellen. Wir befinden uns zurzeit in der Umstellung und betreten mit dem Bachelor und Master neue Ufer. Keine Personalabteilung namhafter Konzerne, keine Wirtschaftsprüfungsgesellschaft kann uns zum heutigen Zeitpunkt sagen, welche Anforderungen sie an den Bachelor oder Master stellen, geschweige denn, wie sie auf die Bewerbung eines Absolventen mit dem Bachelor in der Tasche reagieren. Wenn wir die Studienzeit verlängern, indem wir den Diplomstudiengang abschaffen und diesen durch Bachelor plus Master ersetzen, dann verfehlen wir das Ausgangsziel der Studienzeitverkürzung. Und insofern findet im Moment ein Experiment auf freiem Feld statt, dessen Ausgang noch nicht absehbar ist. Wir stellen uns gerne dem Wettbewerb und erkennen auch die Chancen daraus, aber die Parameter, um sich richtig aufzustellen, sind uns noch nicht bekannt.

Niehus:

Es kam das Beispiel der kritischen Distanz zwischen Abschlussprüfer und Vorstand zur Sprache, die sich auch auf den privaten Bereich erstrecken soll. Im deutschen Corporate Governance Kodex ist vorgesehen, wenn auch weich formuliert, dass der Wirtschaftsprüfer das Honorar mit dem Aufsichtsratsvorsitzenden auszuhandeln oder zu vereinbaren hat. Am Ende der Abschlussprüfung stellt nun der Wirtschaftsprüfer seine Kosten in Rechnung. Aus dem Sinnzusammenhang heraus ist anzunehmen, dass diese ebenfalls dem Aufsichtsrat zugeht. Dieser Punkt wird im Corporate Governance Kodex offen gelassen. Der Aufsichtsratsvorsitz hat aber doch nicht die Kompetenz, die Zahlung der Rechnung anzuweisen. Ist dazu erst ein Aufsichtsratsbeschluss notwendig? Die Wahrung der kritischen Distanz zwischen Abschlussprüfer und Vorstand halte ich vor diesem Hintergrund für schwierig.

Steinharter:

Die Forderung, dass der Wirtschaftsprüfer die kritische Distanz zu den Vorständen wahrt, halte ich für wirklichkeitsfremd. Man muss sehen, dass es sich um ein Verhältnis zwischen Auftragnehmer und Auftraggeber handelt. Als Auftragnehmer bin ich stets bestrebt, zu meinem Kunden ein gutes, auch persönliches Verhältnis zu pflegen und zu erhalten. Dieses Bestreben entspricht dem natürlichen Verhalten, wie es in der Wirtschaft vorzufinden ist. Die bisherige Diskussion berücksichtigt m. E. daher nicht die realen Verhältnisse in der Wirtschaft.

Baetge:

Herr Steinharter, Ihre Darstellung stimmt seit dem KonTraG so nicht mehr. Für die Prüfung des Unternehmens ist allein der Aufsichtsrat zuständig. Sie haben aber einen anderen wichtigen Punkt angesprochen. Der Abschlussprüfer ist immer dann Kunde des Topmanagements, wenn neben dem Prüfungsauftrag auch ein Beratungsauftrag vorliegt. Dort herrscht tatsächlich ein Auftragneh-

Diskussion

mer-Auftraggeber-Verhältnis. Es geht mir jedoch nicht um den sofortigen Abbruch jeglicher Auftragsbeziehungen zwischen Vorstand und Abschlussprüfer, sondern vielmehr um dass Bewusstsein, dass eine zu enge Verbindung schädlich sein kann. Ich versuche bereits, meinen Studenten diese Vorprägung zu vermitteln, damit sie sich von Anfang an dieser Problematik bewusst sind. Nach meiner Ansicht würde diese Grundeinstellung bereits vielfach helfen. Dass dieses nicht selbstverständlich ist, beweist die Vergangenheit. Auf der Tagung der European Accounting Association von Herrn Ballwieser hat der Vorstand einer der vier größten Wirtschaftsprüfungsgesellschaften gesagt, dass die Wirtschaftsprüfung eine commodity sei, die von vielen am Markt angeboten würde. Deshalb sei es für die WPG notwendig, einen Weg hin zur Differenzierung zu finden, gleich dem Vorgehen einer Marketingabteilung in Industriebetrieben. Die Orientierung an den Bedürfnissen des Kunden sei das A und O und wenn Zusatzleistungen in Form von Beratung gewünscht seien, dann würden diese nach Wunsch auch angeboten. Und das ist genau die falsche Einstellung: Die Leistungen von Abschlussprüfern können nicht „beliebig" vermarktet werden. Und Abschlussprüfung ist keine industrielle Massenfertigung sondern ein Vertrauensgut für den Shareholder und für den Stakeholder. In der Zwischenzeit haben die Abschlussprüfer sicherlich viel gegen eine solche Sicht getan, aber ich möchte mich für eine Verstärkung dieses Prozesses einsetzen und gehe dafür gerne das Risiko ein, als weltfremd angesehen zu werden.

Gross:

Das Problem, mit dem sich der Berufsstand intensiv auseinandergesetzt hat, bezieht sich auf die Fragen, wann Beratungsaufträge eine Quersubventionierung für die Prüfung darstellen und welche Beratungsleistungen letztlich zur Selbstprüfung führen. Wir haben eine ganze Reihe von Punkten gefunden, die ein großes Problem darstellen würden. Es steht aber auch fest, dass eine Beratungsleistung ohne Grundkenntnisse über das Unternehmen eine schlechte ist. Das heißt, wenn ein Abschlussprüfer schon Erkenntnisse über ein Unternehmen gesammelt hat und diese im Rahmen der Beratung verwendet, dann ist das eigentlich eine sehr günstige und vorteilhafte Möglichkeit. Günstig nicht nur für den Abschlussprüfer, der einen Zusatzauftrag bekommen hat, sondern hauptsächlich günstig für das Unternehmen, das die gleichen Arbeitsschritte nicht zweimal bezahlen muss. Ich denke jetzt hier auch mal ganz bewusst an die mittelständischen Unternehmen, denen diese Thematik besonders am Herzen liegt. Ein generelles Verbot des Nebeneinander von Beratung und Prüfung wäre für die mittelständische Wirtschaft und mittelständische Wirtschaftsprüfungsgesellschaften eine extrem teure Maßnahme. Ein zweiter Punkt bezieht sich auf die interne Struktur der Prüfungsunternehmen. Es gibt vielerlei Verknüpfungen zwischen Beratungs- und Prüfungsabteilungen und daraus resultieren auch Abhängigkeiten, soweit Fertigkeiten und Kenntnisse betroffen sind. Die geforderte Trennlinie müsste auch in den Prüfungsgesellschaften selbst gezogen werden. Damit verliert der Beruf des Wirtschafsprüfers wesentlich an Attraktivität. Diese Liste von Nachteilen, die wir erarbeitet haben, ließe sich beliebig fortsetzen. Wenn man sich mit der Thematik „Abhängigkeit" auseinandersetzt, so kann man im Endergebnis immer feststellen, dass „Abhängigkeit" immer „finanzielle Abhängigkeit" bedeutet. Es ist im Ergebnis gleichgültig, ob ein Abschlussprüfer ein Zusatzhonorar über einen Zusatzprüfungsauftrag oder einen Beratungsauftrag erwirtschaftet. Es ist einzig und allein von Bedeutung, wenn Beratungshonorare im Vergleich zu Prüfungshonoraren einen unverhältnismäßig großen Anteil ausmachen. Stimmt dieses Verhältnis nicht, so ist es Aufgabe des Aufsichtsrats, diese zu genehmigen oder diese Vergabepolitik zu unterbinden. Mit den Neuregelungen des BilReG sehen wir zurzeit das Kernproblem als ausreichend erfasst. Das zweite Kernproblem, das wir als Abschlussprüfer, als IDW oder auch im Rahmen der WPK lange Zeit parallel mit im Fokus gehabt haben, betrifft das Selbstprüfungsverbot. Natürlich darf ein Abschlussprüfer nicht das prüfen, was vorher durch seine Beratungstätigkeit Einlass in den Jahres- oder Konzernabschluss gefunden hat. Auch für diesen Punkt gelten aber grundsätzlich die gleichen Argumente, wie ich sie zu den beiden vorangegangenen Punkten angeführt habe.

Hommelhoff:

Zunächst möchte ich auf die Frage von Herrn Niehus eingehen. Das Gesetz sieht in § 111 Abs. 2 AktG vor, dass der Aufsichtsrat den Prüfungsauftrag erteilt und damit auch die Höhe des Honorars festlegt. Damit ist die Gesellschaft zugleich zur Zahlung des Honorars verpflichtet. Dort kann ich kein Problem identifizieren.

Herr Dr. Gross, ich glaube, dass das neue Gesetz in seiner Differenzierung das Problem richtig erfasst. Damit möchte ich insbesondere auf den neuen § 319a HGB – Ausschlussgründe in besonderen Fällen – hinweisen, der sich auf die Prüfung kapitalmarktorientierter Unternehmen bezieht. Dadurch werden die Lehren, die der Berufsstand aus den großen Bilanzskandalen wie ENRON oder WORLDCOM gezogen hat, angemessen berücksichtigt. Meine Damen und Herren, Sie müssen sich vor Augen führen, dass diese Skandale zum Ergebnis hatten, dass tausende von Beschäftigten ihre Altersversorgung verloren haben. Diese Konsequenzen können Deutschland ebenfalls bald bevorstehen. Die scharfen

Diskussion

Anforderungen, die insoweit auch an die Unabhängigkeit der Wirtschaftsprüfer gestellt werden, sind vor diesem Hintergrund zu bewerten und aus meiner Sicht auch zu verstehen. Dieser Punkt gewinnt im deutschen Kontext zusehends mehr an Bedeutung, wenn die private Altersversorgung von der politischen Seite weiterhin forciert wird. Ein wesentlicher Träger dieser privaten Altersversorgung sind schließlich nicht zuletzt Aktienfonds. Daher muss sich der Berufsstand darauf einstellen, dass er hier eine ungeheuer wichtige Aufgabe im Bereich der Sozialpolitik übernimmt. Hinter diesem schwergewichtigen Argument müssen alle Ressentiments gegenüber den neuen Normen zurücktreten. Zugleich befürworte ich die Differenzierung der Unabhängigkeitsregeln in einen neuen § 319 HGB und § 319a HGB. Ich spreche mich deutlich dagegen aus, dass § 319a HGB mit der Zeit eine Abstrahlungswirkung auf § 319 HGB entfaltet, da in diesem Falle Anforderungen an Unternehmen und Wirtschaftsprüfungsgesellschaften gestellt würden, die nur im Zusammenhang mit der Prüfung kapitalmarktorientierter Unternehmen verhältnismäßig sind.

Schruff:

Vorweg möchte ich noch einmal betonen, Herr Professor Hommelhoff, dass wir das Vertrauen der Öffentlichkeit und des Kapitalmarktes in den Abschlussprüfer wiederherstellen wollen und damit auch das Vertrauen in die Unabhängigkeit. Wir müssen nur aufpassen, dass wir das Kind nicht mit dem Bade ausschütten. Das ist, glaube ich, auch das, was Herr Dr. Gross versucht hat, in seinem Vortrag deutlich zu machen. Ich bin Ihnen dankbar, dass Sie die Namen ENRON und WORLDCOM hier erwähnt haben. Erlauben Sie mir eine Gegenfrage: Glauben Sie, Herr Professor Hommelhoff, dass, wenn wir Unabhängigkeitsvorschriften, wie sie heute durch den SOA in den USA existieren, Vorschriften wie sie heute in Deutschland umgesetzt werden sollen oder Vorsschriften, die noch weit darüber hinausgehen, einen dieser beiden Fälle auch nur ansatzweise hätten verhindern können? Ganz klare Antwort: Nein. Die Fälle ENRON und WORLDCOM hätten durch kein Vorhaben dieser Art verhindert werden können. Das Problem dieser Fälle liegt ganz woanders. Die ENRON-Konstruktionen, die der Abschlussprüfer empfohlen hat, wären auch von jedem anderen, jeder anderen Rechtsanwaltskanzlei, die es in den USA reichlich gibt, und jedem anderen Financial Engineer erfunden worden. Dieses Modell war zudem keineswegs selten vorzufinden. Es ist nur leider oder vielmehr Gott sei Dank nur ENRON letztlich zum Verhängnis geworden. Daraufhin hat man beim Accounting Standard Setting sofort reagiert. Ob diese Reaktion ausreicht, um Konstruktionen wie Special Purpose Entities den Schrecken zu nehmen, wage ich zu bezweifeln. Der

Zusammenbruch von WORLDCOM war die Folge eines völlig anderen Sachverhalts. Es gibt inzwischen öffentliche Untersuchungsberichte über den Fall WORLDCOM, die auch im Internet verfügbar sind. In diesem Fall kann man schlicht und einfach feststellen: Prüfungsfehler bzw. Täuschung durch das Management. Damit will ich Ihnen verdeutlichen, dass die neuen Regelungen, die auf uns zukommen, primär helfen werden, die Glaubwürdigkeit der Wirtschaftsprüfer wiederherzustellen. Denjenigen, denen diese Regelungen noch nicht weit genug gehen, weil die finanzielle Abhängigkeit nach wie vor gegeben ist, sei gesagt, dass die Wirtschaftsprüfung eine auf Einnahmeerzielung beruhende Tätigkeit ist. Der einzige Ausweg ist die Verstaatlichung der Prüfungsfunktion, und ich glaube, dass dies niemand ernsthaft beabsichtigt. Ich warne davor, dass man die Regulierung an dieser Stelle überzieht und dass man am Ende die Qualität der Abschlussprüfung nicht im Auge behält. Das Abzielen auf eine reine Außenwirkung ist nicht im Sinne der Sache. Um Fälle der Art, die Sie zitiert haben, künftig zu vermeiden, wird natürlich intensiv im Berufsstand nachgedacht. Patentlösungen können wir leider bisher nicht anbieten, jedoch existieren durchaus Forschungsansätze, die sich dieser Problematik der Täuschung des Prüfers annehmen.

Gross:

Ich bin mit allen Punkten, die Herr Professor Hommelhoff, angeführt hat, sehr einverstanden. Es soll nur nicht der Eindruck entstehen, dass sich die Wirtschaftsprüfer gegen jegliche Form von Unabhängigkeitsregeln wehren. Das, was wir nicht wollen, ist nur, dass solche Regeln mehr Schaden als Nutzen verursachen. Wir sind deshalb bestrebt, die momentane Entwicklung in eine für alle Beteiligten vernünftige und ausgewogene Richtung zu lenken.

Baetge:

Wenn ich die Thematik „Abhängigkeit durch Beratungsleistungen" noch einmal aufgreifen darf, dann sind aus meiner Sicht die bisherigen Argumente verwischt. Es wurde argumentiert, dass auf der einen Seite der Abschlussprüfer für das Audit Committee arbeitet und auf der anderen Seite, wenn der Abschlussprüfer Beratungsleistungen für das Unternehmen erbringt, der Abschlussprüfer als Berater primär dem Vorstand verpflichtet ist. Das Audit Committee hat bei der Bewertung nur einen mittelbaren Einfluss. Infolge der Forderung zur Trennung von Prüfung und Beratung ist hier davor gewarnt worden, dass der Wirtschaftsprüferberuf an Attraktivität verliert und zum reinen Hakenmachen degradiert wird. In meiner bisherigen Lehrtätigkeit an der Universität war ich immer darauf bedacht, natürlich auch die interessantern Beratungsfelder zu vermitteln, um den Studenten die Attraktivität des Berufs zu zeigen. Das bedeutet aber noch lange nicht, dass die Unternehmen, die man prüft, auch extensiv oder intensiv beraten werden müssen. Meine jüngsten Beobachtungen, zumindest bei den Big Four, bestätigen den Eindruck, dass diese bemüht sind, Beratung und Prüfung zu trennen. Es werden bspw. verstärkt bei jenen Unternehmen Akquisitionsbemühungen für Beratungsaufträge gestartet, bei denen man nicht das Prüfungsmandat innehat. Ihr Argument, Herr Dr. Gross, die Synergien zwischen Beratung und Prüfung sollten gehoben werden, möchte ich dadurch entkräften, dass die Union von Prüfung und Beratung in der Vergangenheit mehr gekostet, als genutzt hat. Der Fall ENRON hat alle Shareholder, nicht die von ENRON allein, in den USA 200 Milliarden und in Europa 50 Milliarden Dollar gekostet. Wenn Synergien aus Kostengründen ins Feld geführt werden, die letztlich zum Wohle des Shareholders generiert werden sollen, dann sind auf jeden Fall auch die Folgekosten aus entstandener Abhängigkeit mit in den Kalkül aufzunehmen. Anstelle des Versuchs, die Prüfung durch gleichzeitige Beratungsaufträge auskömmlich zu machen, müsste der Ansatz vielmehr lauten, das Prüfungshonorar entsprechend der Leistung auskömmlich zu gestalten, um die wirtschaftliche Notwendigkeit einer gleichzeitigen Beratung aufzuheben. Das Prüfungshonorar muss mehr als die Kosten, die sich aus der Dauer und damit aus der Intensität und damit wiederum aus dem Stichprobenumfang der Prüfung ergeben, decken. Zwischen Prüfungshonorar und Prüfungsleistung besteht bisher leider ein erhebliches Ungleichgewicht.

Schruff:

Herr Professor Baetge, ich glaube, ich konnte meinen Standpunkt nicht deutlich machen. ENRON ist nicht auf die Union von Prüfung und Beratung zurückzuführen. In aller Deutlichkeit: Wäre die Beratung nicht von dem Abschlussprüfer erbracht worden, dann eben von einem anderen Berater. Die Konstruktion von Special Purpose Entities war ein durchaus bekanntes und gängiges Modell in den USA.

Baetge:

Bei den Fällen ENRON und WORLDCOM handelt es sich um zwei Betrugsfälle. Und ich wage zu behaupten, dass durch die Trennung von Beratung und Prüfung ein derartiger Schaden hätte verhindert werden können. Wenn die Konstruktionen, die zuvor aus der Beratung hervorgegangen sind, in der zeitlichen

Folge falsch bewertet worden sind, dann hat das sehr wohl etwas mit Unabhängigkeit wegen der vorherigen Beratung zu tun. Dieser Zusammenhang und auch andere Details des Falles ENRON müssen mitbeachtet werden.

Schruff:

Davon gibt es eine ganze Reihe, sicherlich. Unsere Erfahrung ist jedoch die, dass die Aggressivität der Berater umso größer ist, je mehr Vorsprung sie vor dem Prüfer haben. Wenn der Prüfer dann mit zeitlichem Abstand zur Beratung den Konzernabschluss prüfen muss, ist die Erfassung und Bewertung derartiger Konstruktionen sehr schwer. Dieser zeitliche Abstand zur Beratung hat sicherlich den Vorteil, dass der Prüfer unbefangener ist. Diesem steht aber der aus meiner Sicht gewichtigere Nachteil gegenüber, die bereits installierten Modelle mit zeitlicher Distanz nachvollziehen und würdigen zu müssen.

Christoph Ernst

Die neuen Regelungen zur Abschlussprüfung im nationalen und europäischen Umfeld

Gliederung:

1 Ursachen für Reformüberlegungen in Deutschland 137
2 Der Entwurf des Bilanzrechtsreformgesetzes 137
3 Der Gesetzentwurf des BilReG im Kontext europäischer und U.S.-amerikanischer Entwicklungen 142
   31 Die Vorschläge im Entwurf der EU-Richtlinie zur Änderung der Abschlussprüfer-Richtlinie 142
   32 Sarbanes Oxley Act 145
4 Vergleich und die Positionen anderer EU-Mitgliedstaaten 146
5 Zusammenfassung und Ausblick 147

Ministerialrat Dr. Christoph Ernst
Bundesministerium der Justiz, Berlin

Vortrag, gehalten am 27. Mai 2004 im Rahmen des
20. Münsterischen Tagesgesprächs
„Anpassung des deutschen Bilanzrechts an internationale Vorgaben –
Bilanzrechtsreformgesetz und Bilanzkontrollgesetz"

Die neuen Regelungen zur Abschlussprüfung im nationalen und europäischen Umfeld

1 Ursachen für Reformüberlegungen in Deutschland

Die gravierenden Bilanzskandale der jüngsten Vergangenheit wie ENRON oder WORLDCOM, aber auch AHOLD und PARMALAT, haben den Abschlussprüfer bzw. die Abschlussprüfung ins Licht der Öffentlichkeit gerückt. Im Zentrum der Reformüberlegungen in Deutschland steht die Frage, wie die Unabhängigkeit des Abschlussprüfers gestärkt werden kann, um das Vertrauen der Öffentlichkeit in die Abschlussprüfung wiederzugewinnen. Diese Frage kann allerdings längst nicht mehr nur im nationalen Kontext beantwortet werden, sondern ist vor dem Hintergrund globalisierter Kapitalmärkte und supranationaler Unternehmensbeziehungen zu diskutieren. Folgerichtig sind die deutschen Reformüberlegungen im Zusammenhang mit den Entwicklungen auf europäischer und außereuropäischer Ebene zu diskutieren und zu überprüfen. Grundlage dieser Diskussion sind neben dem 10-Punkte-Programm der Bundesregierung zur Stärkung der Unternehmensintegrität und des Anlegerschutzes und den Ergebnissen des Arbeitskreises „Abschlussprüfung und Corporate Governance" unter der Leitung von PROFESSOR BAETGE und PROFESSOR LUTTER auch die Empfehlungen der EU-Kommission und die Regelungen des Sarbanes Oxley Acts.[1] Mit dem Regierungsentwurf eines Gesetzes zur Einführung internationaler Rechnungslegungsstandards und zur Sicherung der Qualität der Abschlussprüfung (Bilanzrechtsreformgesetz – BilReG) soll u. a. die Unabhängigkeit des Abschlussprüfers auf deutscher Ebene gestärkt werden.

2 Der Entwurf des Bilanzrechtsreformgesetzes

Durch die Neufassung des § 319 HGB, im Folgenden als § 319 HGB-E bezeichnet, und die Erweiterung um einen § 319a HGB-E werden die Unabhängigkeitsregeln für Wirtschaftsprüfer und Wirtschaftsprüfungsgesellschaften, sowie unter der Maßgabe des § 319 Abs. 1 Satz 2 HGB-E auch die Unabhängigkeitsregeln für Buchprüfer und Buchprüfungsgesellschaften, erweitert und konkretisiert.

Besonderen Stellenwert besitzt vor diesem Hintergrund der § 319 Abs. 2 HGB-E, der Grundsätze festlegt, die zum Ausschluss eines Wirtschaftsprüfers bzw. vereidigten Buchprüfers als Abschlussprüfer führen.

---

1 Vgl. dazu im Einzelnen Gliederungspunkt A.VI. der Begründung zum Entwurf des BilReG.

Dieser lautet wie folgt:

> „Ein Wirtschaftsprüfer oder vereidigter Buchprüfer ist als Abschlussprüfer ausgeschlossen, wenn Gründe, insbesondere Beziehungen geschäftlicher, finanzieller oder persönlicher Art, vorliegen, nach denen Besorgnis der Befangenheit besteht."

Zentrale Ausschlussgründe sind demnach die tatsächliche Befangenheit und die begründete Besorgnis der Befangenheit. Durch das Einfügen des zweiten Ausschlussgrundes erlangt ein bisher nicht kodifizierter Grundsatz des Berufstandes der Wirtschaftsprüfer Einzug in das deutsche Gesetz. Die Besorgnis der Befangenheit des Abschlussprüfers besteht gem. der Begründung zum Gesetzentwurf des BilReG dann, wenn „aus der Sicht eines vernünftigen und verständigen Dritten genügend objektive Gründe vorliegen, an seiner Unvoreingenommenheit [des Abschlussprüfers; eingef. durch den Verf.] zu zweifeln." Ausschlussgründe, die die Besorgnis der Befangenheit begründen, sind bei Beziehungen geschäftlicher, finanzieller oder persönlicher Art vor allem:[2]

- Wirtschaftliches oder sonstiges Eigeninteresse von nicht nur untergeordneter Bedeutung am Ergebnis der Prüfung,
- Überprüfung eigener Leistungen,
- Interessenvertretung für oder gegen die zu prüfende Gesellschaft,
- nahe Beziehungen zur Unternehmensleitung der zu prüfenden Gesellschaft, die übermäßige Vertrautheit oder Vertrauen begründen sowie die
- Möglichkeit der Einflussnahme der zu prüfenden Gesellschaft auf den Abschlussprüfer, die seine Objektivität beeinträchtigt.

Dieser § 319 Abs. 2 HGB-E ist eine als Grundregel zu verstehende Norm, die um die Ausschlusslisten des § 319 Abs. 3 HGB-E und des neu eingefügten § 319a HGB-E ergänzt wird (sog. Kombinationsmodell). Die §§ 319 Abs. 3 und 319a HGB-E enthalten Ausschlussgründe in Form von unwiderlegbaren gesetzlichen Vermutungen. Mit dieser Systematik erfolgt eine Orientierung an dem Richtlinienvorschlag der EU-Kommission zur Novellierung der Abschlussprüferrichtlinie. Neben der Umsetzung des o. a. Grundprinzips haben die Mitgliedstaaten demnach dafür zu sorgen, dass dieses auch inhaltlich konkretisiert wird.

---

2 Vgl. dazu die Begründung zum Gesetzentwurf des BilReG sowie die Empfehlungen der EU-Kommission.

Die neuen Regelungen zur Abschlussprüfung im nationalen und europäischen Umfeld

Die Thematik der Unvereinbarkeit von Beratungs- und sonstigen Dienstleistungen für die Abschlussprüfung steht dabei im Zentrum der aktuellen Diskussion und ist für den Berufsstand der Wirtschaftsprüfer von besonderer Bedeutung. Durch § 319 Abs. 3 Nr. 3 HGB-E wird diese Problematik wie folgt erfasst:

> „(3) Ein Wirtschaftsprüfer oder vereidigter Buchprüfer ist insbesondere von der Abschlussprüfung ausgeschlossen, wenn er oder eine Person, mit der er seinen Beruf gemeinsam ausübt
>
> [...]
>
> 3. über die Prüfungstätigkeit hinaus bei der zu prüfenden oder für die zu prüfende Kapitalgesellschaft in dem zu prüfenden Geschäftsjahr oder bis zur Erteilung des Bestätigungsvermerks
>
> a) bei der Führung der Bücher oder der Aufstellung des zu prüfenden Jahresabschlusses mitgewirkt hat,
>
> b) bei der Durchführung der Internen Revision in verantwortlicher Position mitgewirkt hat,
>
> c) Unternehmensleitungs- oder Finanzdienstleistungen erbracht hat, oder
>
> d) eigenständige versicherungsmathematische oder Bewertungsleistungen erbracht hat, die sich auf den zu prüfenden Jahresabschluss nicht nur unwesentlich auswirken,
>
> sofern diese Tätigkeiten nicht von untergeordneter Bedeutung sind; dies gilt auch, wenn eine dieser Tätigkeiten von einem Unternehmen für die zu prüfende Kapitalgesellschaft ausgeübt wird, bei dem der Wirtschaftsprüfer oder vereidigter Buchprüfer gesetzlicher Vertreter, Arbeitnehmer, Mitglied des Aufsichtsrats oder Gesellschafter, der 20 vom Hundert oder mehr der den Gesellschaftern zustehenden Stimmrechte besitzt, ist."

Diese Tatbestände der Selbstprüfung führen zu einer unwiderlegbaren gesetzlichen Vermutung der Befangenheit. Mit § 319 Abs. 3 Nr. 3 Buchstabe d) HGB-E erfährt der Selbstprüfungsgrundsatz eine entscheidende Weiterentwicklung. Neben Anregungen aus dem Sarbanes Oxley Act wird dabei vor allem die Entscheidung des BGH vom 25. November 2002 (sog. HYPOVEREINSBANK-Fall) weiterentwickelt. Demnach ist die Besorgnis der Befangenheit als gegeben anzusehen, wenn der Abschlussprüfer bei einem der Abschlussprüfung vorangegangenem Bewertungsgutachten, einer Beratung oder sonstigen Dienstleistung einen zu vertretenden Fehler begangen hat. Da sich der Abschlussprüfer durch diesen Sachverhalt einer erheblichen Kritik seitens der Öffentlichkeit ausgesetzt sehen könnte, wird er dazu geneigt sein, die aus seiner Dienstleistung erwachsenen Risiken im Rahmen seiner Abschlussprüfung als nicht materiell oder ungefährlich darzustellen. Eine objektive Berichterstattung seitens des Abschlussprüfers ist in einem solchen Fall nicht zu erwarten, da sie einem Schuldeingeständnis gleich käme und somit Schadenersatzansprüchen Vortrieb leisten würde. Der BGH zieht in seiner Entscheidung vom 25. November 2002 das Fazit, dass ein vernünftig und objektiv denkender Dritter die begründete Besorgnis habe, dass der Abschlussprüfer seine Aufgaben im Rahmen der Abschlussprüfung nicht unbefangen, unparteiisch und unbeeinflusst von eigenen Interessen erfüllt. Dieses BGH-Urteil sah sich jedoch verschärfter Kritik ausgesetzt, da es allein auf die formale Entscheidungskompetenz des Vorstands abstellt. Demnach ist eine Beratungs- oder sonstige Dienstleistung für die Unabhängigkeit des Abschlussprüfers unschädlich, solange die formale Entscheidungsgewalt bzgl. der Übernahme der Ergebnisse einer Beratung oder sonstigen Dienstleistung beim Vorstand der zu prüfenden Gesellschaft verbleibt. Dieses juristische Kriterium ist eine Leerformel, da der Bilanzaufsteller immer die letzte Entscheidungskompetenz besitzt. So entscheidet der Bilanzaufsteller auch dann selbst, wenn ihm der Wirtschaftsprüfer eine bestimmte Lösung zuvor sehr empfohlen hat.

Neben dem Katalog des § 319 Abs. 3 HGB-E werden durch den neu eingefügten § 319a HGB – „Ausschlussgründe in besonderen Fällen" – weitere Regelungen zur Wahrung der Unabhängigkeit des Abschlussprüfers genannt. Diese sind Unabhängigkeitsregeln, die speziell für den Fall der Prüfung eines im Interesse der Öffentlichkeit stehenden Unternehmens, das einen organisierten Kapitalmarkt im Sinne des § 2 Abs. 5 WpHG in Anspruch nimmt, zugeschnitten sind. Gemäß § 319a Abs. 1 Satz 4 HGB-E werden unter Unternehmen von öffentlichem Interesse zusätzlich zu den kapitalmarktorientierten Unternehmen Kredit- und Finanzdienstleistungsinstitute, Versicherungsunternehmen und Pensionsfonds gefasst, deren Bilanzsumme am Abschlussstichtag 150 Millionen Euro übersteigt.

Von besonderer Bedeutung für den Berufsstand der Wirtschaftsprüfer ist dabei der in § 319a Abs. 1 Satz 1 Nr. 2 HGB-E aufgeführte Ausschlussgrund für Abschlussprüfer, die „in dem zu prüfenden Geschäftsjahr über die Prüfungstätigkeit hinaus Rechts- oder Steuerberatungsleistungen erbracht haben, die über das Aufzeigen von Gestaltungsalternativen hinausgehen und die sich auf die Darstellung der Vermögens-, Finanz- und Ertragslage in dem zu prüfenden Jahresabschluss unmittelbar und nicht nur unwesentlich auswirken." Der Gesetzgeber verfolgt mit dieser Formulierung das Ziel, all diejenigen Beratungsleistungen zu erfassen, die ihrem Wesen nach eher als Produkt des Beratenden zur Generierung von wesentlichen Einnahmen und nicht als unwesentliche Zusatzleistung ohne besondere Einnahmenerzielungsabsicht zu qualifizieren sind. Der nach § 319a Abs. 1 Satz 1 Nr. 2 HGB-E beachtliche Fall einer wesentlichen Beratungsleistung ist damit zu begründen, dass der Wirtschaftsprüfer, der zugleich beratend und prüfend tätig wird, ein von ihm initiiertes Beratungsergebnis nicht einer objektiven Prüfung unterziehen wird. Der Prüfer müsste u. U. eingestehen, dass seine zuvor erbrachte Beratungsleistung nicht oder nicht vollständig den gewünschten Effekt erzielt hat. Rät der Prüfer z. B. dazu, bestimmte Risiken mittels einer Zweckgesellschaft aus dem Konzernabschluss auszulagern, so wird er diese Konstruktion im Anschluss nicht kritisch vor dem Hintergrund der internationalen Entwicklungen und dem Gesetzeszweck der deutschen Normen überprüfen. Dies würde seine Beratungsleistung sonst ad absurdum führen. In diesem Fall ist es auch konsequent und stringent mit internationalen Vorgaben, dass gem. § 319a Abs. 1 Satz 1 Nr. 4 HGB-E ein Prüfer, der die zu prüfende Gesellschaft in dem zu prüfenden Geschäftsjahr oder bis zur Erteilung des Bestätigungsvermerks in Rechts- und Steuerangelegenheiten gerichtlich vertritt, von der Abschlussprüfung ausgeschlossen ist. Es muss nämlich angenommen werden, dass der Prüfer, der vor Gericht den strittigen Sachverhalt im Interesse der zu prüfenden Gesellschaft vertritt, diesen im Rahmen der Abschlussprüfung nicht objektiv oder im Zweifel entgegen der vor Gericht vertretenen Auffassung beurteilen wird. Bei den in § 319a Abs. 1 Satz 1 Nr. 2 und 4 HGB-E beschrieben Sachverhalten ist daher von einer inneren Voreingenommenheit auszugehen, die eine unabhängige Prüfung verhindert und unwiderlegbar Anlass zur Vermutung der Befangenheit gibt.

Eine weitere Neuregelung betrifft die Neufestsetzung der sog. Umsatzabhängigkeitsgrenze. Gemäß § 319a Abs. 1 Satz 1 Nr. 1 HGB-E ist ein Wirtschaftsprüfer, der in den letzten fünf Jahren mehr als 15 vom Hundert seiner Gesamteinnahmen durch die Tätigkeit bei einem zu prüfenden Unternehmen und/oder dessen verbundenen Unternehmen erwirtschaftet hat und dies auch für das laufende-Geschäftsjahr zu erwarten ist, von der Abschlussprüfung ausgeschlossen. Somit ist eine Absenkung der sog. Umsatzabhängigkeitsgrenze um 15 Prozentpunkte erfolgt. Ausnahmegenehmigungen durch die Wirtschaftsprüferkammer zur Vermeidung von Härtefällen, die nach § 319 Abs. 2 Satz 1 letzter Halbsatz HGB bisher möglich waren, fallen künftig weg.

Im Fokus der Neuregelungen der Abschlussprüfung steht zudem die interne Rotation. Nach § 319a Abs. 1 Satz 1 Nr. 5 HGB-E ist ein Wirtschaftsprüfer von der Abschlussprüfung eines Unternehmens ausgeschlossen, wenn er bereits in fünf oder mehr Fällen den Bestätigungsvermerk nach § 322 HGB bei diesem Unternehmen gezeichnet hat. Somit wird die Unabhängigkeitsregel nach § 319 Abs. 3 Nr. 6 HGB dahingegen verschärft, dass nicht erst nach sechsmaliger Zeichnung innerhalb eines Zehnjahres-Intervalls ein Grund für den Ausschluss von der Abschlussprüfung vorliegt.

Für eine weitere Neuregelung, die von vielen Seiten gefordert und auch im Gesetzentwurf des BilReG aufgegriffen wurde, muss man den 3. Unterabschnitt des 3. Buches des HGB verlassen. Um die Unabhängigkeit des Abschlussprüfers zu stärken und mehr Transparenz zu schaffen, wird § 314 Abs. 1 HGB u. a. um die Nummer 9 ergänzt. Gemäß § 314 Abs. 1 Nr. 9 HGB-E sind die Honorare, die der Abschlussprüfer im laufenden Geschäftsjahr aus seiner Tätigkeit für das Mutterunternehmen bezogen hat, nach Bezügen aus der Konzernabschlussprüfung, aus sonstigen Bestätigungs- und Bewertungsleistungen, aus Steuerberatungsleistungen und sonstigen Leistungen im Konzernanhang des zu prüfenden Unternehmens aufzugliedern.

3 Der Gesetzentwurf des BilReG im Kontext europäischer und U.S.-amerikanischer Entwicklungen

31 Die Vorschläge im Entwurf der EU-Richtlinie zur Änderung der Abschlussprüfer-Richtlinie

Wie eingangs festgestellt, muss sich der Gesetzgeber der Frage stellen, in welcher Beziehung der Gesetzentwurf des BilReG mit den Vorgaben der EU, insbesondere mit dem Vorschlag der EU-Richtlinie zur Änderung der Abschlussprüferrichtlinie, steht. Dieser Vorschlag der EU-Richtlinie befindet sich momentan in der Beratung auf Arbeitsebene. Von einer endgültigen Verabschiedung durch das in 2004 neu zu wählende EU-Parlament und die neue europäische Kommission ist, je nach Diskussionsbedarf, erst im Frühjahr 2005 auszugehen.

Der Richtlinien-Vorschlag greift die Thematik der Unabhängigkeit des Abschlussprüfers in Art. 23 Nr. 1 explizit auf. Dieser lautet wie folgt:

„Die Mitgliedstaaten sorgen dafür, dass Abschlussprüfer und Prüfungsgesellschaften bei der Durchführung einer Abschlussprüfung von dem geprüften Unternehmen unabhängig und in keiner Weise an Entscheidungen der Unternehmensleitung beteiligt sind. Abschlussprüfer oder Prüfungsgesellschaften sollten von der Durchführung einer Abschlussprüfung absehen, wenn zwischen ihnen und dem geprüften Unternehmen eine finanzielle oder geschäftliche Beziehung, ein Beschäftigungsverhältnis oder eine sonstige Verbindung – wozu auch die Erbringung zusätzlicher Leistungen zählt – besteht, die ihre Unabhängigkeit gefährden könnte."

Der Abschlussprüfer darf demzufolge „in keiner Weise" an Entscheidungen der Unternehmensleitung beteiligt sein, um seine Unabhängigkeit nicht zu gefährden. Im Gegensatz zu diesem ausdrücklichen Verbot „sollen" Abschlussprüfer oder Prüfungsgesellschaften von der Abschlussprüfung absehen, wenn sie in einer finanziellen oder anderen geschäftlichen Beziehung zum zu prüfenden Unternehmen stehen. Es wird offen gelassen, welche Dienstleistungen unter „zusätzlichen Leistungen" zu verstehen sind. Ob eine Zusatzleistung zum Ausschluss von der Abschlussprüfung führt, ist daran zu messen, inwieweit von dieser Leistung ein Gefahrenpotential für die Unabhängigkeit des Abschlussprüfers ausgeht.

Ein zweites Kernelement des Richtlinien-Vorschlags bzgl. der Unabhängigkeit des Abschlussprüfers wird in Art. 40 (c) des Richtlinienvorschlags formuliert:

„Zusätzlich zu den in den Artikel 23 und 24 festgelegten Bestimmungen sorgen die Mitgliedstaaten dafür, dass

[...]

(c) der Abschlussprüfer oder der Partner, der für die Durchführung der Abschlussprüfung im Auftrag der Prüfungsgesellschaft verantwortlich ist, nach höchstens fünf Jahren von diesem Mandat abgezogen oder alternativ dazu die Prüfungsgesellschaft nach maximal sieben Jahren ausgewechselt wird;..."

Dieses Mitgliedstaatenwahlrecht zur internen oder externen Rotation findet sich unter „Kapitel XI – Besondere Bestimmungen für die Abschlussprüfung bei Unternehmen von öffentlichem Interesse". Hier wird die Parallele zum Gesetzentwurf des BilReG zu der Formulierung „Unternehmen von öffentlichem Interesse", im Speziellen zu § 319a HGB-E, besonders deutlich. Das Wahlrecht zur internen und externen Rotation ist auf die Uneinigkeit der Mitgliedstaaten und die sich daraus ergebende Kontroverse zurückzuführen. Italien als eiserner Verfechter der externen Rotation musste durch den Bilanzskandal von PARMALAT eingestehen, dass die externe Rotation kein Garant für die Unabhängigkeit des Abschlussprüfers ist. Durch die geschickte Gestaltung der Konzernstruktur, im Wesentlichen durch Neugründungen von Holding-Gesellschaften, wurden Ausschlussgründe umgangen. Das Versagen der externen Rotation im Fall PARMALAT wird darauf zurückgeführt, dass sich dieses System der Rotation zu jenem Zeitpunkt noch in der Einführungsphase befand. Bei allem Für und Wider ist allerdings auch künftig damit zu rechnen, dass es Befürworter für beide Formen der Rotation geben wird. Der deutsche Gesetzgeber glaubt zu diesem Zeitpunkt, mit der internen Rotation die bessere Lösung gefunden zu haben – das Fortbestehen des Mitgliedstaatenwahlrechts vorausgesetzt.

Ein weiterer interessanter Gesichtspunkt des Richtlinien-Vorschlags ist die Einführung einer sog. „Cooling-Off Periode". In Art. 40 (d) des Richtlinienvorschlags heißt es wie folgt:

> „Zusätzlich zu den in den Artikel 23 und 24 festgelegten Bestimmungen sorgen die Mitgliedstaaten dafür, dass
>
> [...]
>
> (d) der Abschlussprüfer oder der Partner, der die Abschlussprüfung im Auftrag der Prüfungsgesellschaft durchführt, mindestens zwei Jahre, nachdem er als Abschlussprüfer oder Partner von dem Mandat zurückgetreten ist, keine wichtige Führungsposition in dem geprüften Unternehmen übernehmen darf."

Dieser interessante Gesichtspunkt ist im Rahmen des BilReG aus Gründen der rechtlichen Umsetzung ausgeklammert worden. Für die systematische Umsetzung einer „cooling-off period" gibt es grundsätzlich zwei Möglichkeiten. Entweder der Gesetzgeber formuliert ein Berufs- oder Tätigkeitsverbot für das wechselwillige Mitglied der Prüfungsgesellschaft, oder die Prüfungsgesellschaft wird nach dem Wechsel eines ihrer Mitglieder zum Mandanten zwangsweise von der Abschlussprüfung ausgeschlossen. Gegen die Formulierung eines Berufs- bzw. Tätigkeitsverbot spricht die rechtliche Problematik. Gegen die zweite Alternative spricht weniger die rechtliche Umsetzung, als vielmehr der Umstand, dass Prüfungsgesellschaften bei einer derartigen Ausgestaltung erpressbar werden. Verkündet ein Mitglied einer Prüfungsgesellschaft die Absicht eines

Wechsels zum Mandanten, so ist dies mit dem potentiellen Verlust des Mandats verbunden. Der Abschlussprüfer besäße damit eine unangemessen starke Verhandlungsposition gegenüber seinem Auftraggeber.

Wie oben festgestellt, hat eine „Cooling-Off Periode" keinen Einzug in das BilReg gefunden. Der Gesetzgeber hegt die Hoffnung, dass die einschlägigen Regelungen des Corporate Governance Kodexes diesem Gesichtspunkt zu genügend Beachtung verhelfen.

32 Sarbanes Oxley Act

Als Ergebnis der Bilanzskandale in den USA ist der „Sarbanes Oxley Act of 2002" zur Sicherung der Qualität der Abschlussprüfung und Unabhängigkeit des Abschlussprüfers (SOA) erlassen worden. Dieser formuliert eine eindeutige Liste von (Beratungs-)Leistungen, die mit der Abschlussprüfung aus Gründen der Unabhängigkeit nicht vereinbar sind. Gemäß Sec. 201 sind dies u. a.:

- Mitarbeit bei der Buchführung,
- Entwicklung und Implementierung eines Finanzinformationssystems,
- Erstellung von Bewertungsgutachten,
- Versicherungsmathematische Berechnungen,
- Durchführung oder Mitarbeit bei der Internen Revision,
- Management- oder Personalfunktionen,
- Tätigkeiten als Makler oder Investmentbanker,
- Rechtsberatungen und Expertenleistungen, die in keinem direkten Zusammenhang mit der Prüfungstätigkeit stehen.

Trotz der umfangreichen Aufzählung von Ausschlussgründen wird die Auffassung vertreten, dass Steuerberatungsleistungen nicht unter den Katalog des SOA fallen, sondern vielmehr explizit erlaubt sind. Dieser Gesichtspunkt steht vielfach in der öffentlichen Diskussion, besonders vor dem Hintergrund, dass der Entwurf des BilReG in diesem Punkt vermeintlich über die Bestimmungen des SOA hinausginge. Mit dem Blick auf die Ausführungsbestimmungen der SEC stellt sich jedoch ein anderes Bild dar. Das Audit Committee hat gem. den Ausführungsbestimmungen sorgfältig zu prüfen, ob die Zusammenarbeit mit einem Prüfer, der zuvor Steuerberatungsleistungen zur Steueroptimierung (tax avoidens) erbracht hat, unter dem Gesichtspunkt der Unabhängigkeit zulässig ist.

Christoph Ernst

Im Zweifel ist davon auszugehen, dass die SEC die Umsetzung bzw. Einhaltung der Ausführungsbestimmung sehr strikt überprüfen wird. Diese erhalten damit faktisch die gleiche Bindungswirkung wie im Gesetz kodifizierte Normen, so dass im Ergebnis kein wesentlicher Unterschied zwischen den Bestimmungen des SOA und des BilReG besteht.

4 Vergleich und die Positionen anderer EU-Mitgliedstaaten

Der Vorschlag der EU-Kommission zur Änderung der Abschlussprüfer-Richtlinie ist relativ allgemein gehalten. Er lässt allerdings in der Wortwahl eine gewisse Stringenz erkennen. Die EU-Kommission sagt ausdrücklich, dass ihr Vorschlag die Grundlage für die Mitgliedstaaten ist, auf dessen Basis die nationalen Regelungen zu entwickeln sind. In diesem Zusammenhang wird von den Mitgliedstaaten erwartet, dass sie bei der Umsetzung der Richtlinie ergänzend und ausfüllend tätig werden. Die EU-Kommission und andere EU-Mitgliedstaaten sind ausdrücklich nicht der Auffassung, dass die in der Richtlinie formulierten allgemeinen Grundsätze ausreichen, sondern dass auf nationaler Ebene vernünftige handhabbare Regelungen zu entwickeln sind.

Der Vorschlag des deutschen Gesetzgebers ist nicht sehr weit von den Regelungen des SOA entfernt. Wir sind allerdings in manchen Punkten konzilianter, da wir eine Liste von Ausschlussgründen vorgelegt haben. Wenn man sich den Gesetzentwurf ansieht, besteht für die Abschlussprüfer und für die zu prüfenden Unternehmen weiterhin die Möglichkeit, die bisherige Praxis weitgehend fortzuführen. Beratung ist neben der Prüfung weiterhin möglich. Die Prüfung im Bereich der mittelständischen Wirtschaftsprüfer und die Prüfung mittelständischer Unternehmen werden durch die geplanten Gesetzesänderungen nur am Rande tangiert. Die neuen Regelungen setzen bei der Prüfung von Unternehmen des öffentlichen Interesses an und beschränken die Auswirkungen gem. dem Grundsatz der Verhältnismäßigkeit auf diesen Bereich. Nur dort, wo der Fokus der Öffentlichkeit in besonderem Maße auf die Abschlussprüfung gerichtet ist, weil Anlegerinteressen zu berücksichtigen sind, sollen künftig stringentere Regelungen gelten.

Die Position anderer Mitgliedstaaten der EU entspricht in dieser Frage weitgehend der Auffassung des deutschen Gesetzgebers. Während die Briten u. a. aufgrund ihrer Rechtstradition weniger Regelungen für erforderlich halten, streben

Die neuen Regelungen zur Abschlussprüfung im nationalen und europäischen Umfeld

vor allem Frankreich, Spanien, Italien, Belgien und einige der skandinavischen Länder ähnliche Regelungen an wie wir. Deutschland befindet sich hier sehr gut im europäischen Kontext.

5 Zusammenfassung und Ausblick

In der Diskussion des Bilanzrechtsreformgesetzes nach dem Referentenentwurf und auch nach dem Regierungsentwurf war die Resonanz auf die geplanten Änderungen grundsätzlich positiv, wobei es natürlich Kritik an einzelnen Punkten gab. Grundsätzliche Kritik an dem Gesetzentwurf wird – für uns nicht überraschend – insbesondere von den Hauptbetroffenen, wie den Wirtschaftsprüfern und den Vertretern der Genossenschaften und Sparkassenorganisationen geäußert, weil deutlich in bisherige Gepflogenheiten bei den genossenschaftlichen Prüfverbänden und bei den Sparkassenprüfstellen eingegriffen wird. Zur Kritik der genossenschaftlichen Prüfverbände und der Sparkassen lässt sich sagen, dass bei der Prüfung von Unternehmen im öffentlichen Interesse ein gewisser Maßstab anzulegen ist. Durch die Einschränkung der entsprechenden Regelungen auf Unternehmen, deren Bilanzsumme größer als 150 Millionen Euro ist, wird aber versucht den Mittelstand zu schonen. Über diesen Grenzbetrag kann sicherlich noch verhandelt werden, aber wir können bestimmte Organisationsformen aufgrund des Gleichheitsgrundsatzes nicht komplett von Regelungen ausnehmen, die bspw. bereits für Wirtschaftsprüfungsgesellschaften gelten.

Ein wesentliches Argument gegen den Gesetzentwurf ist, dass aufgrund der noch nicht verabschiedeten EU-Richtlinie mit der Umsetzung der Reformen gewartet werden sollte. Ein solches Vorgehen ist indes aufgrund der vorhandenen Probleme und der Gefahr weiterer Bilanzskandale aus unserer Sicht nicht sinnvoll. Außerdem schlägt Deutschland mit dem Bilanzrechtsreformgesetz im Bereich der Abschlussprüfung den gleichen Weg ein wie die EU-Kommission, so dass es nicht sinnvoll wäre, eineinhalb Jahre zu warten und wertvolle Zeit zu verlieren. Ein Verschieben der notwendigen Reformen könnte sich darüber hinaus negativ auf den Kapitalmarkt auswirken, da es aufgrund von Unsicherheiten bzgl. der zu erwartenden Regelungsausgestaltungen zu Vertrauensverlusten kommen kann. Die daraus resultierenden Schäden wären vermutlich gravierender als eine Regelung, die für die Betroffenen vielleicht unbequem ist, sich aber dennoch um einen Interessenausgleich bemüht.

Neben den dargelegten Kritikpunkten wird allerdings auch die Auffassung vertreten, die vorgeschlagenen Regelungen seien vielleicht zu weich. In den politischen Beratungen wurde zum Teil gefordert, Beratungsdienstleistungen in Bausch und Bogen zu verbieten. Das Geschäft der Abschlussprüfung verbunden mit der Beratung soll aus unserer Sicht indes nicht völlig unmöglich gemacht werden. Diesbezügliche weitergehende Regelungen sind aber für die Zukunft nicht auszuschließen.

Insgesamt werden unsere Vorschläge im Regierungsentwurf in den sich ergebenden Diskussionen weitgehend bestätigt. Natürlich wird es noch einzelne Änderungen geben, denn auch für das Bilanzrechtsreformgesetz gilt die sog. „Strucksche Formel", dass kein Gesetz den deutschen Bundestag genau in der Form verlässt, in der es in den deutschen Bundestag eingebracht wurde. Bislang werden die Regelungen aber durchaus als angemessen angesehen. Mit dem 10-Punkte-Programm ergeben sich für die Betroffenen natürlich eine Vielzahl neuer Regelungen, wie Bilanzrechtsreformgesetz, Bilanzkontrollgesetz, Regelungen für eine verschärfte persönliche Haftung der Vorstands- und Aufsichtsratsmitglieder oder Regelungen für eine verschärfte Haftung der Abschlussprüfer, so dass schnell der Vorwurf der Überregulierung und der Gängelung von Unternehmen und Prüfern aufkommt. Natürlich muss diesbezüglich die Verhältnismäßigkeit gewahrt sein und Unternehmensführung muss auch noch Spaß machen, aber das Interesse am Kapitalmarkt hat sich in den vergangenen Jahren verstärkt fokussiert. Diese Entwicklung hat indes auch dazu geführt, dass viele Beteiligte und insbesondere die Prüfer recht gut verdient haben, da u. a. das sehr komplexe Regelungswerk der IFRS den Beratungs- und Prüfungsbedarf erhöht hat. In diesem Bereich ist es für mittelständische Prüfer schwierig mitzuhalten, da der hohe Bedarf an spezialisierten Prüfern den Konzentrationsprozess im Bereich der Wirtschaftsprüfungsgesellschaften fördert. Diese Problematik ist dem Gesetzgeber bewusst. Allerdings muss der Gesetzgeber auch berücksichtigen, dass Aktien eine zunehmende Bedeutung im Bereich der Altersvorsorge erhalten und daher stringentere Regelungen erforderlich sind. Unternehmensführung soll Spaß machen, Prüfen soll Spaß machen, aber die Anlage in Aktien soll ebenfalls Spaß machen. Insofern probieren wir, in diesem Bereich eine Balance zu finden. Regulierung ist erforderlich, aber Überregulierung muss vermieden werden.

Diskussion
zu dem Vortrag von

Dr. Christoph Ernst

An der Diskussion beteiligten sich neben dem Referenten:

Prof. Dr. Dr. h.c. Jörg Baetge
Westfälische Wilhelms-Universität
Münster

Dr. Karl Ernst Knorr
WP/StB/RA
BDO Deutsche Warentreuhand AG
Köln

Dr. Berthold Breidenbach
WP/StB
Dr. Breidenbach, Dr. Güldennagel & Partner KG
Wuppertal

Dr. Alexander Mrzyk
StB
Dr. von der Hardt & Partner
Münster

Dr. Markus Fuchs
WP/CPA
KPMG Deutsche Treuhand Gesellschaft AG
Düsseldorf

Dr. Rudolf J. Niehus
WP/StB
Düsseldorf

Dr. Ulrich Greiffenhagen
WP
Greiffenhagen GmbH
Bielefeld

Prof. Dr. Reiner Quick
Westfälische Wilhelms-Universität
Münster

Dr. Stefan Thiele
Westfälische Wilhelms-Universität
Münster

Prof. Dr. Dr. h.c. Peter Hommelhoff
Ruprecht-Karls-Universität
Heidelberg

Anett Treuter
IBM Deutschland GmbH
Hamburg

Prof. Dr. Hans-Jürgen Kirsch
Universität Hannover

Baetge:

Meine Damen und Herren, ich darf Sie auffordern, Fragen zu stellen.

Mrzyk:

Warum stärkt die Angabe der Prüfungshonorare im Anhang die Unabhängigkeit des Abschlussprüfers? Ich stelle diese Frage vor dem Hintergrund, dass die Theorie des Marktversagens Qualitätsunkenntnis als ein Wesensmerkmal des Marktversagens bestimmt. Ein Ausweg ist dann z. B. das sog. Signaling. Als Gebrauchtwagenverkäufer signalisiere ich durch das Angebot einer Garantie, dass ich von der Qualität meiner Fahrzeuge überzeugt bin. Der Markt für qualitativ hochwertige Fahrzeuge bricht infolgedessen nicht zusammen, Adverse Selection wird vermieden. Worin besteht das Signaling bei der Wirtschaftsprüfung, wenn ihr Produkt letztlich doch der Bestätigungsvermerk, also eine Commodity bzw. ein uniformes Gut, ist? Anders formuliert: Wie kann ich als Wirtschaftsprüfer auf dem Markt einer Commodity, der durch Hidden Characteristics gekennzeichnet ist, die Güte meiner Dienstleistung signalisieren (bei gleichzeitiger Einschränkung der nicht mehr gewünschten Beratung)?

Ernst:

Um die Frage zu beantworten, was man durch die Angabe der Prüfungshonorare erreicht, glaube ich sagen zu können, dass die Wirkungen vielschichtiger Natur sein werden. Zum einen wird die Haltung des Berufsstandes dahingehend geändert, Prüfungsaufträge seltener auf Null-Euro-Basis anzunehmen. Wenn ich eine Prüfungsleistung sozusagen verschenke, dann kann das kein Qualitätssiegel sein. Zum anderen werden Konkurrenzunternehmen in die Lage versetzt, ihre Ausgaben für die Jahresabschlussprüfungen zu vergleichen. Welche Schlüsse aus einer Differenz der Prüfungshonorare gezogen werden, ist nicht von vornherein absehbar. Auf der einen Seite kann auf Qualitätsunterschiede in der Abschlussprüfung abgestellt werden. Auf der anderen Seite kann der Vergleich auch als Druckmittel zur Erreichung einer Senkung des Prüfungshonorars genutzt werden. Die Aufgliederung der gesamten Bezüge eines Wirtschaftsprüfers von einem Unternehmen in Prüfungs-, Beratungs- und andere Leistungen, dient einem anderen Zweck. Hier wird direkt darauf abgestellt, ob das Verhältnis von Prüfungs- und Beratungshonoraren Anlass zur Besorgnis der Befangenheit bietet. Auch wenn das Gesetz dort keinen genauen bzw. kritischen Grenzwert vorgibt, so sehen wir diese Angaben jedoch als ein Minimum dessen an, was vor

Diskussion

dem Hintergrund der Sicherung prüferischer Unabhängigkeit zu fordern ist. Der Schwerpunkt der Neuregelungen, im Speziellen der § 319 HGB und § 319a HGB, liegt jedoch auf der Verhinderung der Selbstprüfung.

Fuchs:

Ich möchte zwei Fragen stellen. Die erste Frage betrifft den Entwurf des Bilanzrechtsreformgesetzes, der nach meinem Verständnis bei der internen Rotation nach fünf Jahren keine Cooling-Off Periode mehr vorsieht. Ist die unterzeichnende Person fortan für immer von der Prüfung ausgeschlossen? Die zweite Frage verbindet den Vortrag von Professor Kirsch mit Ihren Erfahrungen oder Ihren Überlegungen, Herr Dr. Ernst, im Hinblick auf das Bilanzrechtsmodernisierungsgesetz. Welche Überlegungen gibt es, die Fair Value-Richtlinie in dem kommenden Entwurf umzusetzen und welche Wahlrechte werden voraussichtlich ausgeübt?

Ernst:

Es ist in der Tat so, dass keine Cooling-Off Periode mehr vorgesehen ist, um Ihre erste Frage zu beantworten. Im Referentenentwurf war noch vorgesehen, sowohl die Zeichner, als auch die Mitglieder des Prüfungsteams in verantwortlicher Position von einer weiteren Prüfung nach fünf Jahren auszuschließen. Diese Anforderung ist dann im Rahmen des Regierungsentwurfs auf den Ausschluss der Zeichner zurückgenommen worden. Man muss sich vor Augen führen, dass der Unterzeichner des Bestätigungsvermerks im Zweifel schon viel länger als fünf Jahre bei dem Mandanten tätig war. Der Unterzeichnung des Bestätigungsvermerks geht zumeist ein viel längerer Werdegang beim Mandanten voraus, vom Prüfungsassistent hin zum unterzeichnenden Partner. Dennoch stehen wir einer Cooling-Off Periode durchaus offen gegenüber, solange sie ihren Namen auch verdient. Diese Gesprächsbereitschaft gründet vor allem auf den Belangen des Mittelstandes, denen das Fehlen einer Cooling-Off Periode erheblich zu schaffen machen könnte. Um eine bisher nicht aufgeworfene Frage gleich mit zu beantworten, sei festgestellt, dass das bloße Aussetzen von der Unterzeichnung des Bestätigungsvermerks, z. B. für ein oder zwei Jahre, für uns keine Option ist. Die zweite Frage ist erheblich schwieriger zu beantworten. Die Umsetzung der Fair Value-Richtlinie ist für die Belange des Konzernabschlusses vorgesehen. Ob eine Umsetzung im Rahmen des Einzelabschlusses beabsichtigt ist, wird noch zu diskutieren sein. Es gibt Strömungen, die sich eine Umsetzung für Handelsbestände im Rahmen des Einzelabschlusses wünschen. Allerdings ist mit Blick auf die Diskussion um IAS 39, die noch zu keinem erkennbaren Abschluss gelangt ist, schwierig, eine genaue Prognose zu treffen.

Treuter:

Wann, Herr Dr. Ernst, wird, Ihrer Ansicht nach, das Bilanzrechtsmodernisierungsgesetz verabschiedet und im Folgenden dann in Kraft treten. Der bisherige Stand ist, dass mit einer Verabschiedung im Sommer 2004 zu rechnen ist. Das BilReG und das BilKoG treten zum 1. Januar 2005 in Kraft. Im Rahmen dieser Gesetzesvorhaben ist eine Übergangsregelung für Schuldtitelemittenten vorgesehen. Ist für das Bilanzrechtsmodernisierungsgesetz mit einer ähnlichen Regelung zu rechnen?

Ernst:

Mit einer Vorlage des Bilanzrechtsmodernisierungsgesetzes zum Sommer 2004 ist nicht mehr zu rechnen. Die Gesetzentwürfe BilReG und BilKoG haben, wie im Voraus abzusehen war, zu erheblichem Diskussionsbedarf geführt, so dass an dem ursprünglichen Zeitplan nicht festgehalten werden kann. Eine Vorlage des Gesetzentwurfs ist nunmehr für den Herbst 2004 anvisiert. Mit einem Inkrafttreten ist vor diesem Hintergrund frühestens zum 1. Januar 2006 zu rechnen, da auch hier mit einem erheblichen Diskussionsbedarf zu rechnen ist. Eckpunkte dieser Diskussion werden die Beseitigung von Wahlrechten und eine Neuordnung der Behandlung von Rückstellungen sein. Letzteres zielt auf eine Vereinheitlichung steuerlicher, handelsrechtlicher und internationaler Regelungen ab. Ein weiterer interessanter Punkt wird sein, inwieweit anglo-amerikanische Regelungen Einzug in das Bilanzrechtsmodernisierungsgesetz halten oder nicht. Soll an dem Maßgeblichkeitsgrundsatz festgehalten werden? Im Moment vertreten wir den Standpunkt des ARBEITSKREISES „EXTERNE RECHNUNGSLEGUNG" DER SCHMALENBACH-GESELLSCHAFT, der sich für kleine und mittlere Unternehmen für eine kompakte und handhabbare Lösung ausspricht. Diese Fragen werden mit aller Sorgfalt diskutiert werden müssen, da es sich hierbei um eine grundlegende Weichenstellung handelt. Übertriebene Eile ist deshalb nicht geboten.

Quick:

Aus dem Blickwinkel der Forschung möchte ich eine positive Anmerkung zu dem Gesetzesvorhaben machen. Ich bin der Auffassung, dass die relativ restriktiven Regelungen zu Prüfung und Beratung aus Sicht der empirischen Forschung berechtigt sind. Diese hat gezeigt, dass auf der einen Seite die tatsächliche Unab-

Diskussion

hängigkeit, d. h. independence in fact oder independence in mind, durch das Nebeneinander von Prüfung und Beratung nicht beeinträchtigt wird. Aber das alleine reicht nicht aus. Damit Jahresabschlussprüfungen ihre Funktion erfüllen und brauchbare Informationen an die Kapitalmärkte liefern, muss der Abschlussprüfer auch als unabhängig wahrgenommen werden. Es muss demnach auch independence in appearance gegeben sein. Da zeigt die empirische Forschung Probleme auf. Externe Adressaten glauben nicht an die Unabhängigkeit des Abschlussprüfers, sofern er auch berät oder sofern er bestimmte Beratungsleistungen tätigt. Mein zweiter Punkt bezieht sich auf die Umsetzung des SOA in den aktuellen Gesetzentwürfen. Sie gingen in Ihrem Vortrag davon aus, dass diese anglo-amerikanische Vorgabe per se richtig und deshalb auch zu berücksichtigen ist. Für mich ist das keine befriedigende Begründung. Dabei bin ich mir sehr wohl darüber bewusst, dass die amerikanischen Regeln im Wesentlichen Regeln für die Prüfung börsennotierter Gesellschaften sind. Es gibt in den USA praktisch keine Prüfungspflichten für nicht börsennotierte Gesellschaften, insofern geht Ihr Gesetzesvorhaben über den SOA hinaus. Mit meinem dritten Punkt möchte ich die Frage kommentieren, warum wir eine Publizität von Beratungsleistung benötigen. Auch das lässt sich aus der Forschung heraus erklären. Es gibt einen theoretischen Erklärungsansatz von dem amerikanischen Kollegen namens ANTLE, basierend auf Informationsasymmetrien bzw. dem Problem des Moral Hazard. Es besteht die Gefahr, dass der Abschlussprüfer seine besseren Informationen opportunistisch ausnutzt und letztendlich seine Unabhängigkeit aufgibt, um dafür Zahlungen anzunehmen. Die Gefahr könnte daher sein, dass Beratungsleistungen als Instrument genutzt werden, um solche Zahlungen zu legalisieren. Insofern ist es nach dieser Idee wichtig, dass Aufsichtsräte, aber auch andere Adressaten, solche Zahlungen, d. h. Transaktionen zwischen dem Management und dem Prüfer, beobachten können. Die Publizität von Beratungshonoraren dient dazu, solche Transaktionen zu beobachten. Mein letzter Punkt ist eine Frage an Herrn Dr. Ernst: Ihren Ausführungen zu Folge möchte man sich auf politischer Ebene noch einmal mit der Frage der externen Pflichtrotation beschäftigen. Wie ist Ihre persönliche Meinung dazu?

Ernst:

In Bezug auf die Umsetzung des SOA darf ich Ihnen versichern, dass dort sehr genau überlegt wurde, welche Normen übernommen werden können, weil sie in den deutschen Kontext passen, und welche nicht. Deutsche Unternehmen, die an der amerikanischen Börse notiert sind, sind vielfach an uns herangetreten mit der Bitte, den SOA doch eins zu eins zu übernehmen. Sicherlich aus der Überlegung heraus, nicht zwei Systeme von Unabhängigkeitsregeln beachten zu müssen. Wir waren jedoch nicht bereit, diesem Anliegen zu entsprechen. Meine Position zu den Formen der Rotation entspricht der, wie wir sie im Gesetzentwurf formuliert haben. Wir halten die interne Rotation an dieser Stelle für das adäquate Mittel. Es ist sicherlich davon auszugehen, dass diese Thematik noch Gegenstand der Diskussion sein wird, besonders vor dem Hintergrund, dass die Vorgabe der EU ein Wahlrecht zwischen interner und externer Rotation vorsieht. Wir werden daher unserer Position noch mehrfach vertreten müssen.

Niehus:

Herr Ernst, dem Entwurf der Kommission zur 8. Richtlinie darf man überraschenderweise entnehmen, dass einerseits die interne Rotation nach fünf Jahren, andererseits die externe Rotation nach sieben Jahren einsetzen muss bzw. soll. Dies ist insofern überraschend, weil Außenstehende hier eine Äquivalenz annehmen müssen. Sie haben gesagt, es ist vorgesehen, die bisher im Gesetz verankerte interne Rotation auf fünf Jahre zu verkürzen, unabhängig davon, wie die Kommission im Weiteren vorgehen wird. Zum einen ist nach meinem Verständnis das Wahlrecht der internen oder externen Rotation auf die Unternehmensebene durchzuleiten. Zum anderen wäre das deutsche Gesetzesvorhaben nur dann dem Entwurf der EU äquivalent, wenn das ganze Prüferteam und nicht nur der Unterzeichnende ausgetauscht werden müsste. Zudem interessiert mich Ihre Ansicht, ob die interne und externe Rotation gleichwertig i. S. v. gleich effektiv sind und ob vor diesem Gesichtspunkt die deutsche Umsetzung mit der Vorgabe der EU identisch ist?

Ernst:

Vielen Dank, Herr Niehus. Wir verstehen die EU-Richtlinie so, dass, wenn man sich für die interne Rotation entscheidet, eben nur der Leiter des Prüfungsteams und nicht das gesamte Prüfungsteam ausgetauscht werden muss. Nach unserer Auffassung bezweckt der Entwurf der Kommission dies nicht. Wir hätten in diesem Punkt sicherlich über die Anforderungen der EU hinausgehen können. Die Diskussionen im Vorfeld zeigten aber nicht, dass das ein wesentliches Anliegen ist, eher im Gegenteil. Zu Ihrem zweiten Punkt, ob man die Wahl der internen oder externen Rotation als Unternehmenswahlrecht ausgestaltet, ist anzumerken, dass wir das nicht in Betracht gezogen haben. Wir haben uns für eine klar ausgestaltete Regelung der internen Rotation entschieden, um rechtliche Klarheit zu erlangen. Bei der Formulierung eines Unternehmenswahlrechts hege ich die Befürchtung, dass diese Klarheit nicht zu erreichen ist.

Diskussion

Thiele:

Ich möchte mich an Herrn Dr. Ernst und an Herrn Professor Hommelhoff wenden. Herr Dr. Ernst, Sie haben den Gesetzgeber bei der Gesetzesformulierung unterstützt, und Sie, Herr Professor Hommelhoff, haben sich schon länger mit folgendem Problem beschäftigt: Es betrifft das Zusammenspiel zwischen dem sog. Selbstprüfungsverbot und der jetzt vorgeschlagenen Formulierung des § 319a Abs. 1 Nr. 2 HGB, die auf die Erbringung von Rechts- und Steuerberatungsleistungen abstellt. Ein Teil der jetzigen Formulierung lautet:

> „…wenn der Abschlussprüfer Rechts- oder Steuerberatungsleistungen erbracht hat, die über das Aufzeigen von Gestaltungsalternativen hinausgehen…"

Diese Formulierung ähnelt sehr stark dem Kriterium der formalen Entscheidungszuständigkeit, das im sog. Allweiler-Urteil herangezogen worden ist. Der Tenor des Urteils lautete, dass Beratungsleistungen, die einen Einfluss auf die Aufstellung des Jahresabschlusses haben, aus Unabhängigkeitsüberlegungen heraus unschädlich sind, solange die Unternehmensleitung die Entscheidungsgewalt besitzt. Die jetzige Gesetzesformulierung stellt aus meiner Sicht ebenfalls auf das Kriterium der Entscheidungszuständigkeit ab. Dem Abschlussprüfer wird es immer möglich sein, jede Beratungsleistung im Ergebnis nach außen hin so darzustellen, dass nur Gestaltungsalternativen aufgezeigt wurden und dass die letzte Entscheidungskompetenz beim Unternehmen lag. In meinen Augen scheint die jetzige Regelung ein „zahnlosen Tiger" zu sein und frage, ob es nicht eventuell besser ist, diese Regelung zu streichen, anstatt eine derart halbherzige Regelung im Gesetz zu verankern.

Ernst:

Vielen Dank, Herr Dr. Thiele. Wir teilen diese Auffassung nicht und haben versucht, unseren Standpunkt im Rahmen der Begründung zum Gesetzentwurf deutlich zu machen. Nach unserem Kriterium sind Rechts- und Steuerberatungsleistungen nicht schädlich, solange diese nicht über das leidenschaftslose Aufzeigen von Alternativen hinausgehen. Nach meiner Auffassung geht aus der Begründung hervor, dass, wann immer ein Wirtschaftsprüfer ein Gestaltungsmodell empfiehlt, § 319a HGB greift. Anders formuliert, ist bei jeglicher Parteinahme für eine Gestaltungsmöglichkeit der Tatbestand des § 319a HGB bereits erfüllt. Dies gilt z. B. auch bei der Implementierung von Software, wenn sich der Prüfer besonders für das Produkt eines Unternehmens einsetzt.

Hommelhoff:

Vielen Dank, Herr Dr. Thiele. Ich freue mich, dass diese Thematik aufgegriffen wurde. Der aktuelle Gesetzeswortlaut scheint mir ebenfalls zu formal und zu wenig aussagekräftig. Das Anliegen, das hier verfolgt wird, verdient aber anerkanntermaßen volle Unterstützung. Ich teile die Besorgnis von Herrn Thiele, dass bei der Auslegung von § 319a HGB zu sehr auf die formale und zu wenig auf die materielle Sichtweise abgestellt wird. Meine Überlegung ist, ob eine Formulierung, die sich stärker an dem angebotenen Produkt orientiert, den Zweck nicht besser erfüllt. Jede unmittelbare und mittelbare Empfehlung für oder gegen ein Produkt, sei es eine Gestaltungsmöglichkeit oder eine Software, sollte nach meiner Meinung zum Ausschluss von der Abschlussprüfung führen. Das Abgrenzungskriterium eher an der inneren Einstellung des Abschlussprüfers festzumachen, wie Sie vorhin dargestellt haben, Herr Dr. Ernst, scheint mir unter dem Gesichtspunkt der materiellen Betrachtungsweise als wenig Erfolg versprechend.

Ernst:

Das Problem bei allen diesen Formulierungen ist, dass sie letztlich nicht unterlaufen werden dürfen. Man könnte auch den nicht ganz ernst gemeinten Vorschlag befolgen, und sämtliche Rechts- uns Steuerberatungsleistungen unterbinden. Mit freundlichen Grüßen vom Gesetzgeber. Dass in diesem Punkt grundsätzlich Regelungsbedarf vorhanden ist, darüber besteht in allen politischen Lagern Einigkeit, so dass eine Streichung dieses Passus nicht in Frage kommen wird. Sicherlich werde ich diese Anregungen aber in die weiteren Diskussionen einbringen.

Kirsch:

Bei dem Kriterium des Aufzeigens von Alternativen ist aus meiner Sicht auch immer die Alternative des Unterlassens mit zu berücksichtigen. Ich treffe keine eindeutige Empfehlung, wenn ich dem Mandanten die Vorzüge des Steuersparmodells A und die Alternative B, nämlich das Unterlassen A, vorstelle. Wenn aber Modell A 200 Millionen Euro mehr an Steuerersparnis einbringt, kann ich sicher sein, dass ich dieses Modell bei der Jahresabschlussprüfung zu würdigen haben werde.

Diskussion

Thiele:

Aus meiner Sicht sind die Regelungen aber in der Tat derart weich, dass eine Streichung eher vorzuziehen ist, als sie im Gesetzentwurf zu belassen. Eine derart halbherzige Regelung hilft den Beteiligten nicht. Diese Regelung und auch die Begründung werden in der Folge im Schrifttum möglicherweise interessengebunden und einseitig ausgelegt. Das kann man heute retrospektiv bei anderen Gesetzesvorhaben beobachten, z. B. im Rahmen des Bilanzrichtlinien-Gesetzes. Dort existierten wirklich weitgehende Begründungen und Äußerungen von Herrn BIENER, die im heutigen Kontext ganz anders verstanden werden. Jeder Wirtschaftsprüfer, jeder Steuerberater ist in der Lage, den Prozess des Anbietens einer Beratungsleistung so zu gestalten, dass sie mit § 319a Abs. 1 Nr. 2 HGB konform geht. Wenn ich eine Beratungsmöglichkeit anbieten möchte, z. B. bei Software-Produkten, nenne ich das „Darstellen der Gestaltungsmöglichkeiten". Wenn ich dann Vor- und Nachteile nennen darf, stelle ich eine lange Liste an Vorteilen und eine kurze Liste an Nachteilen auf und gebe damit implizit eine Empfehlung ab. Man kann ja nicht verlangen, dass ein Berater Gestaltungsalternativen darstellen, nicht aber die Vor- und Nachteile nennen darf. Oder ein anderes Beispiel. Bei dem Vorstellen zweier Steuerberatungsmodelle stellt der Berater fest, dass Modell A Steuern spart, Modell B aber nicht. Völlig leidenschaftslos, aber auch völlig eindeutig.

Knorr:

Die bisherige Diskussion konzentriert sich auf den § 319a HGB, ohne auf den § 319 HGB zurückzukommen. Der § 319a HGB schließt für besondere Mandanten, d. h. bei kapitalmarktorientierten Unternehmen, Wirtschaftsprüfer von der Abschlussprüfung aus, wenn ein Kriterium des Katalogs erfüllt ist, ohne jedoch damit die Prinzipien des § 319 HGB auszuhebeln. Das heißt, wenn ein Sachverhalt nach dem Wortlaut des § 319a HGB nicht zum Ausschluss führt, kann dieser gleichwohl wegen eines Verstoßes gegen § 319 HGB zum Ausschluss führen. Es liegt also eine Mischung aus einem Principles Based Approach in § 319 HGB und einem Rules Based Approach in § 319a HGB vor. Der Rules Based Approach in § 319a HGB führt expressis verbis nur durch dort aufgelistete Sachverhalte zum Ausschluss von der Prüfung, ohne jedoch den Umkehrschluss zu erlauben. Damit kommen wir dann auf den Principles Based Approach zurück, der unter Würdigung des Einzelfalls dann an Stelle des § 319a HGB zum Ausschluss führen kann. Dieser Sachverhalt muss im Rahmen der

Diskussion zu Sprache kommen, da sonst die Tatbestandsmerkmale, die zum Ausschluss von der Abschlussprüfung führen können, nicht vollständig erfasst werden.

Breidenbach

Mir liegt daran, den Blick erneut auf die mittelständischen Unternehmen und Prüfungsgesellschaften zu richten. Es geht bei der hier zur Diskussion stehenden Thematik um die Qualität der Abschlussprüfung. Dabei wird die Frage der Unabhängigkeit so sehr in den Vordergrund gerückt, als sei die Qualität der Abschlussprüfung ausschließlich und allein durch die Trennung von Beratung und Prüfung gesichert. In der Projektion auf die mittelständischen Unternehmen hingegen ist genau das Gegenteil der Fall. Die Tatsache, dass wir zunächst als Berater in den Unternehmen tätig sind, verschafft uns erst die Möglichkeit, überhaupt die wesentlichen Probleme des Jahresabschlusses zu erkennen. Andernfalls geraten wir in die Situation des Betriebsprüfers, dem man mit Geschick wesentliche Informationen vorenthält, damit er gar nicht in der Lage ist, den eigentlichen Sachverhalt zu erkennen, wird dies deutlich. Wenn wir der Vertraute des Unternehmens sind, haben wir viel eher die Möglichkeit ein qualifiziertes Urteil abzugeben.

Genauso ist zu fragen, ob ein zu enges Verhältnis zur Geschäftsführung die Qualität der Prüfung gefährden kann. Ich bin der Meinung, dass diese Gefahr gering ist. Stellt ein mittelständisches Prüfungsunternehmen ein falsches Testat für ein Unternehmen aus, das auf wackeligen Beinen steht, so bedroht das unmittelbar die Existenz der Prüfungsgesellschaft. Ein Testat nur aus Gefälligkeit zu erteilen, ist daher für den Mittelständler mit sehr viel mehr Risiko verbunden. Dagegen ist es aus unserer Sicht enorm wichtig, dass unsere Mitarbeiter das Fachwissen besitzen und in der Lage sind, kritische Sachverhalte zu erkennen und richtig zu würdigen. Insiderkenntnisse bzgl. des Mandanten sind daher von besonderer Bedeutung. Eine analoge Anwendung der für kapitalmarktorientierte Unternehmen vorgesehenen Normen auf den Mittelstand kann aus unserer Sicht somit nicht wünschenswert sein.

Ein weiterer Aspekt betrifft die externe Rotation, die für Praxen unserer Größenordnung tödlich wäre. Wir betreuen eine Vielzahl von Unternehmen, die wir 30 bis 40 Jahre lang kennen. Sollten wir diese zwangsläufig abgeben müssen, sehe ich kaum eine Möglichkeit, diesen Verlust durch Neuerwerb von Mandanten wieder ausgleichen zu können. Die Gewinner wären die großen Prüfungsgesellschaften. Dies wird anderen mittelständischen Prüfungsgesellschaften genau-

Diskussion

so gehen. Die weitere Folge dieser Entwicklung wäre, dass sich mit der externen Rotation eine Umstrukturierung des Berufsstandes vollzieht, die zu einer weiteren Konzentration in Richtung große Prüfungsgesellschaften führt.

Diese Sachverhalte bitte ich doch zu beachten.

Ernst:

Die externe Rotation ist, wie ich versucht habe, deutlich zu machen, keine Option, erst Recht nicht im Bereich des Mittelstands. Wir haben uns im Rahmen der Ausgestaltung der Gesetzesvorhaben Mühe gegeben, zwischen mittelständischen und großen Prüfungsgesellschaften zu differenzieren. Es ist aber auch festzuhalten, dass wir nicht von der Umsetzung wesentlicher Punkte, gerade im Zusammenhang mit kapitalmarktorientierten Unternehmen, absehen können, weil an irgendeiner Stelle die Belange des mittelständischen Prüfers angetastet werden. Sicherlich ist es gerade für mittelständische Unternehmen ein Vorteil, genauere Kenntnisse durch Beratung über den Mandanten erlangt zu haben. Wir können aber nicht kategorisch davon ausgehen, dass die Union von Beratung und Prüfung im Mittelstand nicht zum Verlust der Unabhängigkeit führt.

Hommelhoff:

Es sollte Klarheit in dem Punkt bestehen, dass § 319a HGB auch Wirkung auf die mittelständische Wirtschaft entfalten wird, wenn die Rechnungslegung nicht fundamental auf die Bedürfnisse des Mittelstandes zugeschnitten wird. Deshalb habe ich mit großem Interesse die Stellungnahme von Herrn Dr. Ernst verfolgt, demzufolge im Rahmen des Bilanzrechtsmodernisierungsgesetzes diskutiert werden muss, ob nicht die Anregungen des ARBEITSKREISES „EXTERNE RECHNUNGSLEGUNG" DER SCHMALENBACH-GESELLSCHAFT zu befolgen seien. Hier sollte tatsächlich der Einfluss internationaler, auf die Bedürfnisse kapitalmarktorientierter Unternehmen zugeschnittener Rechnungslegung begrenzt werden. Sonst sehe ich keine Möglichkeit, eine Abstrahlungswirkung des § 319a HGB auf den Mittelstand zu vermeiden.

Greiffenhagen:

Herr Dr. Breidenbach hat die Stimme und das Meinungsbild des beruflichen Mittelstandes, für den ich und mein Haus seit über 70 Jahren auch stehen, sehr gut wiedergegeben.

Herr Dr. Ernst, auch Ihnen ist die Problematik im Mittelstand hinreichend bekannt. Zu den derzeitigen gesetzlichen Entwurfsvorgaben bin ich der Meinung, dass die heutige Entwicklung über kurz oder lang das Ausscheiden des mittelständischen Prüferberufes aus der gesetzlichen Prüfung bedeuten kann. Ich bin der Überzeugung, gestützt auf historische Erfahrung, dass sich die restriktiveren, aber deshalb nicht immer die besseren Regeln im Berufsstand und im sonstigen Regelwerk durchsetzen werden. Der Mittelstand muss sich wohl oder übel darauf einstellen. Er wird auch wieder in der Lage sein, diese Anforderungen aus eigener Kraft zu bewältigen. Ich habe jedoch die Befürchtung, dass er aufgrund seines inneren und ethisch gebotenen Abstandes gegenüber dem Mandanten, von Aufgaben, die die generelle Unabhängigkeit gem. § 319 HGB gefährden könnten, Abstand nimmt, zugleich aber große Prüfungsgesellschaften im Kapitalmarkt auf der Ebene des § 319a HGB sich auf die objektivierten Grenzmarken fokussieren. Die heutige Diskussion hat gezeigt, dass damit schon hantiert wird.

Ernst:

Vielen Dank, Herr Greiffenhagen. Die geäußerte Befürchtung kann ich so nicht teilen. Aus der Konstruktion des Kombinationsmodells von § 319 HGB und § 319a HGB zu schließen, dass Unternehmen, die unter die Anwendung des § 319a HGB fallen, automatisch die Grenzen dessen, was noch vertretbar ist, ausloten werden, halte ich für überzogen. Dies ist aus meiner Sicht keine Frage des groß oder klein, sondern der Grundeinstellung zum Prüferberuf. Sie werden in allen Größenklassen von Prüfungsgesellschaften die eine oder andere Grundhaltung finden. Meine Damen und Herren, ich danke Ihnen für die interessante Diskussion.

Baetge:

Meine Damen und Herren, ich möchte mich im Namen aller Teilnehmer bei den Referenten für die hochinteressanten Vorträge und ihre Diskussionsbereitschaft bedanken. Ebenso richte ich meinen Dank an alle Diskussionsteilnehmer aus dem Plenum.

Baetge • Kirsch (Hrsg.) Schriften zum Revisionswesen

In der Reihe „Schriften zum Revisionswesen" sind bisher erschienen:

Ballwieser/Ernst/Gross/Hommelhoff/Kirsch
Anpassung des deutschen Bilanzrechts an internationale Standards
Vorträge und Diskussionen zum 20. Münsterischen Tagesgespräch des
Münsteraner Gesprächskreises Rechnungslegung und Prüfung e.V.
2005, XVI, 184 Seiten, gebunden, ISBN 3-8021-1168-0

Brötzmann, Ingo
Bilanzierung von güterwirtschaftlichen Sicherungsbeziehungen nach IAS 39 zum Hedge Accounting
2004, XXIV, 282 Seiten, gebunden, ISBN 3-8021-1134-6

Matena, Sonja
Bilanzielle Vermögenszurechnung nach IFRS
2004, XXIV, 240 Seiten, gebunden, ISBN 3-8021-1128-1

Plock, Marcus
Ertragsrealisation nach International Financial Reporting Standards (IFRS)
2004, XXIX, 345 Seiten, gebunden, ISBN 3-8021-1122-2

Hagemeister, Christina
Bilanzierung von Sachanlagevermögen nach dem Komponentenansatz des IAS 16
2004, XXIV, 222 Seiten, gebunden, ISBN 3-8021-1113-3

Böcking/Ernst/Herzig/Lehner/Van Hulle
Übergang der Rechnungslegung vom HGB zu den IFRS
Vorträge und Diskussionen zum 19. Münsterischen Tagesgespräch des
Münsteraner Gesprächskreises Rechnungslegung und Prüfung e.V.
2004, XV, 206 Seiten, gebunden, ISBN 3-8021-1115-X

www.idw-verlag.de

Westfälische Wilhelms-Universität Münster
Institut für Revisionswesen

Jörg Baetge (Herausgeber)

Als **IRW**-Schriften sind erschienen:

Michael Richter
Die Bewertung des Goodwill nach SFAS No. 141 und SFAS No. 142
2004, XXIII, 280 Seiten, gebunden, ISBN 3-8021-1066-8

Henning Zülch
Die Bilanzierung von Investment Properties nach IAS 40
2003, XXXVI, 320 Seiten, gebunden, ISBN 3-8021-1056-0

Kai Niemeyer
Bilanzierung von Finanzinstrumenten nach International Accounting Standards (IAS)
2003, XXX, 310 Seiten, gebunden, ISBN 3-8021-1021-8 (vergriffen)

Sebastian Hollmann
Reporting Performance
2003, XXIV, 346 Seiten, gebunden, ISBN 3-8021-1022-6

Jens Kümmel
Grundsätze für die Fair Value-Ermittlung mit Barwertkalkülen
2003, XXVIII, 306 Seiten gebunden, ISBN 3-8021-1008-0

Stefan Ziesemer
Rechnungslegungspolitik in IAS-Abschlüssen und Möglichkeiten ihrer Neutralisierung
2002, XXVI, 300 Seiten, gebunden, ISBN 3-8021-1020-X

Thomas Linßen
Die Bilanzierung einer Ausgliederung im Einzel- und Konzernabschluß
2002, XXX, 338 Seiten, gebunden, ISBN 3-8021-0981-3

Frank Glormann
Bilanzrating von US-GAAP Abschlüssen
2001, XXXVIII, 366 Seiten, gebunden, ISBN 3-8021-0932-5

Marc-Alexander Vaubel
Joint Ventures im Konzernabschluß des Partnerunternehmens
2001, XXVIII, 286 Seiten, gebunden, ISBN 3-8021-0931-7

Kubin/Fey, G./Philipps/Broeker/Janssen/Weber, C.-P.
Internationale Grundsätze für Rechnungslegung und Prüfung
2001, XIV, 220 Seiten, gebunden, ISBN 3-8021-0940-6

Beisse/Budde/Steuber/Berkemeyer/Blohm/Brüning/Ernst
Deutsches Bilanzrecht – In der Krise oder im Aufbruch?
2001, XIV, 222 Seiten, gebunden, ISBN 3-8021-0939-2

Ballwieser/Jacob, H.-J./Mollenhauer/Schmidt, M.
Unternehmensbewertung im Wandel
2001, XII, 226 Seiten, gebunden, ISBN 3-8021-0936-8

Thomas Krolak
Die bilanzielle Behandlung des aus der Kapitalkonsolidierung resultierenden Geschäfts- oder Firmenwertes nach HGB, U.S. GAAP und IAS
2000, XXVI, 250 Seiten, gebunden, ISBN 3-8021-0897-3

Thorsten Hain
Restrukturierungsaufwendungen in der Rechnungslegung nach HGB, IAS und U.S. GAAP
2000, XXVI, 312 Seiten, gebunden, ISBN 3-8021-0898-1

Biener/Knorr/Pellens/Fülbier/Schruff, W./Wollmert
Zur Rechnungslegung nach International Accounting Standards (IAS)
2000, XVI, 172 Seiten, gebunden, ISBN 3-8021-0890-6

www.idw-verlag.de

Westfälische Wilhelms-Universität Münster
Institut für Revisionswesen
Jörg Baetge (Herausgeber)

Als **IRW**-Schriften sind erschienen:

Kirsten Sell
Die Aufdeckung von Bilanzdelikten
1999, XXVI, 313 Seiten, gebunden, ISBN 3-8021-0844-2

Dieter Kahling
Bilanzierung bei konzerninternen Verschmelzungen
1999, XXVIII, 311 Seiten, gebunden, ISBN 3-8021-0843-4 (vergriffen)

Ernst/Lehner/Wiedmann/Hommelhoff
Auswirkungen des KonTraG auf Rechnungslegung und Prüfung
1999, XVI, 216 Seiten, gebunden, ISBN 3-8021-0840-X

Förschle/Knolmayer/Plewka
Euro-Umstellung und Jahr 2000-Problem
1999, XIV, 166 Seiten, gebunden, ISBN 3-8021-0837-X (vergriffen)

Andreas Jerschensky
Messung des Bonitätsrisikos von Unternehmen
1998, XXXIV, 310 Seiten, gebunden, ISBN 3-8021-0820-5 (vergriffen)

Stefan Thiele
Das Eigenkapital im handelsrechtlichen Jahresabschluß
1998, XXVIII, 286 Seiten, gebunden, ISBN 3-8021-0774-8

Karl-Heinz Armeloh
Die Berichterstattung im Anhang
1998, XXVIII, 418 Seiten, gebunden, ISBN 3-8021-0742-X (vergriffen)

Baetge/Braun/Landfermann/Uhlenbruck/Wagner, Wolfgang
Beiträge zum neuen Insolvenzrecht
1998, XII, 204 Seiten, gebunden, ISBN 3-8021-0773-X

Biener/Dörner/Funke/Hommelhoff/Langenbucher/Seeberg
Aktuelle Entwicklungen in Rechnungslegung und Wirtschaftsprüfung
1997, XVI, 196 Seiten, gebunden, ISBN 3-8021-0743-8 (vergriffen)

Isabel von Keitz
Immaterielle Güter in der internationalen Rechnungslegung
1997, XXV, 300 Seiten, gebunden, ISBN 3-8021-0707-1

Peter Happe
Grundsätze ordnungsmäßiger Buchführung für Swapvereinbarungen
1996, XXVII, 303 Seiten, gebunden, ISBN 3-8021-0706-3 (vergriffen)

Ehmcke/Ehrhardt/Gelhausen/Grigo/Löber/Pfitzer/Reinhard/Roß/Schütte/Wagner, Wolfgang/Will
Rechnungslegung und Prüfung 1996
1996, XIV, 396 Seiten, gebunden, ISBN 3-8021-0720-9 (vergriffen)

Dirk Thoms-Meyer
Grundsätze ordnungsmäßiger Bilanzierung von Pensionsrückstellungen
1996, XXVIII, 314 Seiten, ISBN 3-8021-0700-4

Bruns/Caspari/Hopt/Pellens/Rau/Schwarze
Insiderrecht und Ad-hoc-Publizität
1995, XIV, 175 Seiten, gebunden, ISBN 3-8021-0674-1

Dagmar Hüls
Früherkennung insolvenzgefährdeter Unternehmen
1995, XXXII, 412 Seiten, ISBN 3-8021-0663-6

www.idw-verlag.de

Westfälische Wilhelms-Universität Münster
Institut für Revisionswesen

Jörg Baetge (Herausgeber)

Als IRW-Schriften sind erschienen:

Holger Philipps
Kontaminierte Grundstücke im Jahresabschluß
1995, XXXI, 420 Seiten, gebunden, ISBN 3-8021-0664-4

Biener/Kleber/Kleekämper/Ordelheide/Seeberg/Wiedmann
Die deutsche Rechnungslegung vor dem Hintergrund internationaler Entwicklungen
1994, XII, 177 Seiten, gebunden, ISBN 3-8021-0629-6 (vergriffen)

Dagmar Herrmann
Die Änderung von Beteiligungsverhältnissen im Konzernabschluß
1994, XXXVIII, 368 Seiten, gebunden, ISBN 3-8021-0624-5

Diehl/Dosch/Epperlein/Fliess/Kämpfer/Kiepe/Niehus/Ruppert/Siepe/Thoennes
Rechnungslegung und Prüfung 1994
1994, XIV, 265 Seiten, ISBN 3-8021-0617-2 (vergriffen)

Marcus Krumbholz
Die Qualität publizierter Lageberichte
1994, XXVII, 345 Seiten, ISBN 3-8021-0605-9 (vergriffen)

Bernd Stibi
Statistische Jahresabschlußanalyse als Instrument der steuerlichen Betriebsprüfung
1994, XXIX, 282 Seiten, ISBN 3-8021-0606-7 (vergriffen)

Bartels/Groh/Herzig/Ludewig/Wanieck
Umweltrisiken im Jahresabschluß
1994, XII, 168 Seiten, ISBN 3-8021-0607-5

Clemens Krause
Kreditwürdigkeitsprüfung mit Neuronalen Netzen
1993, XXXII, 278 Seiten, ISBN 3-8021-0563-X (vergriffen)

Baumann/Biener/Coenenberg/Havermann/Koch/Loitlsberger/Siepe/van Hulle/Weber, C.-P.
Rechnungslegung und Prüfung – Perspektiven für die neunziger Jahre –
1993, XVI, 238 Seiten, ISBN 3-8021-0562-1 (vergriffen)

Andreas Grünewald
Finanzterminkontrakte im handelsrechtlichen Jahresabschluß
1993, XXVI, 353 Seiten, ISBN 3-8021-0561-3

Markus Feidicker
Kreditwürdigkeitsprüfung
1992, XXX, 282 Seiten, ISBN 3-8021-0540-0 (vergriffen)

Harald Köster
Grundsätze ordnungsmäßiger Zwischen berichterstattung börsennotierter Aktiengesellschaften
1992, XXV, 274 Seiten, ISBN 3-8021-0530-3 (vergriffen)

Backhaus/Baetge/Bandle/Förschle/Grunert/Herzig/Köllhafer/Müller, L./Niessen
Rechnungslegung und Prüfung 1992
1992, XIII, 230 Seiten, ISBN 3-8021-0521-4 (vergriffen)

Baetge/Ballwieser/Kinast/Krumbholz/Lanfermann/Weber, E./Zimmerer
Akquisition und Unternehmensbewertung
1991, XIII, 155 Seiten, ISBN 3-8021-0516-8(vergriffen)

Dierk Paskert
Informations- und Prüfungspflichten bei Wertpapieremissionen
1991, XXI, 183 Seiten, ISBN 3-8021-0485-4 (vergriffen)

www.idw-verlag.de

Westfälische Wilhelms-Universität Münster
Institut für Revisionswesen

Jörg Baetge (Herausgeber)

Als **IRW**-Schriften sind erschienen:

Groh/Lederle/Lehner/Moxter/Siepe
Rückstellungen in der Handels- und Steuerbilanz
1991, VII, 141 Seiten, ISBN 3-8021-0479-X (vergriffen)

Bartl/Kenne/Kilgert/Schnicke/Schubert/Wesner
Probleme der Umstellung der Rechnungslegung in der DDR
1991, XIII, 162 Seiten, ISBN 3-8021-0471-4 (vergriffen)

Heinz Hermann Hense
Die stille Gesellschaft im handelsrechtlichen Jahresabschluß
1990, XXX, 436 Seiten, ISBN 3-8021-0434-X (vergriffen)

Baetge/Braun/Goerdeler/Herrmann/Knobbe-Keuck/Köllhofer/Krawitz/Kropff
Rechnungslegung, Finanzen, Steuern und Prüfung in den neunziger Jahren
1990, IX, 240 Seiten, ISBN 3-8021-0441-2 (vergriffen)

Hans-Jürgen Kirsch
Die Equity-Methode im Konzernabschluß
1990, XXXI, 190 Seiten, ISBN 3-8021-0443-9 (vergriffen)

Baetge/Bruns/Busse von Colbe/Kirsch/Siebourg/v. Wysocki
Konzernrechnungslegung und -prüfung
1990, VII, 218 Seiten, ISBN 3-8021-0435-8 (vergriffen)

Antonius Wagner
Risiken im Jahresabschluß von Bauunternehmen
1989, XIX, 267 Seiten, ISBN 3-8021-0424-2 (vergriffen)

Annegret Uhlig
Grundsätze ordnungsmäßiger Bilanzierung für Zuschüsse
1989, XIX, 491 Seiten, ISBN 3-8021-0416-1 (vergriffen)

Gerd Fey
Grundsätze ordnungsmäßiger Bilanzierung für Haftungsverhältnisse
1989, XXXII, 393 Seiten, ISBN 3-8021-0413-7 (vergriffen)

Baetge/Ballwieser/Bardy/Clemm/Höfer/Huß/Kirsch/Kropff/Niehaus/Nordmeyer/Prasch/Schruff, W.
Bilanzanalyse und Bilanzpolitik
1989, 394 Seiten, ISBN 3-8021-0391-2 (vergriffen)

Martin Fröhlich
Finanzbuchführung mit Personal-Computern
1988, XXIV, 295 Seiten, ISBN 3-8021-0361-0 (vergriffen)

Baetge/Baumann/Berns/Clernm/Gmelin/Havermann/Reinhard/Wagner, A.
Rechnungslegung und Prüfung nach neuem Recht
1987,162 Seiten, ISBN 3-8021-0347-5 (vergriffen)

Hans-Jürgen Niehaus
Früherkennung von Unternehmenskrisen
1987, XX, 234 Seiten, ISBN 3-8021-0348-3 (vergriffen)

Funk/Helmrich/Höfer/Reuter/Schruff, L./Siegel
Das neue Bilanzrecht – Ein Kompromiß divergierender Interessen?
1985, 208 Seiten, ISBN 3-8021-0283-5 (vergriffen)

Wolfgang Knüppe
Grundsätze ordnungsmäßiger Abschlußprüfung für Forderungen
1984, XIX, 308 Selten, ISBN 3-8021-0255-X (vergriffen)

Biener/Döllerer/Hommelhoff/Jonas/Kellerhoff/Kropff/Krüger/Moxter/Müller, E./Scheibe-Lange/Schlüter/
Schneider/Schreib/Schruff, L./Thomas/Zimmerer
Der Jahresabschluß im Widerstreit der Interessen
1983, 398 Seiten, ISBN 3-8021-0234-7 (vergriffen)

www.idw-verlag.de